Ursula Engelen-Kefer

Kämpfen mit Herz und Verstand

Berlin, den 28.5.2019

Ursula Engelen-Kefer

Kämpfen mit Herz und Verstand

Mein Leben

An die Familie
[illegible]
mit guten Wünschen
für die Zukunft
Von den
Engelen-(Kefer)

Fackelträger

Satz: Bild1Druck, Berlin
Gesamtherstellung: Verlags- und Medien AG, Köln
Printed in EU

ISBN 978-3-7716-4429-1

www.fackeltraeger-verlag.de

Inhalt

Prolog
Sozialpolitisches Engagement mit Zukunft 9

Kapitel 1
Woher ich komme 13

Mein Vater, der Wirtschaftsprüfer • Meine Mutter, die Familien-Managerin • Meine Großmutter, die moralische Instanz der Familie • Flucht aus Prag im Kinderwagen • Neuanfang in Höxter • Vaters schwieriger beruflicher Neubeginn • Die neue Heimat Düsseldorf • Mein Weg in die Freiheit • Von der BGB-Gesellschaft zum Ehevertrag

Kapitel 2
Woher ich meine berufliche Orientierung erhielt 45

Mein erster Besuch in den USA • Die Lehigh Universität in Bethlehem • Kapitalismus versus Sozialstaat • Journalistenlehrjahre in New York

Kapitel 3
Wie ich zu den Gewerkschaften stieß 65

Externe Forscherin am WSI • Gehversuche in der Arbeitsmarktforschung • Aufnahme in das WSI • Mein Mann kommt aus den USA zurück • Internationale Netzwerke bauen • Von Schweden lernen • Ende der akademischen Karrierepläne an der Universität Konstanz • Erste Wortmeldungen in der Öffentlichkeit

Kapitel 4
Wie mir die DGB-Spitze immer mehr Aufgaben übertrug 91

DGB-Vize Gerd Muhr bringt mir Gewerkschaftspolitik bei • Lehrjahre sind keine Herrenjahre • Einstieg in die europäische Sozialpolitik • Basisarbeit in der europäischen Sozialpolitik • Bei der Internationalen Arbeitsorganisation in Genf • Gewerkschaften in der Ost-West-Entspannung • Auf OECD-Mission nach Japan • Mein Buch *Beschäftigungspolitik* setzt Akzente • Eine transatlantische Familie • Aufbruch in die gewerkschaftliche Frauenpolitik • Gerling und die »Nacht der langen Messer« – Einblicke in die Welt der Aufsichtsräte

Kapitel 5
Wie ich die Arbeitnehmer in der Nürnberger Bundesanstalt für Arbeit vertrat 141

Krach um »Zumutbarkeit« – Einstieg in die Bundesanstalt für Arbeit • Aufstieg im DGB – Abteilung Arbeitsmarktpolitik • Intermezzo Schleswig-Holstein – Vom SPD-Ortsverein ins Schattenkabinett • Die »Ära Stingl« – Eine Brücke zur Geschichte • Dem »Fürstbischof« Josef von Nürnberg Grenzen aufzeigen • Im politischen Streit an die BA-Spitze – und wie Norbert Blüm Wort hielt • Eine Nürnberger Pendlerfamilie • Streifzüge im Dschungel einer Mammutbürokratie • Ein »Fenster zu viel« • IT-Technologie in der BA – Eine unendliche Geschichte • Frösche, Hasen und sechs Jahre ohne Sommerurlaub • Maulkörbe und angedrohte Disziplinarverfahren

Kapitel 6
Wie ich in der Ära von Kohl und Blüm für den Sozialstaat eintrat 203

Meine Rückkehr zum DGB • Deutsche Einheit – Test gewerkschaftlicher Solidarität • Gewerkschaften stützen die Sozialunion • Soziale Sicherung für 17 Millionen Menschen in der ehemaligen DDR • Aufbau der Arbeitsverwaltung im Rekordtempo • Neue Erfahrungen mit der »gläsernen Decke« • DGB-Sozialpolitiker – Im Schussfeld der »Modernisierer« • Vom »Bündnis für Arbeit« zur »Großdemo« in Bonn • Flagge zeigen auf dem Davoser Weltwirtschaftsforum

Kapitel 7
Wie ich unter Rot-Grün für die soziale Sicherung stritt – und im Fadenkreuz der Marktradikalen stand 239

Politikwechsel, aber wohin? • Ein böses Erwachen • Von Düsseldorf nach Berlin – Auf mein Team war Verlass • Frohnau – Loerke-Haus mit Schäferhund Timmy • Steuerreform Rot-Grün – Ein Mega-Geschenk für Konzerne • Weg in die Altersarmut für Millionen • VW-Manager Peter Hartz und Schröders fingierter BA-Skandal • Wie Schröderianer mich entmachten wollten • Kommissions-Aktionismus als Ersatz für Politik • Agenda 2010 – Eiszeit zwischen SPD und Gewerkschaften • Von Gerster zu Weise – Intrigen haben kurze Beine

Kapitel 8
Warum ich als DGB-Vize die Sozialpolitik weiter vertreten wollte 283

Wunderwaffe gegen Mitgliederschwund – »Turnaround« • Gewerkschaftliche Kapitulationserklärung • Mobbing aus den eigenen Reihen • Rumoren an der Gewerkschaftsbasis • »Wer hat Angst vor Ursula E.?« • Der unvergessliche Auftritt des Franz-Josef Möllenberg • Kongress-Regie – Wahlkabinen ohne Wahlzettel • Finale – Großgewerkschaften haben über den DGB gesiegt

Epilog
Ein Buch zur richtigen Zeit 309

Personenregister 315

1

Woher ich komme

Meine Eltern waren beide von großem Idealismus geprägt. Mein Vater war ein unabhängiger Geist, Opportunismus und Anpassung waren ihm ein Gräuel. Sowohl Vater wie auch Mutter haben mir Idealismus, Sachbezogenheit und Unabhängigkeit mit auf den Weg gegeben. Vor allem haben sie mir schon frühzeitig nahegebracht: Bewertungen dürfen nicht ungeprüft übernommen werden. Sie müssen mit eigenen Einsichten und Argumenten begründet sein. Solche Vorgaben aus dem Elternhaus haben mir geholfen, das geistige Rüstzeug zu entwickeln, um mir zu den unterschiedlichsten Themen eine eigene Meinung zu bilden und diese auch zu vertreten. Dies hat mir persönlich und beruflich Unabhängigkeit im Urteil gegeben und es mir leichter gemacht, Zivilcourage zu zeigen.

Unabhängigkeit im Denken und Auftreten ist leider keine Selbstverständlichkeit, ganz gleich, ob es um Wissenschaft, Wirtschaft, Politik, Medien, Behörden, Verbände oder andere Organisationen geht. Ich hatte Glück: In den wesentlichen Phasen meiner persönlichen und beruflichen Entwicklung bin ich auf Menschen mit ähnlichen Grundsätzen gestoßen. Dies hat mir in kritischen Lebensabschnitten den nötigen Rückhalt gegeben. An

Versuchungen zu opportunistischem Verhalten um des eigenen Vorteils willen hat es wahrlich nicht gefehlt. Die Fahne der Prinzipien gegen den Mainstream des Opportunismus hochzuhalten bringt nicht viele Freunde. Vielmehr führt dieser Weg oft in die Isolation.

Wenn ich etwas als richtig erkannt habe, nehme ich kein Blatt vor den Mund. Das heißt natürlich auch, dass ich den Mächtigen nicht nach dem Mund rede. Ein solches Verhalten hat jedoch seinen Preis. Mit dieser Gradlinigkeit bin ich nie bis an die Spitze der beruflichen und politischen Leiter vorgestoßen. Für manche war ich zu unbequem. Lag dies an meiner Unabhängigkeit, an der Diskriminierung von Frauen in Spitzenämtern oder an beidem? Auf diese Frage wird es keine eindeutige Antwort geben.

Mein Vater, der Wirtschaftsprüfer

Mein Vater, Jahrgang 1906, stammte aus Essen-Rüttenscheid. Er war als »Treuhänder« der staatlichen Deutschen Revisions- und Treuhand AG, später Treuarbeit, im April 1940 nach Prag gekommen. Seine Tätigkeit bestand vor allem darin, die von der deutschen Wirtschaft übernommenen Unternehmen und Banken zu prüfen. Dabei ist nichts zu beschönigen: Dies war eine Folge der deutschen Annektierung der Tschechoslowakei und ihrer damals hoch entwickelten Wirtschaft durch die Nationalsozialisten. Zu ihnen war mein Vater allerdings auf Distanz geblieben. Er trat nicht in die NSDAP ein. Dafür hat er am 24. Februar 1949 durch die Spruchkammer Regensburg (auf Grundlage des Gesetzes zur Befreiung von Nationalsozialismus und Militarismus vom 5. März 1946) die Bestätigung bekommen.

»Defätistische Äußerungen« hätten ihn nach Aussagen meiner Mutter an der Front in Kurland beinahe vor ein Kriegsgericht

Prolog

Sozialpolitisches Engagement mit Zukunft

Wenn ich heute auf meinen turbulenten Abgang als stellvertretende Vorsitzende des DGB auf dem 18. Ordentlichen DGB-Bundeskongress im Berliner Hotel Estrel zurückblicke, rollen dramatische Bilder und Situationen vor meinen Augen ab. Und manche Schlagzeile fing Hintergründe und Implikationen der Geschehnisse ein, die bis heute als Richtungsentscheidungen von großer Tragweite interpretiert werden. »Der schnöde Abgang einer Powerfrau« hieß es etwa im *Kölner Stadt-Anzeiger*. Und niemals werde ich das Motto des Kongresses vergessen: »Die Würde des Menschen ist unser Maßstab«.

Als ich nach der knapp verlorenen Wahl bei den Kongressempfängen die Runde machte, kamen vor allem von den Gewerkschaftsfrauen immer wieder Fragen wie: Wann kommt dein Buch? Wann schreibst du auf, wie du deinen Weg in den Gewerkschaften gemeistert hast? Wie du mit all den Männern fertig geworden bist? Was du erreicht hast? Ursula, darauf sind wir gespannt!

Das war Ansporn und Verpflichtung.

Es dauerte mehr als zwei Jahre, bis ich begann, mein damals gegebenes Versprechen einzulösen – aufzuschreiben, woher ich komme und wofür ich mich all die Jahre eingesetzt habe. Warum ich sechs Jahre als Vizepräsidentin der Bundesanstalt für Arbeit und 16 Jahre als stellvertretende Vorsitzende des Deutschen Gewerkschaftsbundes – also mehr als zwei Jahrzehnte – im Fadenkreuz der sozialen Konflikte dieses Landes stand und dabei zur Zielscheibe der Angriffe von Politikern, Wirtschaftsbossen, Ökonomen und Medien wurde. Wie ich mich als Frau in einer von Männern dominierten Welt der Gewerkschaften behaupten musste. Schließlich, wie ich über einige Jahrzehnte versucht habe, die Anforderungen als Mutter einer vierköpfigen Familie mit den immer größeren beruflichen Aufgaben in Einklang zu bringen. Warum ich mich trotz meiner damals 62 Jahre zu einer Kampfkandidatur für mein DGB-Amt durchringen musste und warum ich mich weiter in den sozial- und arbeitsmarktpolitischen Auseinandersetzungen engagiere.

Nach der Wahlniederlage wusste ich nicht: Sollte ich unglücklich oder erleichtert sein? Unter einem der Fotos in den Zeitungsberichten stand der wahre Satz: »Ich hätte es mir einfacher machen können.« Von einem Tag auf den anderen war ich der aufreibenden Hektik an der DGB-Spitze entkommen. Ich dachte, nun habe ich viel Zeit für mich selbst. Ich stellte mir viele Dinge vor: endlich wieder regelmäßig Klavier zu spielen und mein Spanisch zu verbessern. Zusammen mit meinem Mann endlich die großen Reisen nach Australien und nach Lateinamerika zu machen und vieles mehr.

Aber dazu ist es bisher nicht gekommen. Drei Jahrzehnte Einsatz für Arbeitnehmer und Gewerkschaften lassen sich nicht einfach abschütteln. Es kamen neue Projekte auf mich zu. Ein neuer Lebensabschnitt mit ähnlicher Zielrichtung begann, und ich eignete mir alles an, was ich dafür benötigte: Ich lernte, mich wieder ohne Sekretärin zu organisieren, mit dem BlackBerry umzugehen, alle Möglichkeiten des Internets auszuschöpfen. Inzwischen habe ich sogar gelernt, wie man eine eigene Internetseite (www.engelen-kefer.de) gestaltet und sich darüber hinaus über moderne Kommunikationsmittel wie Facebook, Twitter oder YouTube vernetzt.

Nicht, dass ich gedacht hätte, ohne mich drehe sich das Rad der Sozialpolitik nicht mehr. Ich konnte den DGB weiterhin bis Mitte 2008 als Mitglied im Verwaltungsrat der Internationalen Arbeitsorganisation vertreten, wurde als Rednerin auf Veranstaltungen eingeladen, und ich habe den Vorstandsvorsitzenden der Bundesagentur für Arbeit, Frank-Jürgen Weise, in Fragen der Arbeitsmarktpolitik beraten. Ich habe einen Lehrauftrag für Internationale Sozialpolitik an der Freien Universität Berlin und einen weiteren für Fragen der Arbeitsmarktpolitik an der Hochschule der Bundesagentur für Arbeit in Schwerin.

Zudem habe ich die Initiative für ein Pilotprojekt in Wismar, Mecklenburg-Vorpommern, übernommen, das mir besonders am Herzen liegt. Es ist uns gelungen, über 55-Jährige wieder in die Berufswelt einzugliedern, darunter Aussiedler und von der Wende Betroffene. Wir haben ihr Selbstbewusstsein gefördert und zukunftsfähige Tätigkeiten mit Perspektive gefunden. Ihr Leben hat sich dadurch zum Positiven verändert. Die Betroffenen konnten wieder auf eigenen Füßen stehen, Kontakte knüpfen, und sie wurden aus ihrer Isolation befreit. Dieses Projekt besteht nach wie vor und hat sich auf andere Bundesländer ausgeweitet.

Trotz dicker Knüppel, die mir aus ehemaligen »Freundeskreisen« zwischen die Beine geworfen wurden, bin ich vom Parteitag der SPD im November 2007 erneut für zwei Jahre in den Parteivorstand gewählt worden. Seit Pfingsten 2008 bin ich außerdem Kandidatin für die SPD im Raum Ingolstadt und mit der Vorbereitung der Bundestagswahl am 27. September 2009 beschäftigt.

»Es ist uns gelungen, eine engagierte und kompetente Genossin zu finden, die für uns eintritt und uns würdig im Deutschen Bundestag vertreten wird«, heißt es hierzu auf der Internetseite der Ingolstädter SPD.

Es gibt also viele Aufträge, Aufgaben und Herausforderungen. Es bleibt ein weit gespanntes Netzwerk mit den Menschen, mit denen ich über viele Jahrzehnte im Einsatz für Arbeitnehmerinteressen verbunden bin. An meinem sozialpolitischen Engagement hat sich nichts geändert.

Am meisten vermisse ich heute die Unterstützung meiner ehemaligen Mitarbeiter beim DGB und das kritische Gespräch mit ihnen. Aber nach einigen Jahren beharrlichen Einsatzes kann ich sagen: Ich habe meinen Platz im sozial- und arbeitsmarktpolitischen Diskurs wiedergefunden. Ich bin mir heute noch nicht einmal sicher, ob er schlechter ist als zuvor. Über eines bin ich mir allerdings vollkommen im Klaren: In der Not lassen sich »Freund« und »Feind« besser unterscheiden. Ich schätze mich glücklich, viele gute Freunde innerhalb und außerhalb der Gewerkschaften gefunden und wiederentdeckt zu haben.

Heute kann ich beruhigt Bilanz ziehen, Bilanz über vier Jahrzehnte meines Lebens und Überlebens als Frau auf dem Weg an die Spitze der Gewerkschaften. Und ich kann darauf vertrauen: Mein sozialpolitisches Engagement hat nicht nur eine Vergangenheit, sondern auch eine Gegenwart und eine Zukunft.

Berlin, im August 2009

gebracht. Er hatte unvorsichtigerweise bei einem Glas Wein davon geredet, dass der Krieg ohnehin verloren sei. Freunde haben ihn vor dem Schlimmsten bewahrt.

Mein Vater machte 1930 an der Kölner Universität seinen Diplomkaufmann und wurde ebenda 1932 zum Doktor der Staatswissenschaften promoviert. Er studierte unter anderem bei Professor Eugen Schmalenbach, dem »Papst« der deutschen Betriebswirtschaftslehre. Darauf schien er sein Leben lang stolz zu sein. Doch seine Doktorarbeit schrieb er über das Problem der Arbeitslosigkeit. Sie wurde 1934 unter dem Titel *Unterschiedliche Gestaltung trendmäßiger und konjunktureller Erwerbslosigkeit in Deutschland in der Vor- und Nachkriegszeit (1907–13 und 1924–28)* veröffentlicht. Mein Vater wurde noch zum Ende des Krieges hin von Prag aus an die Ostfront nach Kurland eingezogen. Er geriet in russische Kriegsgefangenschaft und kehrte erst 1948 zurück. Er sprach nie über Kriegserlebnisse und Gefangenschaft. Es war seine Art, damit fertig zu werden. So wie er haben es bekanntlich viele gemacht, zu schrecklich waren die Ereignisse. Sie sollten offenbar nicht wieder lebendig werden.

Ebenso wenig gesprächig war mein Vater, wenn wir nach seiner Kindheit, Jugend und Studienzeit fragten. Ich weiß nur, dass seine Eltern einen Papagei und einen Rehpinscher hatten. Der kleine Hund bekam am Heiligabend so viel Wurst, dass er sich übergeben musste. Diese Geschichte erzählte mein Vater öfter zu Weihnachten. Wir Kinder konnten uns immer wieder darüber kaputtlachen.

Mein Großvater väterlicherseits, Karl Friedrich Kefer, arbeitete als Prokurist bei Krupp in Essen und – wie mein Vater zu sagen pflegte – »ein ganzes Leben lang in gesicherter Position«. Seine Frau hieß Paula Kefer, geborene Pabst. Die Familie lebte in einer Firmenwohnung. Der wenige Jahre ältere Bruder meines Vaters,

Alfred Kefer, arbeitete als kaufmännischer Angestellter ebenfalls sein ganzes Berufsleben beim Krupp-Konzern.

Onkel Alfred besuchte uns alle sechs Wochen am Sonntag. Er kam pünktlich um 11 Uhr mit dem Zug, der Straßenbahn und später mit dem Bus. Er brachte immer fünf Tafeln Schokolade mit – eine für jeden in unserer Familie. Bis halb eins saß er mit meinem Vater in unserem Wohnzimmer. Beide schwiegen und lasen Zeitung. Dann gab es das Sonntagsessen mit drei Gängen und als Hauptgang einen Braten oder ein Kotelett. Danach machten wir einen gemeinsamen Sonntagsausflug in die nähere Umgebung von Düsseldorf. Dieser endete stets mit dem Besuch in einem Café, wo es für uns Kinder Kakao und Kuchen gab. Dann fuhr Onkel Alfred wieder nach Essen zurück, und meine Schwester und ich machten uns über unsere Schokoladentafeln her. Wir Kinder freuten uns auf den Besuch von Onkel Alfred vor allem wegen der Schokolade und des Cafébesuchs.

Mein Vater war bis zu seinem 63. Lebensjahr als Wirtschaftsprüfer der Treuarbeit in Düsseldorf tätig. Dort war er für die Banken im Niederlassungsbereich zuständig. Die in den Zeitungen veröffentlichten Bilanzen solcher Institute wie der Commerzbank AG, der Westdeutschen Landesbank (WestLB) oder der Lastenausgleichsbank wiesen über Jahre als einen von zwei Wirtschaftsprüfern meinen Vater aus: Dr. Egon Kefer.

Auch nach seiner Pensionierung ließ ihn seine Heimat, das Ruhrgebiet mit seinen Strukturproblemen, nicht los. Zusammen mit anderen Treuarbeit-Kollegen war er mehrere Jahre mit den Vorbereitungen zur Gründung einer Gesamtgesellschaft des Ruhrkohlenbergbaus beschäftigt.

Es ging um die Bewertung des Bergbauvermögens sowie der darauf ruhenden Schulden der einzelnen Zechengesellschaften. Altgesellschaften sollten als Gegenleistung eine Förderung in

Höhe der Differenz zwischen Vermögen und Schulden erhalten. Um jene Ausgleichsförderung zu ermitteln, waren schon im Vorlauf zur Gründung der Gesamtgesellschaft des Ruhrkohlenbergbaus umfangreiche Bewertungsarbeiten der Treuarbeit nötig.

So saß mein Vater nach seiner Pensionierung jeden Vormittag zu Hause am Schreibtisch und arbeitete an seinen Berichten. Nachmittags ging er meistens in Düsseldorf spazieren. Wenn das Wetter schlecht war, ging er häufiger ins Kino. Meine sieben Jahre jüngere Mutter arbeitete damals schon ganztätig im Verein Deutscher Ingenieure (VDI).

Ich fand diese Art des Ruhestandes ziemlich freudlos. Damals habe ich mir geschworen, mich rechtzeitig auf den Ruhestand vorzubereiten. Heute im Alter von 65 Jahren weiß ich: Dies ist leichter gesagt als getan.

Wir hatten immer gedacht, mein Vater habe aus seiner Familie die »Gene« geerbt, ein hohes Alter zu erreichen. Seine Mutter war trotz häufiger Krankheit und Migräneattacken weit über 80 Jahre alt geworden. Aber was uns als Kinder noch mehr beeindruckte, war die Tante meines Vaters, Elisabeth Pabst. Wir lernten sie erst in den letzten Jahren ihres Lebens kennen. Sie war damals bereits 88 Jahre alt und lebte allein. Sie bewohnte eine kleine Wohnung in Altenessen, wo wir sie häufiger besuchten. Es war bei ihr immer sehr unterhaltsam. Sie erzählte lustige Geschichten aus der Kindheit meines Vaters und seines Bruders, Onkel Alfred. Sie ist kurz vor ihrem 90. Geburtstag gestorben.

Mein Vater beschäftigte sich sehr viel mit mir. Wir haben auf Sonntagsspaziergängen ausgiebig geredet und später auch diskutiert. Ich musste immer aufpassen, was ich sagte, weil er jeden Fehler sofort aufdeckte. Ich schätzte es sehr, dass er mich herausforderte, und war froh und stolz, wenn er mit mir zufrieden war. Mein Vater starb leider schon mit 67 Jahren.

Zu seinem Geburtstag am 16. Februar 1972 rief ich ihn an, um ihm zu gratulieren. Ich war erschrocken und besorgt über das, was er mir sagte. Es war für mich sehr ungewöhnlich; zum ersten Mal sprach er über sich selbst in einer Weise, die ich nicht kannte. Er klagte, er sei »in einem schlimmen Zustand«. Immer wieder sagte er: »Mir geht es sehr schlecht, sehr schlecht.« Wenige Tage später wurde er mit Gelbsucht in das St.-Vinzenz-Krankenhaus in Düsseldorf eingeliefert. Wir besuchten ihn täglich. Er starb am 24. April. Als Todesursache wurde Bauchspeicheldrüsenkrebs festgestellt.

Meine Mutter, die Familien-Managerin

Meine Mutter Gerlinde Kefer kommt aus einer ganz anderen Ecke der Welt. Sie wurde am 22. Juli 1915 im nordböhmischen Saaz (heute Žatec) geboren. Die Familien beider Eltern gehörten der deutschen Minderheit an und hatten sich der Musik verschrieben. Als »Hopfenstadt« war Saaz zu beachtlichem Wohlstand gelangt. Im Jahr 2004 feierte die Stadt ihren 1000-jährigen Geburtstag. Über Jahrhunderte lebten dort Deutsche und Tschechen friedlich nebeneinander.

Schon früh kehrten meine Großeltern mütterlicherseits der Provinzstadt Saaz den Rücken und zogen nach Prag. Dort waren die Arbeitsmöglichkeiten für Musiker erheblich besser. Der Vater meiner Mutter, Josef Eichler, Jahrgang 1887, erhielt eine Anstellung als Cellist an der Prager Oper. Seine vier Jahre jüngere Frau, Maria Eichler, sorgte als Klavierlehrerin ebenfalls für den Lebensunterhalt. Meine Mutter studierte Gesang. Sie erhielt sogar ein Stipendium für die Fortsetzung ihrer Ausbildung in Berlin.

Der »Anschluss« des Sudetenlandes an das Deutsche Reich im Oktober 1938 und der Einmarsch der Wehrmacht in die »Resttschechei« im März 1939 hatte für die deutschstämmige Musikerfamilie schlimme wirtschaftliche Folgen. Immer mehr Schüler blieben aus, und ein Großteil der Einnahmen aus dem Musikunterricht entfiel. Das hatte auch Konsequenzen für den Berufsweg meiner Mutter. Sie konnte ihr Musik- und Gesangstudium nicht fortsetzen und musste sich nach ihrer Rückkehr aus Berlin im Jahr 1939 nach einer anderen Arbeit umsehen.

Sie fand bei der Prager Gesetzlichen Krankenversicherung (AOK) eine Stelle als Sachbearbeiterin. Ein schwerer Schlag für die Familie war der völlig unerwartete Tod ihres Vaters. Aufgrund einer Fehldiagnose der Ärzte starb er unter schrecklichen Schmerzen am 29. Juni 1940 an einem Magendurchbruch. »Die jüdischen Ärzte in den Familien seiner Musikschüler, die ihn hätten retten können, hatten vor den Nazis fliehen müssen oder noch Schlimmeres erfahren«, erzählte meine Mutter.

Am Kundenschalter der Prager AOK hat meine Mutter den Mann ihres Lebens, meinen Vater, kennengelernt. Sie haben am 8. August 1942 in Prag geheiratet. Ich bewundere den Mut meiner Eltern, mitten im Krieg ein Kind in die Welt zu setzen.

Meine Großeltern hatten darauf gedrungen, dass meine Mutter in Prag ein Gymnasium besuchte. Allerdings beschloss sie, vor dem Abitur abzubrechen. Meine Mutter hatte bereits als Kind persönlichen Kontakt zu einer Hutmacherin im Haus. Daher stammte ihr Wunsch, später ein Hutmachergeschäft zu führen. Doch ihre Eltern hatten für sie eine Musikausbildung vorgesehen. Sie durfte aber die Musikrichtung, das Gesangstudium, selbst wählen.

Zwei Mal – 1938/39 sowie 2003 bis 2006 – führte das Schicksal sie nach Berlin. Ihr Gesangstudium kurz vor Kriegsausbruch war prägend für ihr weiteres Leben, sowohl persönlich als auch künstlerisch.

Hier lernte sie einen jungen Berliner Geschäftsmann kennen. Erst im hohen Alter sprach sie öfter über ihren »Herbert«, der Halbjude war und nach der »Reichskristallnacht« vom 9. auf den 10. November zusammen mit seiner Familie Deutschland Hals über Kopf verlassen musste. Es war Liebe auf den ersten Blick. Er hatte ihr einen Heiratsantrag gemacht und sie gebeten, mit nach Amerika zu kommen. Dort habe seine Familie Verwandte in Texas. Meine Mutter lehnte jedoch schweren Herzens ab: »Ich konnte Oma doch in Prag nicht allein lassen«, sagte sie.

Meine Mutter wohnte damals in Berlin-Charlottenburg in der Knobelsdorffstraße. Sie hat die Reichspogromnacht aus nächster Nähe erlebt. Sie bekam große Angst um ihre jüdischen Freunde in Prag, als sie in Berlin erlebte, wie einige ihrer jüdischen Lehrer und Mitschüler plötzlich verschwanden. Sie musste das Ende des kulturellen Berlin mit ansehen, über das sie bei ihrer Ankunft in der Stadt noch so begeistert nach Hause berichtet hatte. Voll Bitterkeit, Enttäuschung und mit großen Sorgen kehrte sie nach Prag zurück.

Meine Großmutter, die moralische Instanz der Familie

Wenn ich an meine Mutter denke, steht in meiner Erinnerung meine Großmutter, Maria Eichler, an ihrer Seite. In unserer »Mehrgenerationenfamilie« war sie für uns Kinder der ruhende Pol. Sie war die moralische Instanz, auf die wir uns in turbulenten Situationen verlassen konnten. Sie war das lebende Beispiel für ihr Credo, dass »auch Mädchen bestmögliche Bildungschancen haben müssen«.

Meine Oma kam aus einer Handwerkerfamilie mit acht Geschwistern. Ihr Vater hatte in Saaz eine Möbeltischlerei, die später von einem der Söhne übernommen wurde. Sie wurde am

10. September 1891 geboren und hat ihre Mutter bereits mit zwölf Jahren durch einen groben Arztfehler verloren.

Da viele Jahre später auch ihr Mann durch die Fehldiagnose eines Arztes viel zu früh den Tod fand, hat meine Oma eine tiefe Aversion gegen Ärzte und Krankenhäuser entwickelt. Sie schwor, sich niemals operieren zu lassen. Tatsächlich blieben ihr Operationen und Krankenhausaufenthalte erspart. Ihr Vater, so erzählte sie, habe die Familie zwar »mit Fleiß, Sparsamkeit und Disziplin allein durchgebracht«, doch sei die wirtschaftliche Not nach dem Ersten Weltkrieg so groß gewesen, dass mehrere ihrer Geschwister in der Heimat in Böhmen keine Zukunft mehr sahen. Sie wanderten nach Amerika, Asien und Brasilien aus.

Sie erzählte uns, dass ihr »Lieblingsbruder« Ludwig in Manila, auf den Philippinen, gestorben sei. Über all die Jahre vor dem Zweiten Weltkrieg hatte meine Oma mit ihren Geschwistern im Ausland und deren Familien Verbindung gehalten. Mit Bruder Friedel und ihren Schwestern Josefine und Lina in den USA, aber auch mit ihrer Schwester Ella in Brasilien. Dieser Umstand hat sich in den ersten Jahren nach dem Krieg, als unsere Familie um die täglichen Mahlzeiten kämpfte, als Rettung in der Not erwiesen. Die regelmäßigen Carepakete aus den USA und Brasilien halfen sehr.

Für eine junge Frau ihrer Generation war meine Großmutter einen höchst ungewöhnlichen Weg gegangen. Sie erwarb im April 1910 vor der »K. k. Prüfungskommission für das Lehramt der Musik an Mittelschulen und Lehrerbildungsanstalten in Prag« die Lehrbefähigungsprüfung als Klavierlehrerin. Ungewöhnlich war auch, dass meine Großmutter ihren Beruf nach der Geburt ihrer Tochter weiter ausübte. Sie erzählte mir häufiger über die schlimme Diskriminierung der Frauen zu Beginn des

20. Jahrhunderts in Gesellschaft und Beruf. Dies hat mich stark geprägt.

Tief im Gedächtnis ist mir folgende Begebenheit geblieben: Meine Großmutter wurde als Angehörige der deutschen Minderheit und nach dem Sieg über die Nazis Ende des Zweiten Weltkrieges von den Tschechen in Theresienstadt interniert. Dieses Schicksal teilte sie mit vielen deutschen Staatsbürgern aus der damaligen Tschechoslowakei. Sie hatte Glück im Unglück, als sie im »Sekretariat« des Lagers Theresienstadt einen Bekannten der Familie wiedertraf. Es war der Ingenieur Berthold Guttmann, der aus dem heutigen Teplice stammte und mit seiner tschechischen Frau in Prag lebte. Als Deutscher mit einer tschechischen Frau bekam er von den Tschechen mildernde Umstände und wurde zur Büroarbeit eingeteilt. Vom Lagerbüro aus hat er meiner Großmutter in mehrfacher Weise geholfen. So sorgte er dafür, dass sie als »Lagerarbeiterin« einem großen Bauernhof in der Nachbarschaft zugewiesen wurde. Dort konnte sie als Köchin arbeiten und sich besser ernähren. Das Arbeiten mit kaltem Wasser in der Küche schadete allerdings ihrer Haut und verursachte Rheuma. Die Beweglichkeit der Hände zu verlieren war für sie als Klavierlehrerin ein schlimmeres Gräuel, als den Kopf kahl geschoren zu bekommen.

Bei der Prager Staatspolizei versuchte Guttmann, ihr Rückführungsverfahren nach Deutschland zu beschleunigen. Er war auch behilflich, Großmutters Briefe an die Tochter und andere Verwandte auf den Postweg zu bringen. Den Stapel der von meiner Oma aus Theresienstadt geschickten Briefe hat meine Mutter bis zu ihrem Tod mit größter Sorgfalt gehütet. Sie sind sorgfältig nach Datum geordnet, mit Bleistift geschrieben, in gestochener, leicht lesbarer Schrift. Sie geben Zeugnis vom Gottvertrauen, vom Lebenswillen und von der Weitsicht einer großartigen Frau.

Erst am 4. April 1946 erhielt meine Mutter aus dem »Quarantänelager 38 Gruenheim Kreis Gotha« ein Telegramm. Darauf stand: »bin vorläufig bis 13/9 in quarantaene – brief unterwegs – mutti eichler«. An ihre Rückkehr – abgemagert auf 40 Kilo, kahl geschoren und mit wunden Händen – kann ich mich nicht mehr erinnern. Doch noch heute sehe ich Oma, wie sie am Küchentisch saß und täglich ihre aufgeplatzten und eitrigen Fingergelenke verband.

Flucht aus Prag im Kinderwagen

Meine Mutter hat sich mit mir im Kinderwagen aus Prag erst aufgemacht, als der Krieg mit der Kapitulation im Mai 1945 bereits zu Ende war. Ich war damals zwei Jahre alt. Wir kamen nur deshalb unbehelligt aus Prag heraus, weil meine Mutter fließend Tschechisch sprach und die Wachposten sie für eine Tschechin hielten. Sonst wäre sie wie ihre Mutter und die meisten in Prag aufgegriffenen deutschen Zivilisten nach Theresienstadt gebracht worden.

Für mich hätten dort kaum Chancen bestanden, zu überleben. Unsere Flucht von Prag nach Essen kam einer »Odyssee« gleich, die ich nur durch einen glücklichen Zufall überstand. Schwer an Ruhr erkrankt, überlebte ich durch die Gastfreundschaft und intensive Pflege einer Landarbeiterfamilie in Thüringen. Diese fütterte mich durch, bis ich wieder zu Kräften kam. Noch heute habe ich die Bilder vor Augen, wie bei uns zu Hause viele Jahre lang Pakete mit Nahrungsmitteln und Kleidung von Düsseldorf aus für unsere »Retter« in Thüringen gepackt und versendet wurden.

Ich habe mich später immer wieder gefragt, wie meine Mutter die Flucht aus Prag mit einem zweijährigen Kind zu Fuß überstehen konnte. Sie hatte fortwährend Angst, aufgegriffen und als Deutsche mit ihrem Kind in ein Lager gesteckt zu werden. Konsequent verfolgte sie das Prinzip, nie in die Nähe größerer Menschenansammlungen zu geraten. Sie versteckte sich bei Tag und lief in der Nacht weiter. Sie versuchte, den einen oder anderen Zug für kurze Teilstrecken zu ergattern. Ständig musste sie Nahrung zum Überleben suchen. Wie durch ein Wunder gelang es ihr, mit mir bis in die Westzonen durchzukommen.

Als wir nach mehreren Monaten am Ziel waren und das ausgebombte Essen erreichten, erlebte sie eine große Enttäuschung. Weder in der väterlichen Familie noch irgendwo sonst war in der zerstörten Stadt Platz für Flüchtlinge. Es gab keine Bleibe für eine Mutter mit einem kleinen Kind. Die Essener Stadtverwaltung stellte meiner Mutter schließlich eine Wohnungszuweisung für Flüchtlinge im fernen Höxter im Weserbergland aus. Dort sollte für die Einquartierung von Flüchtlingen noch Wohnraum verfügbar sein. Also machte sich meine Mutter mit mir im Kinderwagen nach Höxter auf – wieder eine ganze Strecke zu Fuß. Ende des Sommers kamen wir in Höxter an.

Wir müssen schon den sprichwörtlichen »Schutzengel« gehabt haben, dass wir diese Odyssee von Prag nach Höxter über Essen heil überstanden haben. Meine Mutter sagte später immer, wenn ich danach fragte: »Ich habe das gar nicht als so schlimm empfunden. Denn damals ist es doch vielen noch viel schlimmer ergangen.«

Wenn sie später über die Flucht berichtete, schwang ein wenig Stolz mit: auf ihr Geschick, dem Lager entgangen zu sein, und auf ihre Zielstrebigkeit, mit der sie im Westen eine Bleibe fand, wenn es auch nur ein Dachgeschoss war.

Neuanfang in Höxter

Nachdem wir ein Zuhause gefunden hatten, verfolgte meine Mutter mit großer Energie die Freilassung ihrer Mutter aus dem Internierungslager. Wir wohnten bei der alteingesessenen, relativ wohlhabenden Familie Segerdahl. Sie waren wenig begeistert, uns als Flüchtlinge und Habenichtse bei sich aufnehmen zu müssen. Wir durften in das Mansardenzimmer einziehen und hatten den angrenzenden Dachboden zur Verfügung. Nach einiger Zeit konnten wir jedoch das Misstrauen der Familie Segerdahl überwinden. Es entwickelte sich eine aufrichtige Freundschaft. Ich durfte mit den Enkeln in Haus und Garten spielen. Großmutter kam zwei Jahre später nach Höxter und zog zu uns in die Mansarde.

Noch nach dem 90. Geburtstag meiner Mutter haben wir im Sommer des Jahres 2005 die Tochter der Familie Segerdahl in Höxter besucht. Es war, als ob die Zeit stehen geblieben wäre. Natürlich waren Haus und Garten verändert. Aber der alte Stil des Hauses und der herrliche Obst- und Gemüsegarten waren in bester Pflege erhalten. Wir verbrachten einen gemeinsamen Nachmittag auf der urtümlichen Veranda. Dabei tauschten wir viele Erinnerungen aus. Die Tochter Segerdahl hatte im Alter von 82 Jahren immer noch ein etwas schlechtes Gewissen. Sie hatte meine Mutter damals nicht als gleichwertig anerkennen wollen. Einmal hatte sie sogar fälschlicherweise behauptet, meine Mutter hätte aus der Küche Brot gestohlen. Für meine Mutter war es der Höhepunkt ihres Besuchs in Höxter, dass die unnahbare Frau dies so lange mit sich herumgetragen hatte und sich nach so vielen Jahrzehnten bei ihr dafür entschuldigte.

Ein erstes herausragendes Ereignis der Zeit in Höxter war die Rückkehr meines Vaters aus russischer Kriegsgefangenschaft. Er zog zu uns in die beiden Zimmer. Das war 1948, ich war schon fünf Jahre alt. Damals habe ich meine Mutter gefragt: »Was will der fremde Mann bei uns?« Doch schnell habe ich zu ihm Vertrauen gefasst. Er war als Wirtschaftsprüfer beruflich viel unterwegs und fuhr oft nach Minden. Es waren immer Festtage für mich, wenn er von auswärtigen Terminen nach Hause kam.

Am 3. Juni 1949 wurde in Höxter meine Schwester Ingrid geboren. Damit wohnten wir – wenn mein Vater auch da war – zu fünft in der Mansardenwohnung der Segerdahls. Und nur ein Zimmer war beheizbar. Der Dachboden, auf dem ich schlief, war ohne Ofen und bitterkalt. Im Winter hatte ich oft Ohrenschmerzen. Meine Mutter träufelte mir dann heißes Öl ins Ohr, und ich bekam einen warmen Schal.

Die Frauen unserer Familie mussten für unser Überleben hart arbeiten. Meine Mutter sammelte beim Bauern Kartoffeln und Zuckerrüben und stellte Rübenkraut her. Der große Bottich, in dem es gekocht wurde, stand tagelang in unserem einzigen Zimmer. Im Herbst ging meine Oma mit mir in die Wälder, um Bucheckern zu suchen. Dies war mühselig und dauerte oft Stunden. Stolz gingen wir dann mit zwei Säcken Bucheckern zurück in die Stadt, wo wir die Säcke bei einem Kolonialwarenhändler abgaben. Er presste die Bucheckern, und wir bekamen eine Flasche Speiseöl. Dann gab es bei uns Reibekuchen – mein Lieblingsgericht. Ich konnte davon essen, bis ich beinahe platzte. Wie Geschenke des Himmels kamen regelmäßig auch Essenspakete von Omas weitläufiger Verwandtschaft aus Amerika und Brasilien. Vor allem Omas Bruder Friedel Reichert im US-Bundesstaat Idaho unterstützte unsere Familie in jener Zeit mit vielen Carepaketen. Es war in Höxter immer ein großes Ereignis, wenn wieder so ein Paket aus Amerika kam. Kaffee und Schokolade von unseren »reichen« Verwandten in Amerika wurden gegen Butter und Brot getauscht.

Ich kann mich nicht erinnern, damals gehungert zu haben. Allerdings war ich beim Essen auch immer genügsam. Manchmal kam meine Mutter mit einer Tüte Mohnbrötchen nach Hause. Mohnbrötchen mit Butter und Zucker waren für mich eine Köstlichkeit. Am allerbesten fand ich es, wenn sie mir so ein Brötchen aus dem Mansardenfenster zuwarf und ich draußen weiterspielen konnte.

Meine Oma saß meistens an der alten Nähmaschine, die meine Mutter aufgetrieben hatte. Sie nähte Filzpantoffeln, für die wir etwas Geld bekamen. Meine Oma nähte auch alle Kleider für uns. Für mich als Kind war das ständige Anprobieren und Abmessen eine schreckliche Tortur.

Mit knapp sechs Jahren wurde ich 1949 zu Ostern in Höxter eingeschult. Erinnern kann ich mich nur noch an die Schulspeisungen. Ich bekam jeden Morgen einen Henkelmann, den ich mit Milch- und Haferflockenbrei gefüllt mittags wieder nach Hause bringen sollte. Meistens habe ich dies auch getan. Ich mochte allerdings weder Milch- noch Haferflockenbrei. Einmal probierte ich nach der Schule den vollen Henkelmann als Schwungrad aus. Das Ergebnis war eindeutig: Mein Kleid war voller Milch und Haferflocken, und der Henkelmann war leer. Die Strafe meiner Mutter folgte auf dem Fuße. Nach alter Manier nutzte sie einen Rohrstock, der die Aktion nicht überstand. Meine Oma hat mir in dieser Situation geholfen, was ich ihr mein Leben lang nicht vergessen habe. Meiner Mutter aber habe ich solche harten Züchtigungen sehr übel genommen. Man ging damals mit Kindern nicht besonders zimperlich um.

Als ich sechs Jahre alt war, nutzte ich die Gunst der Familie Segerdahl ungerechtfertigt aus. Ich sah, dass es für die Kinder zum Geburtstag einen großen Teller mit Plätzchen gab. So erzählte ich Frau Segerdahl, ich hätte Geburtstag, und sie glaubte mir. Ich bekam also auch einen großen Teller mit Plätzchen. Damit ging ich stolz zu meiner Mutter. Natürlich war ihr Entsetzen groß, als sie meinen Vertrauensbruch gegenüber unserer Gastfamilie feststellte. Entsprechend war auch meine Strafe.

Vaters schwieriger beruflicher Neubeginn

Nach seiner Rückkehr aus der Gefangenschaft hatte mein Vater Schwierigkeiten, seinen Beruf als »Revisor«, wie es damals hieß, auszuüben. Trotz seiner Prüfertätigkeit vor Ausbruch und während des Krieges musste er noch einmal das Examen als Wirtschaftsprüfer ablegen. Das tat er in Regensburg am 21. Januar 1950. Am 23. Februar wurde er vom Bayerischen Staatsminister für Wirtschaft als Wirtschaftsprüfer »öffentlich bestellt und vereidigt«. Zusammen mit seinem Kollegen Dr. Franz Berke wollte mein Vater in Weiden in der Oberpfalz eine Praxis aufbauen. So zogen wir 1950 von Höxter nach Weiden um. Für mich bedeutete dies den ersten Wechsel der Volksschule. Ich war gerade in der zweiten Volksschulklasse, als wir von Höxter wegzogen. In Bayern begann die Schule im Herbst, ich verlor so ein halbes Schuljahr.

In Weiden mieteten meine Eltern eine Dreizimmerwohnung mit Küche und Badezimmer. Das war ein merklicher Aufstieg gegenüber der Mansarde in Höxter. Allerdings zogen wir in ein Haus mit vielen Flüchtlingsfamilien, und als solche wurden wir in Weiden auch behandelt. Eine hässliche Begebenheit unter Kindern aus dieser Zeit werde ich nie vergessen.

Ich hatte eine Schulfreundin mit blauen Augen und langen blonden Haaren. Ihr Vater war ein erfolgreicher, alteingesessener Geschäftsmann aus Weiden. Die Familie hatte ein wunderschönes großes Haus, das in seiner Pracht meine damaligen Vorstellungen überstieg. Dass eine Familie ganz allein in einem Haus wohnen konnte, war für mich unfassbar.

An einem kalten Wintertag verabredeten wir uns zum Schlittenfahren. Wir waren mehrere Kinder. Meine Freundin sagte laut zu mir, sie fände mich ganz nett, aber ich hätte drei Fehler. Der erste und zweite seien meine Frisur: Affenschaukeln und Haartolle. Bis dahin hatte ich nie über meine Frisur nachgedacht. Ich hatte lange Haare, und meine Mutter hatte sie immer gekämmt. Ich begann also zu grübeln, was daran so schlimm sei. Aber dann kam es noch dicker. Sie sagte: »Dein größter Fehler sind deine großen braunen Augen. Du siehst aus wie ein Judenkind.« Damit war unsere Freundschaft beendet. Meine Mutter sagte dazu nur, das müsse sie von ihren Eltern gehört haben.

Nach dem Ende dieser Freundschaft war ich meistens allein. Ich tröstete mich damit, auf der großen Wiese vor unserem Haus zu spielen und Blumen zu pflücken. Später hat meine Mutter immer wieder erzählt, dass ich in Weiden nach der Schule oft mit Blumen nach Hause gekommen sei.

Die neue Heimat Düsseldorf

Mit großem Einsatz hatte meine Mutter die Flucht von Prag und die schweren Jahre als Flüchtlingsfamilie überstanden. Zielstrebig half sie auch dabei mit, dass mein Vater nach Krieg und russischer Gefangenschaft beruflich wieder auf die Beine kam.

Sie war in Weiden zur Überzeugung gekommen, dass die Tätigkeit eines selbstständigen Wirtschaftsprüfers nicht das Richtige sei und er sein Wissen und seine Erfahrung besser in einer größeren Organisation zur Geltung bringen könne. Als sie herausfand, dass unser Vater zu stolz war, um bei seinen früheren Kollegen wegen einer Wiedereinstellung anzuklopfen, ergriff sie die Initiative. Kurzerhand fuhr sie auf eigene Faust zur Treuhand nach Frankfurt. Dort kannte sie noch ehemalige Kollegen meines Vaters aus Prager Zeiten. Sie mobilisierte die notwendige Unterstützung und erreichte, dass er dort wieder eine Anstellung fand. So kehrte mein Vater 1952 zur staatlichen Deutschen Revisions- und Treuhand AG zurück. Ein früherer Vorstand der Treuarbeit sagte mir einmal über meine Mutter und ihre damalige Initiative: »Frau Kefer war eine bemerkenswerte Frau, die wusste, was sie wollte.« Die Treuhand bot meinem Vater daraufhin eine Position in der Düsseldorfer Niederlassung an.

Wieder waren ein Umzug und ein Schulwechsel erforderlich. Zusammen mit Oma bezogen wir eine Dachgeschosswohnung mit drei Zimmern, Küche, Bad und Balkon sowie Zentralheizung in der Zietenstraße 65 in Düsseldorf. Das war ein weiterer Schritt nach oben auf der Wirtschaftswunderleiter, wenn auch ein bescheidener. Die neue Position meines Vaters und der Umzug nach Düsseldorf bedeuteten für die Familie noch einen Fortschritt: Eines Tages stand ein Dienstwagen, ein Opel Rekord, vor der Tür.

Mein Vater besaß bereits einen Führerschein, meine Mutter holte ihren in kürzester Zeit nach. Sie sollte, soweit dies möglich war, meinem Vater bei seinen auswärtigen Terminen behilflich sein und ihn chauffieren. Sie wurde eine ausgezeichnete Autofahrerin, hatte sie doch ein hervorragendes Orientierungsvermögen. Über viele Jahre hat sie meinen Vater durch ganz Deutschland kutschiert. Wenn im Radio schwere Autounfälle gemeldet wurden, lag ich häufig voller Angst im Bett. Könnten meine Eltern auf dieser Autobahn gewesen sein? Ich konnte erst dann schlafen, wenn ich hörte, dass meine Eltern sicher zu Hause angekommen waren.

Etwa sechs Jahre später konnte sich die Flüchtlingsfamilie dann sogar den Traum vom Haus in einer gesuchten Wohngegend leisten: auf dem Gallberg, etwas oberhalb der Stadt in Richtung Autobahnausfahrt Mettmann. Als das britische Militär die nach dem Krieg beschlagnahmten Häuser am Gallberg in Düsseldorf räumte, mieteten meine Eltern günstig ein geräumiges Haus in der Hahnenfurther Straße 12, das zuvor von Briten bewohnt gewesen war.

Damit ich keine Zeit verlor, wurde ich beim Umzug von Weiden in Düsseldorf ein halbes Jahr zu früh in die vierte Klasse eingeschult. Dies war nur mit Nachhilfeunterricht zu schaffen. Ich ging in die Volksschule in der Schwerinstraße in Düsseldorf-Derendorf, ganz in der Nähe meiner späteren Arbeitsstätte, des DGB.

Neben der Schule wurde mir ein hartes Pensum Musikunterricht aufgebrummt. Das Gleiche galt später für meine jüngere Schwester Ingrid. Beide mussten wir Klavierunterricht nehmen. Ich habe immerhin zehn Jahre durchgehalten. Davon wurde ich die letzten vier Jahre am Konservatorium in Düsseldorf ausgebildet. Meine Klavierlehrerin war Ungarin und verlangte sehr viel. Damals fand ich den von meiner Mutter auferlegten Zwang ätzend. Heute bin ich glücklich, dass ich genügend Technik erlernt habe. Wenn ich entspannen möchte, kann ich ohne Schwierigkeiten Sonaten von Mozart und Haydn, Impromptus von Schubert oder Präludien von Bach spielen. Allerdings muss ich zugeben, dass mir dazu in den letzten Jahren die Muße fehlt.

Zwei Erlebnisse aus der Volksschulzeit in Düsseldorf werde ich nie vergessen. Bereits nach wenigen Tagen ereilte uns eine furchtbare Nachricht: Eine unserer Mitschülerinnen war auf dem Fahrrad von einem Auto erfasst und getötet worden. Wir gingen als vierte Klasse geschlossen zur Beerdigung. Es war ein warmer sonniger Frühlingstag, ich kann mich noch gut an den Duft der

Maiglöckchen erinnern. Wenn ich heute Maiglöckchen sehe und rieche, denke ich an die traurige Beerdigung eines zehnjährigen Mädchens.

Das zweite Erlebnis hatte mit den verschiedenen Konfessionen zu tun. Katholiken und Protestanten hatten wochenweise versetzt einmal vormittags und einmal nachmittags Schulunterricht. Der Unterricht war streng nach Konfessionen getrennt. Ich war als Tochter einer katholischen Mutter und eines protestantischen Vaters evangelisch getauft worden. Jeweils zum Schulschluss für die einen und Schulbeginn für die anderen bewarfen wir uns gegenseitig mit Steinen. So viel zur Toleranz unter Schulkindern 1953 in der modernen Großstadt Düsseldorf. Irgendwann sahen sich die Schulverantwortlichen in der Pflicht, zu handeln und zwischen den Unterrichtsblöcken für Ruhe zu sorgen. Nach einigen Monaten wurde der »Religionskrieg« beendet. Für Kinder beider Religionen wurde nun der Schulunterricht endlich gemeinsam durchgeführt – natürlich mit getrennten Religionsstunden.

Nach vier Jahren Volksschule kam die Zeit, auf ein Gymnasium zu wechseln. Meine bildungsbewussten Eltern entschieden, dass nur ein humanistisches Gymnasium infrage komme. So kam ich Ostern 1953 in die Luisenschule, zum damaligen Zeitpunkt das einzige Düsseldorfer Gymnasium für Mädchen mit einem humanistischen Zweig. Das bedeutete neun Jahre Latein und sechs Jahre Griechisch. In den ersten sechs Jahren wurden wir nur von Lehrerinnen unterrichtet. Etwas empfand ich schon sehr früh als merkwürdig: Was uns die Lehrerinnen in der Schule vermittelten, hatte mit meiner Wahrnehmung der damaligen Welt wenig zu tun. Im Geschichtsunterricht begannen wir mit der Antike und hörten nach dem Ersten Weltkrieg auf. Das ersparte unseren Lehrerinnen, über die »unbewältigte Vergangenheit« zu sprechen. Allerdings wurde uns vor den Ferien aus dem *Tagebuch der Anne Frank* vorgelesen.

Meine Mitschülerinnen waren meist Töchter aus wohlsituierten Familien. Als »Flüchtlingskind« wurde ich zunächst etwas links liegen gelassen. Doch es gab auch Ausnahmen. Befreundet habe ich mich, solange sie in der Klasse war, mit Gabriele Forberg, der Tochter des Düsseldorfer Bankers Kurt Forberg. Er war persönlich haftender Gesellschafter des Bankhauses C. G. Trinkaus, das heute Teil des HSBC-Bankenriesen ist. Nach der Schule verlor ich den Kontakt zu ihr, aber zu meiner Überraschung erschien sie in Begleitung einer anderen Klassenkameradin, Adelheid, zu meinem 65. Geburtstag in Berlin.

Nicht vergessen werde ich die Töchter eines wohlhabenden Unternehmers aus Düsseldorf-Reisholz. Sie waren immer exquisit gekleidet und kamen nach den Ferien immer braun gebrannt aus erlesenen Urlaubsorten zurück. Für unsere Schulausflüge gab es großzügige Spenden ihres Vaters. Allerdings landeten in unserer Klasse mehrere seiner Töchter, die »Warteschleifen« drehten. Den direkten Weg zum Abitur hielten aus der Klasse nur vier von dreißig Schulanfängerinnen durch. Ich war zwar dabei, allerdings mit abnehmender Begeisterung und mittelmäßiger Leistung. Rechtzeitig vor den Zeugnissen wurden die blauen Briefe verschickt. Sie gingen an die Eltern von Schülerinnen, deren Leistungen mangelhaft waren. Ich bekam während meiner neunjährigen Gymnasialzeit zweimal einen blauen Brief. Einmal, weil ich im Treppenhaus das Treppengeländer heruntergerutscht war, das zweite Mal, weil ich auf den Klassenschrank geklettert war und dort noch saß, als die Lehrerin das Klassenzimmer betrat. Am meisten überwarf ich mich mit meiner Deutschlehrerin der Oberstufe, deren Namen ich hier höflich verschweigen will. Sie hatte mich – wie man im Rheinland sagt – »auf dem Kieker«, und ich schaffte bei ihr selten mehr als ein »Ausreichend«. Dass ich mich in der deutschen Sprache nicht verständlich auszudrücken vermag, das hat mir nach Verlassen der Luisenschule – nicht einmal in meiner Zeit als freie Journalistin in New York – niemand mehr vorgeworfen.

Im Rückblick auf diese Jahre kann ich sagen: Der für mein Empfinden auf weite Strecken realitätsferne Lehrstoff und das Obrigkeitssystem der Schule hatten auf mich eine unbeabsichtigte positive Wirkung. Sie förderten meinen Widerspruchsgeist, hatten aber auch zur Folge, dass ich bis zum Ende meines Universitätsstudiums – um es salopp auszudrücken – mit einem gespaltenen Bewusstsein lebte. Ich war praktisch orientiert durch meine Mutter, intellektuelle Höhenflüge kannte ich von meinem Vater, und so bewegte ich mich in einem Spannungsbogen zwischen beidem. Mir war es immer wichtig, den Sinn des in der Schule Gelernten für die Realität herauszufinden. »Was bedeuten Griechisch und Latein für mich und meine Zukunft?«, fragte ich mich. Eines stand für mich fest: Ich wollte keine unterdrückte, ihrem Mann und der Familie dienliche Frau werden wie meine Mutter. Die Frauen hielten damals die Familien zusammen und verzichteten dafür auf ihre eigene Entwicklung, die Männer waren umso abgehobener und überheblicher und das machte auch sie nicht glücklich. Für mich kam so etwas nicht infrage, und schon mit 14 begann ich, meine Mutter beim Sonntagsfrühstück zu überreden, sie solle wieder arbeiten und sich selbst entfalten. Als sie es schließlich tat, war sie froh, von zu Hause wegzukommen und auch andere Dinge als Familienpflichten zu erleben.

Ich hatte durch meine Erziehung gelernt, Erwartungen nur so hoch zu schrauben, wie man sie auch realisieren kann. Weil ich aber bestimmte Wünsche verwirklichen wollte, verdiente ich mir in der Schulzeit und als Studentin nebenher das nötige Geld. Ich gab Nachhilfeunterricht, ging putzen oder erledigte andere Nebenjobs. Ich konnte die Verbesserung meiner Lebensverhältnisse als persönlichen Erfolg verbuchen. Das Los einer Teilzeitjobberin sorgte außerdem dafür, dass ich die Erfahrungen der arbeitenden Bevölkerung teilte. Das gab mir Bodenhaftung und hatte eine positive Wirkung. Nicht zuletzt stärkte es mein Selbstwertgefühl. Ich stand also mit beiden Füßen auf dem Boden der Realität.

Zugleich aber revoltierte ich gegen vieles, wogegen wesentlich später die 68er-Generation zu Felde zog. Ich opponierte gegen Ungerechtigkeiten in der Wohlstandsgesellschaft, gegen die traditionelle Frauenrolle, bei der nichts anderes als Ehe, Familie und Kindererziehung vorgesehen war und in der kein Raum für die eigene Entwicklung blieb. Gegen Armut, Reichtum und die Arroganz derer, die sich als etwas Besseres fühlten. Das ist nicht meine Welt, sagte ich mir, ich baue mir eine andere auf. Ich opponierte gegen die Obrigkeitsstrukturen in Schule und Universität. Ich war viel allein, machte nicht jeden Modetrend mit und wehrte mich gegen unerträgliche weibliche Attribute. Ich war entschlossen, die einem Mädchen von der Gesellschaft zugedachte Rolle nicht zu akzeptieren und eigene Wege zu gehen.

Eine besondere Genugtuung erfuhr ich übrigens mehr als drei Jahrzehnte nach meinem Abitur während meiner Zeit als Vizepräsidentin der Bundesanstalt für Arbeit (BA). Der damalige Schulleiter, Oberstudiendirektor Bernhard Fluck, erkundigte sich brieflich, ob ich zum 150-jährigen Bestehen der Luisenschule als ehemalige Schülerin ein Grußwort halten könnte. Ich sagte zu, denn die Chance, einige meiner Ressentiments aus den Leidenszeiten an der Luisenschule einmal loszuwerden, wollte ich mir nicht entgehen lassen. Das habe ich dann in meiner Rede anlässlich der Festveranstaltung am 10. Oktober 1987 getan. Dass sich Schulleiter Fluck im Namen des Lehrerkollegiums bei mir ausdrücklich für die konstruktiv-kritischen Worte bedankte, sah ich als Zeichen einer positiven Entwicklung an.

Mein Weg in die Freiheit

Seit meinem 16. Lebensjahr verbrachte ich die unterrichtsfreie Zeit damit, Geld zu verdienen. Ich gab Nachhilfe zu fünf DM für einen mehrstündigen Besuch am Nachmittag und am frühen Abend. Und ich arbeitete als Schwestern- und Putzhilfe bei den Städtischen Krankenanstalten in Düsseldorf für 1,20 DM die Stunde.

Einmal wurde ich deswegen zur Direktorin der Luisenschule gerufen. Sie redete mir eingehend ins Gewissen, dass die Tätigkeit im Krankenhaus für uns als Schülerinnen ehrenamtlich, ohne Bezahlung, geleistet werden sollte. Von einer Schülerin der Luisenschule könne man das erwarten. Ich erwiderte ihr, dass dies nur für gelegentliche Einsätze an Sonn- und Feiertagen gelte und dass dies nicht von den Schülerinnen erwartet werden könne, die nach Erledigung ihrer Hausaufgaben zusätzlich regelmäßig Geld verdienen wollten. Schließlich sei das nicht verboten. Da ich jahrelang viele Wochenenden und in den Ferien von 7 Uhr morgens bis 16 Uhr nachmittags hart arbeitete, war ich der Auffassung, dass die 1,20 DM die Stunde eher zu wenig seien. Den Begriff »Mindestlohn« kannte ich damals noch nicht. Nach längerer Diskussion lenkte die Direktorin ein. Auf diese Weise hatte ich kurz vor meinem 18. Lebensjahr genügend Geld zusammen, um den Führerschein zu machen und mir einen Gebrauchtwagen zu kaufen.

Das war leichter gesagt als getan. Denn es gab noch eine große Hürde, die beim Kauf eines Autos zu nehmen war. Ich war zum damaligen Zeitpunkt noch nicht »geschäftsfähig«, da ich keine 21 Jahre alt war. Meine Eltern konnte ich nicht um Unterstützung bitten, sie waren dagegen, dass ich so früh schon den Führerschein machte. Und sie hätten mich für verrückt erklärt, hätte ich ihnen von meinem Entschluss erzählt, einen Gebrauchtwagen zu kaufen. Außerdem war es mit dem Autokauf allein noch nicht getan. Wie sollte ich die laufenden Kosten bestreiten – Steuer, Versicherung und Benzin? Dennoch wollte ich nicht noch drei Jahre warten. Die Lösung kam im Sommer 1961. Am Unterbacher Baggersee lernte ich einige Jungs in meinem Alter kennen. Darunter war auch Bernward Engelen. Er lud mich zu einer Party im nahe gelegenen Erkrath-Unterbach ein. Bernward und seine Brüder hatten im neuen Haus der Eltern, Auf der Lohe 5, eine »Kellerbar« eingerichtet, die sich sehen lassen konnte. Zum Ende der Party tauchte Bernwards ältester Bruder Klaus auf, der in Köln Betriebswirtschaft studierte. Mit Klaus – sieben Jahre älter als ich – kam ich ins Gespräch über meine Pläne, ein Auto zu kaufen. Wir vereinbarten, in der Florida Eisbar gegenüber von Karstadt in der Schadowstraße den Autokauf zu besprechen. Es dauerte wenige Tage, dann waren wir uns einig.

Für meine sauer verdienten 2500 DM kaufte Klaus den von mir ausgesuchten gebrauchten VW Käfer Standard mit Seilzugbremse, Zwischengas und ohne Tankanzeige. Zum An- und Abstellen der Heizung gab es unten im Fußraum einen Umschlaghebel. Dass es einen solchen gab, hatte ich zunächst vergessen. So war ich lange Zeit deprimiert, dass der VW Käfer keine Heizung hatte.

Klaus, der vor dem Studium schon eine Lehre bei der Dresdner Bank in Düsseldorf abgeschlossen hatte, ging umsichtig ans Werk. Er holte von seinem Vater, der in Düsseldorf eine Druckerei betrieb, die Zusage ein, dass er als Teil der Studienfinanzierung auch die laufenden Benzinkosten sowie Steuer und Versicherung des VWs übernehmen würde. Dafür sollte Klaus das Auto gelegentlich nutzen können. Dann setzte er einen Vertrag auf, in dem Pflichten und Rechte beider Parteien fixiert wurden. Darin wurde bestätigt, dass ich Eigentümerin des Wagens war und wir uns die Nutzung teilten. Die laufenden Kosten, also Kfz-Steuer, Kfz-Versicherung und Benzinkosten, würden von Klaus übernommen.

Von der BGB-Gesellschaft zum Ehevertrag

Was für die junge Generation von heute selbstverständlich ist, war zum Ende meiner Schulzeit noch etwas Außergewöhnliches. Am 14. Juni 1961, eine Woche vor meinem 18. Geburtstag, machte ich den Führerschein. Damit und mit dem Kauf des gebrauchten VWs hatte ich mein erstes größeres Projekt in die Tat umgesetzt. Danach erst weihte ich meine Eltern ein. Ihre Begeisterung hielt sich in Grenzen. Auf ihre Frage nach den laufenden Kosten für das Auto waren wir vorbereitet. Wir legten meinem Vater den Vertrag vor, den Klaus aufgesetzt hatte.

Typisch Wirtschaftsprüfer, dozierte mein Vater erst einmal, aus welchen rechtlichen Gründen dieser Vertrag nach den Bestimmungen des Bürgerlichen Gesetzbuches nicht wirksam sei. Ich sei ja noch nicht geschäftsfähig. Doch schienen ihn die vertraglichen Abmachungen zwischen seiner Tochter und dem geschäftsfähigen BWL-Studenten Klaus milde zu stimmen. Er mokierte sich, dass wir im Falle einer Wirksamkeit des Vertrags »gegenseitig verpflichtet« seien, »die Erreichung eines gemeinsamen Zweckes in der durch den Vertrag bestimmten Weise zu fördern, insbesondere die vereinbarten Beiträge zu leisten«.

Meine Mutter und meine Oma fanden den von mir mitgebrachten BWL-Studenten Klaus sympathisch und seriös. Sie waren erleichtert, dass ich mich zum Auftakt meines Volkswirtschafts-Studiums auf die Erfahrungen eines höheren BWL-Semesters stützen konnte. Ich hatte erreicht, was ich wollte: Führerschein, ein Auto und ein gutes Einvernehmen mit meinen Eltern.

Kurz vor meinem Abitur stand mein Entschluss fest, Wirtschaftswissenschaften zu studieren. Mein Vater hat mir dabei immer zur Volkswirtschaft und nicht zur Betriebswirtschaft geraten. Seine Begründung: Das volkswirtschaftliche Studium würde mir weitere Einblicke in die nationalen wie internationalen wirtschaftlichen Zusammenhänge eröffnen. Bei unseren lebhaften Diskussionen zu derartigen Themen endeten wir meist bei den gesamtwirtschaftlichen Zusammenhängen. Auch die Betriebswirtschaft hatte für mich ihren Reiz, da ich auf praktische Ergebnisse in einer unternehmerischen Tätigkeit ausgerichtet war. Überdies hatte ja auch die Betriebswirtschaft eine gesamtwirtschaftliche Komponente. Doch letztlich entschied ich mich für das Studium der Volkswirtschaftslehre. Und da von Düsseldorf aus Köln am nächsten lag, schrieb ich mich dort an der Universität ein. Die Folgen dieser Entscheidung waren für mich damals nur schemenhaft erkennbar. Doch hat sie meine weitere akademische und berufliche Entwicklung für die kommenden Jahrzehnte bestimmt. Ich legte mein Abitur am 1. März 1962 ab und begann zum Sommersemester desselben Jahres mein Studium. Stolz bewältigte ich den Umzug in meine erste Studentenbude in der Gartenlaubensiedlung von Köln-Bickendorf mit meinem eigenen VW.

Die Gesellschaft zum Erwerb und Unterhalt eines gebrauchten VW Käfer aus dem Jahr 1961 hatte weitreichende Folgen. Sechs Jahre später, am 19. Juli 1967, sollten Klaus und ich den Bund fürs

Leben eingehen – eine Ehe, die bis heute gehalten hat. Der VW überlebte bis weit in die 1970er-Jahre, gefahren und immer wieder repariert vom jüngeren Bruder Bernward. Die kostenlose Überlassung des Wagens an ihn war so etwas wie ein »Finderlohn«. Denn ohne ihn hätte ich Klaus ja nie gefunden. Er hatte mich am Unterbacher Baggersee sozusagen »aufgelesen« und zur Party bei den Engelens eingeladen. Bernward ist seit Jahrzehnten Professor für Chemie an der Universität Siegen.

Wahrscheinlich war die Erfüllung der Pflichten aus dieser Auto-Erwerbsgemeinschaft mindestens so lehrreich wie das nachfolgende Studium der Volkswirtschaftslehre an der Universität zu Köln. Meine Studienzeit lag weit vor der Revolte der 68er. Von einem Aufbegehren der Studenten an der Universität Köln konnte keine Rede sein. Die Fakultät war mit etwa zwanzigtausend Studenten die Hochburg der Wirtschaftswissenschaften, die Herren Professoren schwebten darüber wie Halbgötter. In den Wirtschaftswissenschaften glänzten Namen wie Theodor Wessels, Erich Gutenberg, Günter Schmölders und der »Kölner Bankenpapst« Heinrich Rittershausen. Bei ihm schrieb mein Freund Klaus seine Diplomarbeit mit dem Titel *Finanzierung von Forderungen und Factoring in den Vereinigten Staaten von Amerika.*

Manche der Professoren an der Kölner Universität hatten wenig Zeit, ihre Studenten zu unterrichten. Dafür waren sie umso mehr mit lukrativer Gutachtertätigkeit unter Einsatz zahlreicher Assistenten beschäftigt. Diese bestritten auch einen großen Teil des Lehrbetriebs. Deshalb fand mein VWL-Studium im Wesentlichen abseits der Kölner Universität statt, im Wiso-Repetitorium von Karl E. Braunschweig. Dafür musste allerdings zusätzlich gezahlt werden, und mein Monatswechsel von 300 DM reichte nicht aus. Daher habe ich während des gesamten Studiums gearbeitet, und so lernte ich die vielfältigsten Facetten der gering qualifizierten Beschäftigung im Kölner Raum kennen. Ich war regelmäßig Kundin der studentischen Arbeitsvermittlung. Zum Glück gab es damals noch viele Jobs und kaum Arbeitslosigkeit. Meist putzte ich in Haushalten, weil dort am besten bezahlt wurde, aber ich kellnerte auch. Ein bizarrer Job war der Vertrieb von Karten für die Teilnahme an Tanzkursen. Dieser Job hatte nur ein Problem: Anstelle einer Bezahlung erhielt ich Freikarten. So besuchte ich einen Tanzkurs für Fortgeschrittene und lernte Tango und Samba. Allerdings erkannte ich bald, dass mich dies nicht so recht weiterbrachte – weder im Studium noch finanziell. Zudem dauerten die Tanzkurse oft bis spät in die Nacht. Ich wohnte in einem Ortsteil von Köln-Bickendorf, in dem vereinzelte Häuser inmitten eines Areals von Schrebergärten standen. Mir war unheimlich, spätabends nach dem Tanzkurs allein in mein Studentenzimmer in dem einzigen größeren Haus weit und breit zu gehen. Auch etwaige Begleiter waren nicht unbedingt vertrauenswürdig. Der Job war daher nur von kurzer Dauer.

Während ich studierte, gab es in den Wirtschaftswissenschaften nur wenige Frauen. Viele kamen aus gutbürgerlichen Familien – die Väter hatten selbstständige Berufe, waren Unternehmer oder Beamte. Bei manchen meiner Kommilitoninnen hatte ich allerdings den Eindruck, dass sie mehr an einer guten Partie als an einer eigenständigen beruflichen Karriere interessiert waren. Damals schien die erfolgreiche Absolvierung eines wirtschaftswissenschaftlichen Studiums für Männer noch ein sicherer Eintritt in eine gut dotierte Tätigkeit in Wirtschaft, Verbänden und Verwaltung zu sein.

Bei meinem Freund Klaus konnte ich beobachten, dass es nützlich war, sich an einer Massenuniversität wie Köln zu spezialisieren und an einem bestimmten Lehrstuhl »anzudocken«. Nach vorangegangener Banklehre studierte er mit Anbindung an die Seminare von Heinrich Rittershausen. Mit einem seiner Assistenten, dem späteren Bochumer Bankenprofessor Joachim Süchting, waren wir seit jener Zeit bis zu dessen Tod vor einigen Jahren freundschaftlich verbunden.

Gleich nach Abschluss seines Studiums zum Herbstsemester 1963 brach Klaus im Januar 1964 nach Amerika auf. Er nutzte ein »Work-Study-Programm« der Carl-Duisberg-Gesellschaft, um auf der anderen Seite des Atlantiks bei einer Bank zu arbeiten. Gleichzeitig wollte er seine Doktorarbeit schreiben. Nach seiner Abreise von Rotterdam mit dem Ozeanliner »Statendam« der Holland-Amerika-Linie im Januar 1964 war ich plötzlich wieder auf mich allein gestellt. Klaus hatte mir hinsichtlich des Studiums viel beigebracht und mir gute Ratschläge gegeben; wir diskutierten viel. Ich vertrat immer den Gedanken der sozialen Gerechtigkeit, die mich vorrangig interessierte, und kritisierte das neoklassisch geprägte Studium.

Die Arbeit neben dem Studium kostete allerdings viel Zeit. Ich wohnte in möblierten Zimmern und besuchte so viele Seminare und Vorlesungen wie möglich. Klaus schrieb mir regelmäßig Briefe, was für mich sehr wichtig war. Ich traf mich manchmal mit Klaus' Bruder, der ähnlich dachte wie ich und auch viel Widerspruchsgeist besaß. Er war freier als der karrierebewusste, zielstrebige Klaus. Wir gingen abends manchmal in die Kneipe oder tanzen und trafen andere junge Leute. Aber ich war ansonsten recht eigenwillig, wenig kommunikativ und eher schüchtern. Am Wochenende besuchte ich auch meine Eltern und ging stundenlang mit dem Hund im Wald spazieren. Etwas, was ich bis heute liebend gern tue.

Trotz der Schwierigkeiten an einer Massenuniversität mit überfüllten Hörsälen, oft abwesenden Professoren und wenig

Sprechstunden verlor ich meine Motivation, mein Selbstwertgefühl und meinen Widerspruchsgeist nicht. Ich kam nicht umhin, immer wieder die Grundlagen der klassischen und neoklassischen Wirtschaftstheorien zu hinterfragen. Kam es wirklich nur darauf an, Unternehmensgewinne zu steigern und Arbeitskosten zu reduzieren? Hatte die Höhe des Lohnes allein eine derart große Bedeutung für die Entscheidungen von Arbeitgebern und Arbeitnehmern? Warum sollte ich die endlosen theoretischen Variationen dieser nach meiner Meinung zu einseitigen Zusammenhänge durchdringen? Ich diskutierte darüber mit Klaus, Bernward und meinem Vater. Wenn ich allein in meiner Kölner Studentenbude saß, habe ich mir oft die Frage gestellt: »Was soll das alles, was mache ich überhaupt hier?« Aber ich gab mir die Antwort selbst. Ich wollte keinen typischen Frauenberuf, der sich mit Familie und Kindern vereinbaren ließ. Ich wollte einen Beruf mit vollem Einsatz und entsprechend guter Bezahlung, Sozialprestige und Unabhängigkeit – am liebsten in einer Männerdomäne, und dafür hatte ich das richtige Studium gewählt. Das musste ich erfolgreich durchziehen.

Mit Klaus hatte ich viel über mein Studium debattiert. Was mir an ihm gefallen hatte, war, dass ihm offensichtlich an meiner akademischen und beruflichen Entwicklung und Zukunft gelegen war. Womit er mir allerdings ziemlich auf die Nerven ging? Er erklärte mir ständig, wie schädlich das Rauchen für die Gesundheit sei. Rauchen betrachtete ich damals als ein Symbol der Eigenständigkeit und Geselligkeit. Weil auch mein Vater und meine Mutter rauchten, gab es zu Hause keine Widerstände gegen das Rauchen. Als ich dann später im Studium etwas mehr gefordert wurde, habe ich die Lust daran verloren.

Ehe Klaus in die USA ging, führten wir heftige Debatten über politische und wirtschaftliche Ereignisse. Er hatte erste Erfahrungen mit den Freien Demokraten in Düsseldorf gemacht, und er hielt Thomas Dehler, von 1954 bis 1957 Vorsitzender der FDP, für einen der besten Redner der jungen Bundesrepublik. Er hörte nicht auf, mir von dem »Sturz« der Regierung Karl Arnold (CDU) in Nordrhein-Westfalen durch die ihm teilweise bekannten »Jungtürken« der FDP zu erzählen. Wolfgang Döring, Willy Weyer und Walter Scheel hatten zusammen mit den Sozialdemokraten im ersten konstruktiven Misstrauensvotum die seit 1947 regierende CDU-Regierung zu Fall gebracht. Das hatte in der Oberstufenklasse meines Freundes Klaus am Gymnasium Gerresheim für hitzige Diskussionen gesorgt. In der Klasse drückte übrigens auch ein später prominenter Bundesfinanzminister der SPD, Manfred Lahnstein, die Schulbank.

Nach dem Motto »Appetit kommt beim Essen« fand ich mehr und mehr Gefallen an politischen Ereignissen, auch an den dramatischen Auseinandersetzungen. Diese Debatten hatten mitunter dazu geführt, dass ich den Wunsch, Tierärztin zu werden, aufgab. Erst Jahre später klärte mich Klaus – ob scherzhaft oder ironisch – über »seine wahren Motive« bei der freundschaftlichen Berufsberatung auf: »Wenn du Medizin studiert hättest, wärst du für mich verloren gewesen.« Seine These hatte etwas für sich: Mediziner bleiben vom ersten Semester bis zum Traualtar meist unter sich. So viel zur Unabhängigkeit meiner Studienwahl. Aber bereut habe ich es nur selten: wenn beispielsweise meine sozialpolitischen Vorschläge ungehört verhallen; wenn Politik immer mehr an Inhalten verliert und zum Showgeschäft verkommt. Dann habe ich oft gedacht: Wärst du Ärztin geworden, könntest du mehr bewirken und die Ergebnisse deines Einsatzes verfolgen.

2

Woher ich meine berufliche Orientierung erhielt

Zu Beginn meiner Universitätszeit hatte ich gehofft, ein Studium der Volkswirtschaft würde über die tatsächlichen wirtschaftlichen Zusammenhänge aufklären. Bald musste ich erkennen, dass dies eine Illusion war – eine große sogar. Nach neun Jahren realitätsferner humanistischer Ausbildung an einem Mädchengymnasium folgten – für mich ebenso realitätsferne – einseitige Theorien der Volkswirtschaftslehre. Meinen akademischen Frust arbeitete ich mit Teilzeitjobs ab.

Unverhofft kam eines Tages die Erleuchtung, die das in meinen Augen sinnlose Studium doch noch zu einem nützlichen Ziel führte: Durch Zufall entdeckte ich im zweiten Studienjahr das Lebenslagen-Konzept von Gerhard Weisser, Professor für Sozialpolitik. Seine Arbeiten gingen von der realistischen Überlegung aus, dass Arbeitnehmer Menschen sind und nicht nur Kostenfaktoren. Als solche haben sie verschiedenartige Interessen am Anbieten ihrer Arbeitskraft. Natürlich spielt die Lohnhöhe eine entscheidende Rolle. Darüber hinaus geht es aber auch um soziale Sicherheit, berufliche Entwicklungsmöglichkeiten, um Qualifizierung, Teilhabe an Entscheidungen und Arbeitsbedingungen. Damit hatte ich endlich eine geistige Heimat gefunden für die Analyse und Gestaltung wirtschaftlicher und sozialer Prozesse.

Zum ersten Mal war ich persönlich beeindruckt, endlich ging es um die Wirklichkeit, hier fühlte ich mich zu Hause. Ich begriff, dass das Angebot von Arbeitskraft und Nachfrage von vielen anderen Faktoren abhing als lediglich von den Löhnen. Es kam auch auf Kreativität, Verantwortungsbewusstsein und Teamfähigkeit einer Person an. So geriet der Arbeitsmarkt in den Mittelpunkt meines weiteren Studiums. Und das hat sich – wenn ich heute zurückblicke – in jeder Beziehung ausgezahlt.

Mein erster Besuch in den USA

Mein Freund Klaus hatte inzwischen bei einem großen US-Finanzinstitut in New York, CIT Financial, eine Stelle gefunden, mit der Bezeichnung Bankmanager und einem eigenen Büro an der Madison Avenue. Es lag, da war ich durchaus beeindruckt, direkt neben dem New Yorker Playboy Club und schräg gegenüber dem berühmten Plaza Hotel.

Bei der Diskussion über ein mögliches Thema für meine Diplomarbeit hatte Klaus angeregt, ich könnte das in den USA gut entwickelte System der Vermittlung von Universitätsabsolventen analysieren. Inhaltlich passte es zu den Fragen, mit denen sich das Institut von Gerhard Weisser beschäftigte. Aus dieser Anregung wurde ein Themenvorschlag: »Untersuchung des ›Recruiting-Systems‹ unter dem Aspekt seiner Einflussnahme auf den Arbeitsmarkt für akademische Arbeitskräfte in den USA«. Es ging um eine Entwicklung in den USA, die eines Tages auch für Deutschland bedeutsam werden könnte. Der zuständige Assistent am Lehrstuhl für Sozialpolitik von Gerhard Weisser sah das ähnlich. Auch Weisser selbst war einverstanden.

Für den dazu erforderlichen Besuch in den USA zwecks Literatur-Recherche schenkte mir mein Vater ein Ticket der Lufthansa. Zudem bot mir die Lufthansa in New York eine Arbeitsstelle für sechs Wochen an. Für meine Tätigkeit im Hauptbüro an der Park Avenue verdiente ich so viel, dass ich mich im teuren New York gerade so über Wasser halten konnte. Um unabhängig zu sein, hatte ich Klaus nichts von meiner bevorstehenden Reise erzählt.

Mein erster Flug über den Atlantik an einem Sommertag im Juli 1965 in einer Propellermaschine und die ersten Tage im tropisch heißen New York haben bei mir einen starken Eindruck hinterlassen. Die Maschinen flogen damals in viel geringerer Höhe als die heutigen Jets, und so habe ich immer noch den spektakulären Blick aus dem Flugzeug auf den grünen Atlantik und die sich kräuselnden Wellen vor Augen. Spektakulär war auch die Zwischenlandung in Island.

Nach 14 Stunden Flug tauchte endlich die Skyline von Manhattan auf. Als ich in meinem kleinen Hotel in der Nähe des Lufthansa-Büros ankam, stand das Thermometer auf 40 Grad Celsius mit über 90 Prozent Luftfeuchtigkeit. Mir verschlug es den Atem. Todmüde versuchte ich zu schlafen, was bei den ständigen Sirenen von Feuerwehr, Polizei und Krankenwagen unmöglich war. Ich wollte testen, wie lange ich in einer Metropole wie New York allein auf mich gestellt zurechtkommen könnte. Doch die Mutprobe dauerte nur wenige Tage. Dann hielt ich es nicht mehr aus und griff zum Telefon.

Am anderen Ende war Klaus, der gerade für seinen Mitbewohner, den ersten vom *Handelsblatt* entsandten US-Korrespondenten, Arno Morenz, den Postsack sortierte. Klaus hatte Morenz auf der Überfahrt mit der »Statendam« wiedergetroffen, und sie hatten eine Wohngemeinschaft gegründet. Sie kannten sich aus den Seminaren an der Kölner Universität und hatten bei der Überfahrt festgestellt, dass sie sich sehr gut ergänzten: Klaus, etwas älter, ein bedachter Jungbanker mit profunden Kenntnissen der Finanzwelt; Morenz, ein ambitionierter Jungjournalist mit einem Netzwerk an Kontakten und immer neuen Projekten im Sinn. Bewaffnet mit unzähligen Adressen schien ihr Motto zu sein: »Zwei erobern New York und ganz Amerika«. Über einen Banker aus Manhattan hatten sie die vierte Etage eines Brownstone-Hauses gemietet. Ihre Anschrift: 214 Columbia Heights, Brooklyn, New York 11201. Klaus hatte eine atemberaubende Aussicht auf Downtown Manhattan und die Freiheitsstatue. Nie gingen vor seinem großen Panoramafenster zur Brooklyn Promenade hinaus die Lichter aus.

Zwischen seinem Studio und der Wohnung von Morenz führte eine Tür in das *Handelsblatt*-Büro. Es war kleiner als jede Studentenbude. Auf der Toilette stand der Fernschreiber, über den die Berichte an die Düsseldorfer Redaktion liefen. Das riesige Dach des Hauses konnte man als Terrasse benutzen, von dort hatte man einen unvergesslichen, faszinierenden Blick über den East River und Downtown Manhatten.

Noch am Tag meines Anrufs konnte ich dank Morenz' Hilfe in das Apartment von Conny, einer seiner Bekannten aus Deutschland, ziehen. Es lag nur ein paar Straßen von Klaus' Wohnung entfernt in Brooklyn Heights. Mein dortiger Beitrag als »roommate«, Mitbewohnerin, war nur ein Bruchteil von dem, was ich für mein höchst bescheidenes Hotelzimmer hatte zahlen müssen.

Lange bevor die Schalter öffneten, war ich morgens im Lufthansa-Büro. Mein erster Arbeitsauftrag war, telefonisch Auskunft über Reiserouten zu geben. Aufgrund meiner damals völlig unzureichenden Englischkenntnisse kam ich am Telefon immer wieder ins Schwitzen. Oft konnte ich die Kunden kaum verstehen, und ich bin sicher, dass meine Auskünfte nicht sonderlich hilfreich waren. Nach wenigen Tagen bekam ich dann eine andere Arbeit. Ich musste endlose Listen über Flug- und Passagierdaten auf Fehler überprüfen. Das konnte ich trotz begrenzter Englischkenntnisse eher bewältigen. Diese Arbeit hielt ich die vereinbarten vier Wochen lang eisern durch. Das Wichtigste in dieser Zeit war die Klimaanlage im Büro.

Die Lehigh Universität in Bethlehem

Die verbleibende Zeit in den USA, die zwei Monate Semesterferien, plante ich für die Materialsuche für meine Diplomarbeit ein. Ich fand heraus, dass ich dafür die Lehigh Universität in Bethlehem, Pennsylvania, besuchen musste. Unter dem Dach der Universität gab es das Büro des »College Placement Council« mit den entsprechenden Fachpublikationen. Ich hatte demnach eine zentrale Anlaufstelle für die Vermittlung akademischer Arbeitskräfte direkt auf dem Universitätsgelände gefunden. Ich fuhr aufs Geratewohl mit dem Greyhound für wenige Dollar von New York nach Bethlehem, einer kleinen Stadt, geprägt von dem Stahlkonzern Bethlehem Steel. Als ich dort ankam, hatte ich keine Unterkunft. Wegen der hohen Kosten versuchte ich ein Hotel zu vermeiden. In der Lehigh Universität gab es eine Zimmervermittlung, die allerdings am späten Nachmittag bereits geschlossen war. Ich traf dort nur noch eine Putzfrau an. Sie bot mir umgehend für wenig Geld ein Zimmer in ihrem Haus an. Ihr Mann war Stahlarbeiter bei Bethlehem Steel, ihre beiden Söhne studierten in anderen Bundesstaaten. So überließen mir Bill und Ruth Wilkens ein nettes Zimmer mit Bad- und Küchenbenutzung. Ich fühlte mich wie im Paradies. Dort konnte ich die restlichen Wochen bleiben und forschen.

In der Bibliothek fand ich ausreichend Material für meine Diplomarbeit. Dabei lernte ich die angenehme Seite der amerikanischen Gastfreundschaft kennen. Sogar der Direktor des »Placement Council«, Robert F. Herrick, war bereit, mir in mehreren Gesprächen die Entwicklung und Arbeitsweise des »College-Placement«-Systems an nordamerikanischen Universitäten zu erläutern. Er lud mich sogar zu einem Abendessen im Kreis seiner Familie ein. Das Essen schmeckte hervorragend, der Empfang war sehr freundlich.

In Bethlehem hatte ich die harten Arbeitsbedingungen amerikanischer Stahlarbeiter täglich vor Augen. Bill Wilkens war bereits 55 Jahre alt und nach einem schweren Arbeitsunfall gehbehindert. Trotzdem stand er jeden Morgen um halb fünf auf, um pünktlich um 6 Uhr zum Schichtbeginn an seinem Arbeitsplatz zu sein. Auf seine Gehbehinderung wurde keine Rücksicht genommen. Er musste eben mehr Zeit für seine Wege einplanen. Meine Frage nach Sonderregelungen für Schwerbehinderte nahm er mit wenig Verständnis auf. Für ihn war es selbstverständlich, sich unter gleichen Bedingungen wie seine Kollegen im Beruf bewähren zu müssen. Weil die Wilkens beide arbeiteten, blieb unter der Woche für den Einkauf keine Zeit. Am Wochenende wurde in einem etwas entfernten Einkaufszentrum für die ganze Woche eingekauft. Sie füllten einen riesigen Einkaufswagen. Nach einer harten Arbeitswoche verbrachten sie also den freien Samstag in diesem Massenbetrieb von Supermarkt. Es war bequem und praktisch, aber alles andere als ein Vergnügen.

Am Sonntagmorgen ging das Ehepaar Wilkens in die Kirche. Danach kam für Bill Wilkens eine kurze Zeit des Vergnügens. Mit zwei Jagdgewehren fuhr er in die malerische Hügelkette der Blue Mountains. Seine Frau hingegen putzte an der Universität, weil sie nur so das Studium ihrer beiden Söhne finanzieren konnte.

Ferien und Freizeit kannten die Wilkens kaum. Wenn sie einige Tage freihatten, besuchten sie Verwandte in der Nähe von Bethlehem.

So erhielt ich Einblick in das tägliche Leben eines amerikanischen Stahlarbeiters und seiner Ehefrau. Dabei kam ich ins Grübeln über die Gerechtigkeit bei der Verteilung von Arbeits- und Lebenschancen. Bereits in New York waren mir die Gegensätze von unvorstellbarem Reichtum und erschreckendem Elend auf den Straßen ins Auge gesprungen. Nach drei Monaten »American Way of Life« war ich überzeugt, dass die in der Bundesrepublik nach dem Krieg aufgebaute soziale Sicherung nicht hoch genug eingeschätzt werden kann. Einen ausreichenden Schutz der Arbeitnehmer vor Ausbeutung und Unsicherheiten empfand ich als Errungenschaft, die nicht aufs Spiel gesetzt werden darf.

Mit dem Ehepaar Wilkens konnte ich über solche Fragen nicht reden, ich stieß bei ihnen auf völliges Unverständnis. Bill war davon überzeugt, dass jeder selbst für die eigenen Unzulänglichkeiten und für das eigene Schicksal verantwortlich sei. Er kam gar nicht auf den Gedanken, etwa das Wirtschaftssystem für sein hartes Los verantwortlich zu machen. Dass der Staat für soziale Probleme Verantwortung übernehmen sollte, fand er völlig abwegig. Dies sei Sache jedes Einzelnen. Entweder man schafft es, mit den Folgen eines Arbeitsunfalls fertig zu werden und das Geld für den Zahnersatz aufzubringen, oder man hat eben Pech gehabt. Mein Gastgeber und seine Frau, das konnte ich aus manchen Gesprächen erfahren, waren unerschütterliche Patrioten. Sie glaubten wirklich, ihre Vereinigten Staaten von Amerika seien »the greatest country in the world« und würden das auch bleiben. Dass ihr System Mängel haben könnte, war für sie ein völlig absurder Gedanke.

Kapitalismus versus Sozialstaat

Ich war nach solchen Gesprächen entsetzt und deprimiert. Glücklicherweise traf ich auch andersdenkende Menschen. Besonders Gespräche mit jüdischen Journalisten und Schriftstellern waren für mich »geistig-seelische Aufrüstung«. Über meinen Freund Klaus hatte ich Henry M. Paechter und seine Frau Hedwig kennengelernt. Als Jude hatte Paechter mit seiner Frau vor den Nazis aus Berlin fliehen müssen. Er hatte uns zu einem Wochenende in das Sommer-Camp eines Freundeskreises nahe des Harriman State Park im Norden New Yorks eingeladen. Seit den Kriegsjahren trafen sich hier zahlreiche, vor allem jüdische Emigranten. Paechter war ein profunder Kenner der deutschen wie nordamerikanischen Geschichte und lehrte an der New School for Social Research in New York. Darüber hinaus schrieb er für das *Handelsblatt* und andere deutsche Zeitungen. Er hatte viele Bücher und wissenschaftliche Aufsätze veröffentlicht, seine Bücher *Fall and Rise of Europe, Socialism in History* oder *Modern Germany* stehen bei mir im Bücherschrank.

Für mich kamen die Gespräche in Paechters Camp einer intellektuellen und emotionalen Rettung gleich. Die Menschen hier waren kritisch gegenüber Amerika, sie bemängelten wie ich, dass Sozial- und Krankenversicherung keine Verpflichtung waren und die politisch mächtigen Eliten die soziale Notlage eines Teils der Bevölkerung, insbesondere der Schwarzen, ignorierten. In den Vorstädten gab es mehr gegenseitige private Unterstützung. Dort schien die Gemeinschaft, die »community«, mit Anbindung an Schulen und andere Einrichtungen noch zu funktionieren. In den Großstädten schien das allerdings nicht der Fall zu sein.

In diesem Kreis an Emigranten wurden mir die gravierenden Unterschiede des amerikanischen und deutschen Systems noch deutlicher – in politischer, wirtschaftlicher und sozialer Hinsicht. Dies bestärkte mich immer mehr in meiner Überzeugung, wie wichtig der Sozialstaat deutscher Prägung ist. Allerdings war ich beeindruckt vom hohen sozialen Engagement vieler Amerikaner als Privatpersonen und im Rahmen der Familie. Als junge Deutsche hatte ich dies in Bethlehem selbst erfahren dürfen. Doch aus dem, was ich in New York sah und sonst aus Amerika aufnahm, musste ich den Schluss ziehen: Millionen Menschen müssen im reichsten Land der Welt am Rand der Gesellschaft leben.

Am Ende brachte ich von meinem Aufenthalt in den USA erheblich mehr mit als nur Material für meine Diplomarbeit: bei aller Faszination für den Schmelztiegel New York erhebliche Zweifel am »American Way of Life«. Ich äußerte meine Kritik immer wieder. Mein dauerndes »Amerika-Bashing« führte zu heftigen Auseinandersetzungen mit meinem Freund Klaus, der damals noch eine Karriere als Banker anstrebte. Aufgrund der Gegensätze zwischen Arm und Reich und der sozialen Ungerechtigkeiten im »Land der unbegrenzten Möglichkeiten« konnten wir uns in der Bewertung unseres Gastlandes nie einigen. Auf wenig Gegenliebe stieß auch meine Ankündigung, dass ich mich, zurück in Deutschland, in meinem Studium und meiner Berufsorientierung stärker auf die sozialen Missstände konzentrieren wolle. Empörung empfand ich gegenüber seinem Gegenvorschlag, ich solle doch meine hohe Intelligenz besser als Wertpapieranalystin bei einer führenden Investmentbank einsetzen. Da könnte ich sehr viel Geld verdienen, weil ja die Aktienmärkte – wie überhaupt die Finanzdienstleistungsindustrie – in den nächsten Jahrzehnten gewaltige Wertsteigerungen erfahren würden.

Klaus war stark vom »American Way of Life« geprägt und fand Geldverdienen sehr wichtig. Ich war eher kritisch-analytisch eingestellt. Klaus hatte in der fremden Welt eine Art Schutzfunktion, die ich gern annahm. Ich ließ aber keinen Zweifel daran, dass ich eine andere Art weiblicher Existenz wollte als die meisten Altersgenossinnen, und Klaus respektierte und förderte das.

Die deutschen und amerikanischen Freunde von Klaus waren mir gegenüber häufig sehr skeptisch. Nach ihren Vorstellungen sollten Frauen ihren Partnern bei deren beruflichen Karrieren den Rücken frei halten. Dazu gehörte insbesondere in der Metropole New York die Pflege der sozialen Netzwerke und die Kenntnis der vielfältigen kulturellen und gesellschaftlichen Angebote. Belohnt wurden sie dafür mit einem guten Einkommen und einem ansehnlich hohen Sozialprestige. Kritische Reflexionen über das Soziale in der Gesellschaft waren nicht erwünscht. Als bei meinem ersten USA-Besuch das Thema Heirat zur Sprache kam, wurde ich deutlich: »Einmal als Ehefrau eines Bankers Sandwichs zu machen und gesetzte Dinner zu organisieren, das ist bei mir nicht drin. Da gehe ich lieber meinen eigenen Weg.« Klaus hatte für meinen Geschmack schon zu sehr die »Segnungen« des kapitalistischen Systems verinnerlicht und die sozialen Fragen in den USA und auch in Europa zur Seite geschoben.

Darin erkannte ich vor allem den Einfluss seines Freundes und Mitbewohners Arno Morenz. Er war bereits vor Beendigung seines wirtschaftswissenschaftlichen Studiums an der Kölner Universität Präsident der deutschen AIESEC, der größten internationalen Studentenorganisation, die für Wirtschaftsstudenten in allen Teilen der Welt Praktika in Unternehmen vermittelte, und Korrespondent des *Handelsblatts* für das Saarland gewesen. Morenz verfügte als Expräsident der Organisation wie als US-Korrespondent des *Handelsblatts* über ein Kontaktnetz auf beiden Seiten des Atlantiks, von dem auch Klaus profitierte. Ihr vierter Stock an der Brooklyn Promenade war demnach zu einer Anlaufstelle für zahlreiche ambitionierte AIESEC-Praktikanten geworden.

Eines meiner Schlüsselerlebnisse des ersten USA-Besuches war ein von Morenz gegebener Empfang. Hier stieg die Elite der in New York tätigen deutschen Wirtschaftsvertreter die vier Stockwerke in die *Handelsblatt*-Etage hinauf. Als der damalige deutsche Generalkonsul Klaus Curtius nach Luft schnappend die Dachterrasse erreichte, schien für Morenz der Höhepunkt des Empfangs gekommen zu sein. Für mich jedoch war die berühmte Opernsängerin Anneliese Rothenberger der Clou des Abends. Sie plauderte mit allen freundlich und ungezwungen. In der Welt aufstrebender Jungmanager hatten sich bei Klaus offensichtlich die Prioritäten und Bewertungen verschoben. Für ihn hieß es: Karriere in der Bank, möglichst viel »Networking« und die gefühlte Chance, einmal in der Finanzwelt gut Geld zu verdienen. Das war aber nicht meine Zukunftsvision.

Der »Klassenkampf« fing bei uns schon morgens beim Coffeeshop um die Ecke an. Wir stritten darüber, warum es in Deutschland nicht auch an jeder Ecke einen Frühstücksimbiss mit Spiegeleiern, Ham und Pancakes gab. Und warum nicht überall die Hemden noch am selben Tag gereinigt werden können. Alles natürlich zu Niedrigstpreisen und mit freundlicher Bedienung, versteht sich.

Heute, dreieinhalb Jahrzehnte später, muss ich eingestehen, dass meine Sozialromantik über die Jahre einer realistischen Beurteilung der gesellschaftlichen und sozialen Verhältnisse gewichen ist. Das gilt für beide Seiten des Atlantiks. Heute bin auch ich froh, um die Ecke einen Coffeeshop zu finden und am Bahnhof Friedrichstraße auf dem Weg zum Büro meine Sachen in die Reinigung geben zu können. Der Wandel zur Dienstleistungsgesellschaft, zur Computerisierung und die Globalisierung von Produktion und Finanzströmen haben in den letzten Jahrzehnten auch in Deutschland und Europa die Lebensweise großer

Teile der Bevölkerung stark verändert. Diese Entwicklung hat allerdings in den USA wie in Europa die Schere zwischen Arm und Reich noch größer werden lassen.

Zurück in Köln brachte ich zügig meine Diplomarbeit zu Papier und bereitete mich auf die Diplomprüfung vor. Zeit und Entfernung ließen die ideologischen Streitigkeiten zwischen Klaus und mir verblassen. Meine Diplomarbeit war gelungen. Sie wurde mit »Gut« bewertet.

Ich hatte daher die Möglichkeit, nach meinem Diplom als Volkswirtin zu promovieren. Nun galt es, ein Thema zu finden, mit dem der Professor einverstanden war. Dank der Kontakte von Klaus konnte ich sogar die wesentlichen Teile meiner Diplomarbeit in einer dreiteiligen Artikelserie im *Blick durch die Wirtschaft* der *Frankfurter Allgemeinen Zeitung* veröffentlichen. Ich war mächtig stolz, zum ersten Mal meinen Namen auf so vielen gedruckten Seiten zu lesen. Dass mir für die drei Beiträge 880 DM angewiesen wurden, sah ich als Aufbruch zu neuen Ufern an. Das waren fast drei Monatswechsel, die ich von meinen Eltern zum Studieren bekam. Für das Honorar kaufte ich mir mein erstes besseres Kostüm mit eleganten Schuhen und Hut. Danach hatte Klaus, der die Publikation der Artikel vermittelt hatte, trotz seiner »Yankee-Allüren« und seiner kapitalistischen Ausrichtung bei mir einen großen »Stein im Brett«.

Bald schon eröffneten sich ganz neue Perspektiven. Klaus war mittlerweile von CIT Financial zur J. Henry Schroder Banking Corporation, der US-Tochter des gleichnamigen Londoner Bankhauses, gewechselt. Zusätzlich hatte er vom Verlag des *Handelsblatts* ein aus meiner Sicht sehr interessantes Angebot bekommen. Er sollte ab Juli 1967 die US-Berichterstattung aus Amerika mit Sitz in New York übernehmen. Das eröffnete die Chance, in New York zusammenarbeiten zu können. Hinter dieser völlig unerwarteten Entwicklung stand der Wechsel von Arno Morenz nach Düsseldorf. Dort sollte er als junger Manager dem Verleger Friedrich Vogel assistieren. Wie andere Verlage hatte auch das *Handelsblatt* die Rezession von 1966/67 durch herbe Anzeigenverluste zu spüren bekommen, und Morenz hatte bereits als US-Korrespondent viel Zeit darauf verwandt, das für den Verlag immer wichtigere Anzeigengeschäft mit der Wall Street und den US-Multis anzubahnen.

Klaus nahm das Angebot des *Handelsblatts* an und wurde am 15. Mai 1967 US-Korrespondent. Er begründete seinen Salto mortale vom Bankwesen in den Journalismus auch damit, dass dieser Wechsel mir die Mitarbeit als freie Journalistin eröffnen würde. Eine New Yorker Journalismuspraxis könne beruflich nur von Nutzen sein, meinte er. Für Klaus hieß das: Von heute auf morgen musste er dafür sorgen, dass die wichtigen wirtschaftlichen und politischen Entwicklungen in den USA täglich in der größten deutschen Wirtschaftszeitung ihren Niederschlag fanden. Damit nahm er eine große Verantwortung auf sich. Mir kam seine neue Arbeit zuweilen wie ein Himmelfahrtskommando vor. Gewiss, er hatte profunde Kenntnisse der Finanzwelt. Diese waren der Verlagsleitung in Düsseldorf aus Vertretungen in der Berichterstattung für seinen Vorgänger und Freund Morenz bekannt. Außerdem hatte er die entscheidende Hürde für Neueinstellungen im *Handelsblatt* genommen – das vom Verleger bei jeder Einstellung angeforderte grafologische Gutachten war günstig ausgefallen.

Klaus war schon vor seinem Wechsel zum *Handelsblatt* ein Workaholic. Und das steckte mich an. Er arbeitete nicht nur in der Bank, gleichzeitig schrieb er auch an seiner Doktorarbeit. Er sprang wie erwähnt für seinen Mitbewohner Morenz ein, wenn dieser abwesend war. Darüber hinaus arbeitete er als freier Journalist für andere Blätter. Zusammen mit Morenz hatte er im August 1966 mit einer »Signatur der Zeit« im *Handelsblatt* einen Knüller gelandet. Die Seite sorgte in der deutschen Bankenwelt für helle Aufregung und veranlasste den Vorstandssprecher der Deutschen Bank AG, Hermann Josef Abs, zu einem Protestschreiben an den Verleger. Die beiden Autoren hatten die These aufgestellt, dass Abs, weil er die Enteignung deutschen Eigentums nach dem Zweiten Weltkrieg immer noch nicht überwunden habe, bei der Gründung deutscher Banken auf der anderen Seite des großen Teichs auf der Bremse stehe. »Lieben deutsche Banken die Etappe? – Während die Amerikaner überall in Europa eine wohlorganisierte Hilfe finden, sind deutsche Firmen an der harten US-Front allein«, lautete die Anklage der furchtlosen New Yorker Autoren. Bevor Klaus also zum *Handelsblatt* ging, hatte er sich journalistisch bereits profiliert.

Journalistenlehrjahre in New York

Dann kam der Sommer 1967, der unser Leben veränderte. Am 20. Juni 1967 wurde mir von der Kölner Universität meine Urkunde als Diplom-Volkswirtin ausgehändigt. Knapp einen Monat später, am 19. Juli 1967, heirateten Klaus und ich im Standesamt von Erkrath, da Unterbach vor der kommunalen Neugliederung 1975 zum Kreis Mettmann gehörte. Am 25. Juli 1967 wurde Klaus ebenfalls von der Kölner Universität seine Urkunde als Dr. rer. pol. ausgehändigt. Statt in die Flitterwochen brachen wir umgehend nach New York auf, denn Klaus musste so schnell wie möglich für die Übernahme seines neuen Postens die organisatorischen Voraussetzungen schaffen.

Wir übernahmen in New York die Wohnung des damaligen Direktors des German Information Center (GIC), Helmut Rückriegel. Es war eine gute und relativ sichere Adresse in Uptown Manhattan; persönliche Sicherheit – da waren wir uns einig – hatte höchste Priorität. Die Wohnung lag am East River Drive an der Queens Bridge im 13. Stock eines Apartmenthauses. Die Rezeption des Hauses war rund um die Uhr mit einem »Doorman« besetzt, trotzdem wurde mehrmals im Haus eingebrochen. Das Apartment wäre für ein junges berufstätiges Ehepaar mit großem Wohnzimmer und einem Schlafzimmer plus Küchentrakt ausreichend gewesen. Für einen von zu Hause aus arbeitenden Auslandskorrespondenten war es jedoch viel zu klein. Rückriegels Schlafzimmer wurde zum *Handelsblatt*-Büro umfunktioniert. In einem der Schränke fand der Fernschreiber Platz. Eine der beiden Toiletten diente bis oben an die Decke als Archiv und Zeitungsablage. Ich musste die Essecke im Wohnzimmer als Arbeitsplatz nutzen. Nur ein Teil des »living-room« mit einer ausziehbaren Couch blieb für uns beide. Ein schwacher Trost waren die zahlreichen Fenster, die viel Licht hereinließen. Ich erinnere mich noch an den Kommentar unseres Freundes Hans-Jürgen Wiessner, New Yorker Korrespondent des ZDF. Als er erfuhr, was sich die »größte deutsche Wirtschaftszeitung« ihr US-Büro kosten ließ, meinte »Bautzi« sarkastisch: »Für das Geld hätten wir beim ZDF noch nicht einmal die Cutterin unterbringen können.« Beim *Handelsblatt* schien nach allem, was ich erfuhr, die schlechte Bezahlung von Auslandskorrespondenten ein Geschäftsprinzip zu sein.

Mir kam unser Einstieg in den Wirtschaftsjournalismus von der finanziellen Seite her recht problematisch vor. Andererseits war ich versucht, den New Yorker Neubeginn als berufliche Chance zu sehen. Das vor uns liegende harte »training on the job« konnte für beide langfristig nur von Vorteil sein. Und sollte es nicht klappen, würden wir eben etwas anderes machen. Klaus würde zurück in eine Bank gehen, und ich würde mich auf meine Promotion konzentrieren. Das sagten wir uns zur Beruhigung, falls die Dinge nicht so gut liefen.

Unser Leben bestand aus Tag- und Nachtarbeit für das *Handelsblatt*. Ich machte erste Gehversuche mit Artikeln für andere Zeitungen und Zeitschriften, um als freie Journalistin ins Geschäft zu kommen. Gleichzeitig sondierte ich das Terrain für meine Doktorarbeit. Aufgrund der sechs Stunden Zeitverschiebung zwischen Düsseldorf und New York mussten aktuelle Artikel nachts geschrieben werden. Diese wurden dann per Fernschreiber bis frühmorgens nach Düsseldorf gesendet. Dabei lernte ich, immer schneller zu tippen. Die Tickernachrichten von Reuters oder Dow Jones konnten wir nur in den Zeitungen lesen, uns blieb nichts anderes übrig, als sich gegen 23 Uhr die Zeitungen vom nächsten Tag, insbesondere die *New York Times*, am Kiosk zu kaufen. Nur auf diese Weise war es möglich, sich über die aktuellen Ereignisse des Tages in den USA und der weiten Welt ein Bild zu machen. Dann galt es kurz vor Mitternacht zu entscheiden, welchen Bericht oder welchen Kommentar die Redaktion in Deutschland gebrauchen konnte. Zuweilen wurde die Entscheidung dadurch erleichtert, dass die Redaktion ihr Interesse an diesem oder jenem Thema für den nächsten Tag per Ticker mitgeteilt hatte. Das gab Klaus die Möglichkeit, einen gewünschten Artikel mit entsprechendem Vorlauf zu schreiben.

Dabei habe ich nicht nur bei der Aufarbeitung der Berichte geholfen, sondern mehr und mehr eigene Artikel verfasst. Zum Einstieg schrieb ich für die Fachzeitschriften des *Handelsblatt*-Verlags, etwa *die absatzwirtschaft*. Da ging es um so weltbewegende Themen wie »Die Trends in der US-Verpackungsindustrie«. Dann bekam ich mit den Aufträgen von Günter Ringleb, Leiter des Unternehmensressorts, einen Fuß in die *Handelsblatt*-Tür. Über die

Arbeit für die Zeitung ergab sich schließlich eine größere Chance, nämlich bestimmte Themen für die Wochenzeitung *Die Zeit* zu liefern. So musste ich beispielsweise das damalige Börsendrama in New York (»Countdown in Wall Street«) und die von Mischkonzernen betriebene Fusionswelle (»Sumpfblüten des Booms«) beleuchten. Die Beiträge »Der Tod der Seifenoper« und »Gefahr für Amerikas TV-Riesen« nahmen die Schattenseiten des Kommerzfernsehens in den USA ins Visier. Sie waren besonders aktuell, weil zu dieser Zeit in Deutschland eine hitzige Debatte um die Einführung eines privaten, kommerziellen Fernsehens tobte.

In New York habe ich vor allem gearbeitet. Meine Freiräume waren Spaziergänge im Central Park. Als eine unerträgliche Beschränkung meiner Bewegungsfreiheit empfand ich die hohe Kriminalität, die auch am Tage überall lauerte. Auch in den wunderschönen State Parks nördlich von New York durften wir uns nur in wenigen ausgewiesenen Picknick-Areas bewegen. Als ich einmal wagte, an einem der malerischen Seen spazieren zu gehen, wurde ich von den Parkwächtern aufgegriffen und zu unserem Wagen zurückgebracht; dies mit einer ernsthaften Verwarnung, nicht noch einmal die für Besucher markierten Wege zu verlassen.

Ich blieb von 1967 bis 1970 in New York, flog aber zwischendurch auch nach Deutschland, um an meiner Doktorarbeit weiterzuarbeiten. Noch heute denke ich an die New Yorker Jahre als freie Journalistin mit gemischten Gefühlen zurück. Ich musste alle Gespräche und Interviews auf Englisch führen. Ich arbeitete hart, um meine Sprachkenntnisse zu verbessern. Beim Lesen der Texte schrieb ich mir die neuen Vokabeln heraus und lernte sie auswendig. Nach einer gewissen Zeit merkte ich, dass sich die Vokabeln der Fachsprache wiederholten und ich deutliche Fortschritte machte. Dann kam der direkte Kontakt mit wichtigen Gesprächspartnern, wobei wir natürlich englisch sprachen. Ich habe sehr von der sprichwörtlichen Offenheit amerikanischer Manager und Wissenschaftler profitiert. Sie gaben mir die notwendige Unterstützung und kamen mir auf halbem Weg entgegen. Nach einem Jahr harter Arbeit war ich sprachlich und fachlich so weit, mir keine Sorgen mehr machen zu müssen.

Als freie Journalistin fand ich bald schon ein Thema für meine Doktorarbeit. Ausgangspunkt war der in den USA damals schon fortgeschrittene Wandel in der Wirtschaftsstruktur und in den beruflichen Anforderungen. Die sich häufenden Betriebsschließungen hatten in vielen Teilen der USA zu einer höheren Arbeitslosigkeit als in Deutschland geführt. Das wiederum rief Wissenschaftler auf den Plan. Sie untersuchten auf breiter Front, wie bei Betriebsschließungen die Qualifikationen entlassener Arbeitnehmer für neue Arbeitsplätze verbessert werden konnten. Ein Ergebnis ihrer Forschungen war, dass alle Betroffenen – Staat, Unternehmen, Gewerkschaften und der einzelne Arbeitnehmer – bei der Umschulung entlassener Arbeitnehmer zusammenarbeiten müssten. Mit »Umschulung in einer wachsenden Wirtschaft – dargestellt am Beispiel der USA« hatte ich ein Thema, das auch für die Beratung der Politik in Deutschland von praktischer Bedeutung sein konnte. Mit diesem Thema konnte ich zu Weissers Assistenten gehen und ihn bitten, mir vom Lehrstuhlinhaber grünes Licht zu holen. Doch zuvor musste ich mich erst wieder in Weissers Seminaren an der Kölner Universität blicken lassen. Bei diesem Vorhaben bekam ich die volle fachliche und finanzielle Unterstützung meines Mannes. Sein Rat lautete: »Wenn du als Frau in der Wirtschaft etwas werden willst, musst du deinen Doktor haben.« Außerdem hatte ich inzwischen Interesse an einer wissenschaftlichen Laufbahn. So kehrte ich zwischenzeitlich nach

Deutschland zurück, um an der Universität in Köln die erforderlichen Seminare für meine Dissertation zu besuchen.

Den empirischen Hauptanteil der Doktorarbeit erledigte ich dann jedoch wieder in New York. Morgens fuhr ich mit der Subway in die Public Library an der 45. Straße, in der Nähe des geschäftigen und lauten Times Square. In dieser gigantischen Bibliothek, die die Geschichte der Neuen Welt förmlich ausstrahlt, konnte ich alle empirischen Arbeitsmarktstudien einsehen, die ich benötigte. Als es ans Schreiben des Textes ging, half mir eine New Yorker Bekannte, Carola Sarazin. Sie schmiss tagsüber bei der Joh.-Barth-Gruppe, einer führenden Hopfenhandelsfirma, das New Yorker Büro. Abends half sie mir. In unserem Wohn-, Ess- und Schlafzimmer hatte ich einen Tisch, ein Regal und eine Schreibmaschine. Dort saßen wir oft bis Mitternacht; ich diktierte und Carola tippte in die mechanische Schreibmaschine, Marke »Gabriele«.

Hinter unserem Haus spannte sich die Queens Bridge über den East River, eine Hauptverbindungslinie zwischen Manhattan, dem bevölkerungsreichen Queens, den beiden großen Flughäfen sowie Long Island und seinen Atlantikstränden. Tag und Nacht dröhnte die Geräuschkulisse von der Queens Bridge in unsere Wohnung. In dieser Zeit erfuhr ich, was ein Leben rund um die Uhr wirklich bedeutet. Am Anfang suchte ich in der 24-Stunden-Hektik von Manhattan verzweifelt nach Ruhe und Stille. Dann gab ich es auf und steckte mir Ohropax in die Ohren.

Mir sprangen im täglichen Straßenbild immer wieder die Kontraste ins Auge. Hier Glamour und Reichtum, dort soziale Verelendung und Kriminalität. Das New York der 1970er-Jahre führte mir die verheerenden Folgen der Spaltung einer Gesellschaft vor. Für viele Amerikaner war und ist dies bis heute kein Thema. Für mich war es unmöglich, diese Missstände zu ignorieren. Ich gewann die Überzeugung, dass es schon aus diesem Grund wenig Sinn hatte, sich auf Dauer in der Neuen Welt einzurichten. Viele Freunde, die aus Deutschland nach New York gekommen waren, tauchten hingegen in den »American Way of Life« ein. Sie machten Karriere, genossen den hohen Lebensstandard und das kulturelle Angebot und bereisten mit hohem Komfort alle Teile der USA.

Doch es gab auch Erlebnisse, die mich in der New Yorker Zeit fesselten: Nach anfänglichen Anpassungsschwierigkeiten war ich fasziniert von der bunten Vielfalt verschiedener Kulturen auf kleinstem Raum. Die schönste Erholung war ein »multikulturelles« Wochenende im Stadtgewühl. Einkaufen im deutschen Viertel. Ein Abendessen in China Town mit Spareribs und Bier unter dem Tisch, da »unser Chinese« keine Lizenz zum Alkoholausschank hatte. Dann »Rum Cake« in einem italienischen Café in Little Italy. Schließlich zum Abschluss ein Besuch im Puerto-Rico-Viertel, das an Buntheit nicht zu überbieten war.

Ursula Kefer, Volksschule in Höxter, im Alter von 6 Jahren

(Die Abbildungen stammen, wenn nicht anders angegeben, aus dem Privatbesitz von Ursula Engelen-Kefer.)

Ursula Kefer mit ihrem 1961 für 2500 DM erstandenen VW Käfer Standard

Der Vater, Dr. Egon Kefer, Jahrgang 1906

Die Mutter, Gerlinde Kefer, geb. Eichler, Jahrgang 1915

Ursula Kefer auf einer Kellerparty bei Engelens in Erkrath-Unterbach im Jahr 1960 …

… und auf einem *Handelsblatt*-Empfang 1965 in New York, Brooklyn Heights

Ursula Engelen-Kefer zusammen mit ihrem Mann Klaus C. Engelen und ihrer Großmutter Maria Eichler im Park des Schlosses Benrath in Düsseldorf im Jahr 1968

Auf dem Dach von 440 East 62nd Street, Manhattan. Ursula Engelen-Kefer und ihr Mann, US-Korrespondent des *Handelsblatts*, lebten und arbeiteten unter dieser Adresse.

Das *Handelsblatt*-Büro im gemeinsamen New Yorker Apartment

Das Ehepaar Bill und Ruth Wilkens in Bethlehem, Pennsylvania, das Ursula Engelen-Kefer während der Recherche an der Lehigh Universität Unterkunft bot

Mit den beiden Söhnen Oliver (l.) und Christian in der Wohnung in Düsseldorf (oben) und zusammen mit »Mama Jutta« am Klavier (unten)

Aufgrund der beruflichen Verpflichtungen ihrer Mutter mussten die beiden Söhne die Sommerferien oftmals allein mit »Papa Amerika« verbringen. Hier bei der Ankunft auf Mallorca 1985

Eine Karikatur zur transatlantischen Ehe der Engelens, ein Geschenk der *Handelsblatt*-Redaktion zum 60. Geburtstag von Klaus C. Engelen (Peter Bensch, Köln)

Ursula Engelen-Kefer als Rednerin vor der Internationalen Arbeitsorganisation (IAO) in Genf *(IAO, Genf)*

Die Teilnehmer des Seminars der IAO im Frühjahr 1971 in Genf, organisiert vom Wissenschaftlichen Institut der IAO *(Gaston G. Vuarchex, Brüssel)*

Ursula Engelen-Kefer und Klaus C. Engelen mit ihrem Schäferhund Timmy im Norden Berlins auf der Stolper Heide *(Henning Bode, Hamburg)*

3 Wie ich zu den Gewerkschaften stieß

Externe Forscherin am WSI

Zur Fertigstellung meiner Dissertation konnte ich einige Zeit in Düsseldorf und Köln zubringen. Dabei führte ich ein Gespräch mit dem stellvertretenden Leiter des Wirtschafts- und Sozialwissenschaftlichen Instituts (WSI) des DGB, Gerhard Leminsky. Ich war auf der Suche nach geeigneter Literatur, und wie der Zufall so spielt, Leminsky suchte gerade einen geeigneten Kandidaten oder eine Kandidatin für die Besetzung einer Stelle für regionale Arbeitsmarktforschung. Dies war ein Forschungsauftrag für eindreiviertel Jahre. Aufgabe war die Beratung des Arbeitsministers von Nordrhein-Westfalen, Werner Figgen (SPD), bei der regionalen Arbeitsmarktpolitik. Figgens Auftrag lautete, verschiedene wissenschaftliche Gutachten auszuwerten und auf dieser Basis arbeitsmarktpolitische Empfehlungen zu erarbeiten. Leminsky fragte mich ohne Umschweife, ob ich Interesse an der Stelle hätte. In Deutschland herrschte damals beinahe Vollbeschäftigung, und es gab mithin kaum jemanden, der sich ernsthaft mit den strukturellen Problemen des Arbeitsmarktes beschäftigte. Zudem war die deutsche Arbeitsmarktforschung vor allem ideologisch von den klassischen und neoklassischen Lohntheorien geprägt. Es gab kaum empirische Untersuchungen des realen Geschehens auf den Arbeitsmärkten, schon gar nicht auf regionaler Ebene. Die Stelle passte nahtlos zu meinen Recherchen und Auswertungen für meine Dissertation.

Aufgeregt rief ich meinen Mann in New York an und informierte ihn über das Angebot und dass ich es gern annehmen würde. Er sagte mir am Telefon: »Zieh ein schönes Kleid an und mach einen guten Eindruck. Das ist eine große Chance für dich.« Das gab mir Mut. Da ich bisher immer auf seinen Rat hatte bauen können, tat ich es auch dieses Mal. Die Vorstellung von einer zeitweise transatlantischen Ehe entmutigte mich keinesfalls. Ich sah darin eher die Motivation für einen eigenständigen beruflichen Aufbruch zu neuen Ufern.

Mit meinem ersten Arbeitsvertrag als wissenschaftliche Referentin für Arbeitsmarktforschung am WSI ging ich stolz zu meinen Eltern. Meine Oma hatte vor Freude Tränen in den Augen. Zum Ersten, weil ich in Düsseldorf blieb und nicht nach New York zurückging, wir uns also wieder häufiger sehen konnten. Und zum Zweiten, weil sie politisch der SPD und den Gewerkschaften näherstand als der CDU. Bei ihrer geringen Rente wusste sie, wie es kleinen Leuten geht. In ihrem Leben hatte sie immer mit wenig Geld auskommen müssen. Deshalb freute sie sich mit mir über mein erstes richtiges Gehalt. Weil sie jeden Tag Radio hörte, vor allem den von einem Mitglied der CDU als »Rotfunk« verunglimpften WDR, war sie politisch umfassend informiert. Sie hatte sich zu vielen Entwicklungen und Positionen in der Politik eine feste Meinung gebildet.

Meine Eltern unterstützten ebenfalls meine zukünftige wissenschaftliche Tätigkeit. Von meiner Mutter kam allerdings die ideologisch motivierte Nachfrage: »Mussten es unbedingt die Gewerkschaften sein?« Sie hegte seit ihrer Prager Zeit eine tiefe

Ablehnung gegen Sozialdemokraten. Erst im hohen Alter war sie bereit, bei Bundestagswahlen nicht beide Stimmen der CDU zu geben, sondern eine für »die Sozis abzuzweigen«.

Mein Mann im fernen New York war mein größter Förderer. Er sagte mir am Telefon: »Als junge Arbeitsmarktexpertin in einem wissenschaftlichen Institut wie dem WSI zu arbeiten, das ist eine tolle Sache.« Tatsächlich hatten Frauen Anfang der 1970er-Jahre in der privaten Wirtschaft deutlich weniger Chancen beim beruflichen Einstieg. Sie waren immer noch erheblich benachteiligt beim beruflichen Fortkommen.

Nach meinem damaligen Erfahrungsstand wäre als Alternative für mich etwa die Laufbahn einer Referentin in der volkswirtschaftlichen Abteilung einer Bank oder eines Wirtschaftsverbandes infrage gekommen. Das hätte ich wiederum nicht sonderlich erstrebenswert gefunden. Es gab keine Vorbilder auf meinem beruflichen Weg, aber ich fand große Unterstützung bei Klaus. Ich hatte keine Scheu und keine Bedenken, in eine Männerdomäne einzubrechen, und traute mir die Arbeit einfach zu. Was andere Frauen über mich dachten – etwa eine verheiratete Frau gehöre an den Herd –, ignorierte ich.

So begann ich am 1. Juli 1970 mit 27 Jahren meine Tätigkeit beim WSI. Mein Monatsgehalt betrug 1750 DM. Ich fühlte mich nach den vielen Jahren geringer Monatswechsel, die gerade einmal zum Überleben gereicht hatten, wie eine Königin. Ich brachte nicht nur das passende wissenschaftliche Rüstzeug mit, sondern hatte auch ein brennendes Interesse an sozialen Fragen und die volle Rückendeckung durch meine gesamte Familie.

Mein erster Arbeitstag begann damit, dass mich der Personalchef in sein Büro bat. Dies ist bei Neueinstellungen durchaus üblich. Allerdings war der Anlass für mich eher ungewöhnlich. Er erklärte mir: »Sie arbeiten nun in einem Forschungsinstitut des Deutschen Gewerkschaftsbundes. Bedingung dafür ist der Eintritt in eine DGB-Gewerkschaft.« Zuständig war die Gewerkschaft Handel, Banken und Versicherungen (HBV). Ich sagte ihm, ich sei stets davon ausgegangen, dass der Beitritt zu den Gewerkschaften freiwillig sei. Meinen Einwand parierte er mit der Zusage: »Wir werden über die Freiwilligkeit des Eintritts in die Gewerkschaften in einer Forschungseinrichtung des DGB demnächst einmal grundsätzlich diskutieren.« Über seine Antwort war ich etwas erleichtert, ich dachte, meine Argumente werden zumindest ernst genommen. So trat ich mit dem Beginn meiner ersten Arbeitsstelle zum 1. August 1970 in die HBV ein.

Nicht ganz einfach war die Ausgestaltung meines neu geschaffenen Referats »Arbeitsmarktforschung«. Zwar stimmte das Umfeld, ich hatte ein helles, ruhiges Büro, und, was ich als ein Höchstmaß an Glück ansah, eine Vollzeitsekretärin. Sie hieß Gretel Relleke, war älter als ich und hatte eine Familie. Ihre Tochter war gerade sieben Jahre alt. Frau Relleke hatte vorher in der Wirtschaft gearbeitet. Sie war außerordentlich motiviert, mir zu einer erfolgreichen Arbeit zu verhelfen. Dafür scheute sie keine Mühe. Wir verstanden uns auf Anhieb ausgezeichnet. Wir waren im WSI sehr bald als effizientes Team bekannt.

Die Arbeit machte mir Spaß. Ich konnte aus meinen Recherchen und Erfahrungen in den USA viel einbringen, und meine Auftraggeber waren mit meiner Arbeit sehr zufrieden. Kurz nach Beginn meiner Tätigkeit beim WSI beendete ich meine Dissertation und absolvierte die mündliche Doktorprüfung. Durch die theoretische und empirische Arbeit an meiner Dissertation, durch die Tätigkeit als freie Journalistin und durch die Erfahrungen als Arbeitsmarktforscherin im WSI hatte ich meine Kenntnisse in Wissenschaft, Wirtschaft und Gesellschaft enorm erweitern können. Ich war viel souveräner als bei meiner Diplomprüfung und ließ mich so schnell nicht mehr durch die Fragen eines Professors in Verlegenheit bringen.

So konnte ich nach einem mittelmäßigen Diplomexamen doch noch mit »summa cum laude« als Dr. rer. pol. der Universität Köln das Studium beenden. Meine Dissertation *Umschulung in einer wachsenden Wirtschaft – dargestellt am Beispiel der USA* wurde veröffentlicht. Sie erschien 1971 als »Beitrag zur wissenschaftlichen Beratung der Politik« im Verlag für Wirtschaft und Verwaltung Hubert Wingen in Essen. Dass der Arbeitsminister von Nordrhein-Westfalen, Werner Figgen, das Vorwort schrieb, freute mich ungemein.

Aber jetzt begannen Schwierigkeiten, die ich mir nicht hätte träumen lassen. Ich galt sehr bald als zu sach- und leistungsorientiert. Ich hatte wenig Zeit und Lust auf meines Erachtens ziel- und ergebnislose Diskussionen über Strukturen des WSI. Dies wurde akzeptiert, solange ich einen Forschungsauftrag zu erfüllen hatte und dadurch einen gewissen Status der Unabhängigkeit genoss. Meine Forschungstätigkeit wurde von der Landesregierung Nordrhein-Westfalen finanziert, ich brachte als »Neue« also Geld ins Haus.

Die beiden Chefs des WSI, Heinz Markmann und Gerhard Leminsky, hatten einen guten Ruf als Wissenschaftler sowohl innerhalb als auch außerhalb des DGB. Aus diesem Grund hatten sie auch den Zuschlag für den Forschungsauftrag des NRW-Arbeitsministeriums erhalten. Beide waren erleichtert, dass man dort mit meiner Arbeit recht zufrieden war. Diese bestand vor allem darin, das Konzept für eine regionale Arbeitsmarktpolitik im größten Bundesland der Bundesrepublik mit seinen sehr unterschiedlichen Regionen weiterzuentwickeln. Dazu gehörten umfassende statistische Analysen des Arbeitsmarktes in Nordrhein-Westfalen. Zu diesem Zweck wertete ich eine Fülle von

Gutachten und deren Zahlenmaterial aus. Mit den Gutachtern musste ich Änderungen und Ergänzungen nicht nur besprechen, sondern auch im Sinne einer Gesamtkoordinierung des Projekts durchsetzen. Meine Abende und die Wochenenden bestanden häufig darin, mich durch Stapel von Gutachten hindurchzuarbeiten. Dabei habe ich viel gelernt.

Als einen der ersten Gutachter lernte ich Professor Friedrich Buttler kennen und schätzen. Ich konnte in meiner späteren Funktion als Vizepräsidentin der Bundesanstalt für Arbeit (1984 bis 1990) mithelfen, ihn als Leiter des Instituts für Arbeitsmarkt- und Berufsforschung der BA zu installieren. Gelegentlich sind wir uns begegnet, als er nach der Wende Staatssekretär im Wissenschaftsministerium von Brandenburg war. Später habe ich ihn häufiger getroffen. Seit Ende der 1990er-Jahre bis 2007 war er in der Internationalen Arbeitsorganisation (IAO, auch ILO für International Labour Organization) als Direktor für Europa zuständig.

Eines meiner Projekte war die Erstellung einer Forschungsdokumentation über ältere Arbeitnehmer. Die Arbeitslosigkeit war Anfang der 1970er-Jahre zwar insgesamt sehr niedrig, doch es hatte bereits 1967 im Bergbau die erste größere Strukturkrise gegeben. Betroffen waren vor allem ältere Arbeitnehmer. Viele von ihnen wurden vorzeitig in den Ruhestand geschickt. Ich hatte mich damals bereits gefragt: Ist dies die richtige Strategie, Strukturkrisen zu lösen? Würde nicht ein Teil der älteren Arbeitnehmer lieber an einem anderen Arbeitsplatz weiter tätig sein?

Dies wurde von den Betriebsräten und Gewerkschaften anders gesehen. Ich erinnere mich noch gut an eine Schulungsveranstaltung von Betriebsräten der IG Metall in Sprockhövel. Die Übernahme von Referaten bei derartigen Schulungsveranstaltungen gehörte zu meinen Aufgaben, und so musste ich über die Situation älterer Arbeitnehmer und Arbeitnehmerinnen sprechen. Hierbei wollte ich deutlich machen: Ältere Arbeitnehmer sind wertvolle Beschäftigte. Erforderlich sind altersgerechte Arbeitsbedingungen und lebenslanges Lernen. Ziel muss sein, auch für ältere Arbeitnehmer produktive, humane und altersgerechte Arbeit zu ermöglichen. Mit diesem Ziel im Visier müssen alle mithelfen – der Staat, die Arbeitgeber, die Gewerkschaften, aber auch die Wissenschaft. Da meldete sich einer der Meinungsführer unter den zumeist erheblich älteren Betriebsräten und sagte: »Wie kommt es, dass du dich als jüngere Kollegin ausgerechnet mit den Problemen älterer Arbeitnehmer beschäftigst? Ich gebe dir einen Rat. Lass uns das mal machen. Für unsere Kollegen sind gute Vorruhestandsregelungen am besten.«

Ich war innerlich empört. Da wurden ältere Arbeitnehmer schon mit 55 abgeschoben, und viele von ihnen wollten das vermutlich gar nicht. Sie fielen damit aus dem Erwerbsleben heraus und verloren noch dazu einen wichtigen Teil ihres sozialen Umfelds. Diese unterschiedlichen Sichtweisen und der sich daraus ergebende Konflikt haben mich mein gesamtes Berufsleben lang begleitet. Damals waren weder Massenarbeitslosigkeit noch Finanzlöcher bei der Renten- und Arbeitslosenversicherung zu erkennen. So versuchte man über Jahrzehnte, die Strukturumbrüche in den Unternehmen vor allem durch Frühverrentung der Beschäftigten zu lösen. Dabei gab es durchaus Alternativen. Vernachlässigt wurden altersgerechte Arbeitsbedingungen und vor allem ausreichende berufliche Weiterbildung. Davon wollte aber niemand etwas wissen. Erst vor wenigen Jahren konnte der Paradigmenwechsel bei der Beschäftigung älterer Arbeitnehmer in der Politik durchgesetzt werden. Der demografisch bedingte Rückgang jüngerer Arbeitnehmer und die öffentliche Schuldenfalle, also demografische wie finanzielle Zwänge, haben hierbei nachgeholfen. Dass diese Anpassung so spät kommen würde, habe ich mir in Kenntnis der damals schon vorliegenden empirischen Untersuchungen nicht vorstellen können.

Die Zusammenarbeit mit dem zuständigen Referenten im Arbeitsministerium des Landes NRW, Reinhard Engelland, war konstruktiv und motivierend. Er hat später eine akademische Laufbahn eingeschlagen. Wir sind uns immer wieder im Einsatz für die Arbeitsmarkt- und Sozialpolitik begegnet. Dass er heute ein paar Straßen weiter in Berlin-Frohnau wohnt, haben wir erst jüngst festgestellt. Auch Werner Figgen habe ich verschiedentlich sprechen können. Das erfüllte mich zum damaligen Zeitpunkt mit großem Respekt. Werner Figgen wurde im Herbst 1973 als Nachfolger Heinz Kühns zum Landesvorsitzenden der SPD Nordrhein-Westfalen gewählt.

Gehversuche in der Arbeitsmarktforschung

Nicht ganz so einfach waren meine Versuche, mich in die wissenschaftliche Arbeit des WSI insgesamt zu integrieren. Natürlich war ich bei allen Abstimmungsrunden über fachliche Themen dabei, ich hatte dabei immer den Arbeitsmarkt zu vertreten. Ich wurde auch in die regelmäßige Erstellung der Konjunkturprognosen einbezogen. In diesem Rahmen war ich für die Analyse von Angebot und Nachfrage auf dem Arbeitsmarkt verantwortlich. Doch wie sollte ich seriös vorhersagen, wie sich Beschäftigung und Arbeitslosigkeit im laufenden und folgenden Jahr entwickeln würden? Ich wertete stundenlang Zahlenreihen der Statistiken von Beschäftigung und Arbeitslosigkeit aus. Allerdings fehlten mir plausible Indikatoren für die Fortschreibung im laufenden und folgenden Jahr.

Persönlich ging es mir in dieser Zeit sehr gut. Ich identifizierte mich mit meinem Beruf, am Wochenende sah ich meine Mutter und Großmutter, und vor allem Letztere interessierte sich sehr für meine Arbeit. Klaus sah ich in den Ferien. Dass er weit weg war, war zwar hart, doch wir machten das Beste daraus. Ich war durch meine Arbeit sehr ausgelastet, schrieb Publikationen, nahm an internationalen Forschungsprojekten teil und war auf Konferenzen, die viel Vorbereitung erforderten. Auch wollte ich gern fest übernommen werden und engagierte mich sehr für meine Arbeit.

Bald lernte ich von meinen Kollegen, wie man mit weniger Skrupeln an komplexe Vorhersagen für den Arbeitsmarkt herangehen kann. Natürlich konnten wir im WSI keinen eigenen statistischen Forschungsapparat unterhalten. Deshalb beschränkten wir uns darauf, die Analysen und Prognosen anderer Forschungsinstitute auszuwerten. Unsere wissenschaftliche Arbeit bestand darin, die externen Analysen und Prognosen auf Plausibilität zu überprüfen. Dazu mussten wir die zugrunde liegenden Annahmen unter die Lupe nehmen. Zusätzliche Anhaltspunkte lieferten Erfahrungswerte der Vergangenheit.

Im WSI konnte ich mein Netzwerk zur Arbeitsmarktforschung innerhalb und außerhalb der Bundesrepublik erheblich erweitern. Hier habe ich viele Kontakte knüpfen können, die zu Teilen noch heute bestehen. Am wichtigsten war für mich die Zusammenarbeit mit dem Institut für Arbeitsmarkt- und Berufsforschung (IBA) der Bundesanstalt für Arbeit in Nürnberg. Ich hatte das Glück, recht bald den damaligen Leiter, Professor Dieter Mertens, kennenzulernen. Er war nicht nur einer der besten und einflussreichsten Arbeitsmarktforscher in der Bundesrepublik in jenen Jahren, er war auch ein großartiger Mensch. Er machte mich mit seinen Arbeiten an Arbeitsmarktprognosen vertraut und stellte mich auch gleich einem seiner engsten Mitarbeiter, Jürgen Kühl, vor. Mertens entwickelte mit Kühl eine aktive Arbeitsmarktpolitik, bei der der Zusammenhang zwischen Bildung, Arbeitsmarkt und sozialer Gestaltung berücksichtigt wurde. Er arbeitete und dachte ähnlich wie ich und meinte auch, dass es eine lebenslange aktive Gestaltung für Arbeitnehmer geben müsse.

Später konnte ich mich revanchieren. Ich half im DGB mit, Dieter Mertens in den Sachverständigenrat zur Begutachtung der gesamtwirtschaftlichen Entwicklung (SVR) zu berufen. Leider ist er viel zu früh gestorben. Mit Jürgen Kühl besteht bis heute eine kollegiale und freundschaftliche Verbindung. Sie hat gehalten, auch als er aus dem Institut für Arbeitsmarkt- und Berufsforschung als Abteilungsleiter in das Sozialministerium von Thüringen wechselte. Da er als Urberliner jetzt mit seiner Frau wieder in Berlin lebt, ist der persönliche Kontakt leichter geworden.

In der Folge erhielt ich vielfältige Anfragen, an Arbeitsmarktgutachten, sonstigen einschlägigen Veröffentlichungen und Veranstaltungen teilzunehmen. Ich hatte daher gute Chancen, meine wissenschaftliche Arbeit in der Arbeitsmarktforschung innerhalb und außerhalb der Gewerkschaften und auch im Ausland bekannt zu machen. In einer Zeit niedriger Arbeitslosigkeit war der Kreis an Arbeitsmarktexperten in der Bundesrepublik überschaubar. Zudem gab es in diesem »harten« Wissenschaftsbereich zwischen Volkswirtschaft und Sozialpolitik kaum Frauen. Ich konnte mir bald als Arbeitsmarktexpertin einen Namen machen.

Nach knapp zwei Jahren endete mein Forschungsauftrag für die Landesregierung NRW. Damit versiegten auch die externen finanziellen Mittel für meine Projektstelle. Doch bot mir die Leitung des WSI umgehend die Übernahme in eine feste Stelle als wissenschaftliche Referentin für Arbeitsmarktanalyse und Arbeitsmarktpolitik an. Dies war mit einer erheblichen Gehaltserhöhung verbunden. Ich nahm die Offerte gern an.

Aufnahme in das WSI

Am Anfang meiner regulären Tätigkeit im WSI stand sogleich ein Konflikt. Nach dem Auslaufen des externen Auftrags der Landesregierung Nordrhein-Westfalen und der damit verbundenen Finanzierung war auch meine Unabhängigkeit sehr schnell vorbei. Ich machte die Erfahrung, dass das Prinzip »Wer zahlt, schafft an« auch in einem gewerkschaftlichen Forschungsinstitut galt. So wurde mir ein Büro zugeteilt, das ich mit meiner Sekretärin teilen sollte. Zudem war es ein Durchgangszimmer. Im WSI herrsche Raummangel, so die lapidare Begründung. Das konnte ich nicht akzeptieren. Sie dachten wohl, mit einer jungen Frau kann man es machen. Es war das erste Mal, dass ich mich bei der Geschäftsführung beschwerte. Wie energisch ich mich zu Wehr setzte, hat mich selbst überrascht. Ich war entschlossen, das WSI zu verlassen, und ließ daran keinen Zweifel. Sofort war der Spuk des Raummangels vorbei. Ohne weitere Kommentare bekam ich wieder ein eigenes Büro. Das wurde auch nie mehr zur Diskussion gestellt. Ich hatte gelernt: Auch bei noch so gutem Betriebsklima und guter Beurteilung der Leistungen bleibt die Diskriminierung gegenüber Frauen bestehen. Dagegen hilft nur eines: sich energisch zu Wehr zu setzen.

Generell bekamen Frauen Anfang der 1970er-Jahre von Teilen der Politik Rückenwind, die Förderung von Frauen galt nun als fortschrittlich. Willy Brandt (SPD) stand für echte Reformen, in deren Mittelpunkt die Verbesserung der Arbeits- und Lebensbedingungen für breite Schichten der arbeitenden Bevölkerung und somit auch die Frauenförderung im Berufsleben stand. Heute wird der Begriff »Reformen« in der Wirtschafts- und Sozialpolitik zwar ständig im Munde geführt, in Wahrheit wird er jedoch genutzt, um Sozialabbau zu kaschieren. In der Reformpolitik von Willy Brandt aber ging es um Qualität und Humanisierung der Arbeit und Bildung, um lebenslanges Lernen, Mitbestimmung und Gleichberechtigung. Es ist bedauerlich, dass diese Reformen nicht fortgeführt wurden, dass man den Aufschwung in der Bildungspolitik und andere Gesetzesverbesserungen nicht weiterverfolgt, sondern immer weiter abgebaut hat. Sozial Schwächere werden nicht integriert, es droht Fachkräftemangel, es fehlt an Qualifikationen, die Gleichstellung der Frau scheint im Rückgang, es gibt immer noch keine vernünftige und echte Gleichberechtigung. Die vorausschauende Reformpolitik der 1960er- und frühen 1970er-Jahre wurde in ihr Gegenteil verkehrt. Viele Probleme hätten wir heute nicht, wenn sie fortgesetzt worden wäre.

Die Gleichberechtigung von Männern und Frauen war nicht mehr nur Gegenstand von Lippenbekenntnissen und Sonntagsreden. Auch die Gewerkschaften, die nie an vorderster Front der Gleichberechtigung marschierten, gerieten in Zugzwang. Sie konnten und wollten sich mit Maria Weber als dem für Frauenpolitik zuständigen Mitglied im Vorstand des DGB dem damaligen Mainstream der Gleichstellungspolitik nicht entziehen. Davon habe auch ich profitieren können. Im Nachhinein kann ich festhalten: Mir ist es bei allen Schwierigkeiten gelungen, meinen Beruf mit Lebensqualität und auch der familiären Entwicklung zu verbinden. Hoher materieller Wohlstand war nie mein Ziel. Mein Mann und ich hatten zwei mittlere Einkommen und waren zufrieden damit. Große Autos, Luxus, teure Kleider und Schmuck interessierten mich nicht. Sobald ich beruflich gut etabliert war, wollte ich auch Kinder haben.

Reformeifer war auch im WSI ausgebrochen, jedoch nicht bei allen. Die Spaltung verlief mitten durch den Kreis der wissenschaftlichen Mitarbeiter. Die »Reformer« wollten flache Hierarchien, Abteilungsleiter sollten abgeschafft, die wissenschaftlichen Arbeitsfelder zu Bereichen zusammengefasst werden. Schon die Propagierung derartiger Strukturreformen hatte durchschlagenden Erfolg. Anhänger des alten Systems verließen das WSI. Darunter waren auch Leistungsträger des Gewerkschaftsinstituts. Die »Reformer« hatten zwar gewonnen, allerdings trugen sie nur einen Pyrrhussieg davon. Es gab endlose Debatten, weil keiner mehr eine Entscheidung fällte. Etwas Hierarchie ist eben doch notwendig, damit jemand die Verantwortung übernimmt und kontrolliert, ob Dinge umgesetzt werden. Nicht so klar war der Konflikt um den Arbeitsauftrag des WSI. Ging es um sachliche Inhalte oder um politische Durchsetzung und Agitation? Sollte das WSI analysieren oder politisch agitieren? Die Leitung des WSI wollte sich nicht festlegen. Ich lernte schnell, dass es einflussreiche Netzwerke für beide Positionen gab.

Ich galt als »Technokratin«. Dies war von den Vertretern der politischen Agitation nicht nur freundlich gemeint. Doch andererseits sahen sie, dass ich der Spitze des DGB nützliche Dienste leistete. So konnte ich ungestört meine Arbeit fortsetzen. Die Konflikte waren auch in damaligen Journalistenkreisen hinlänglich bekannt. Im Grunde ging es um Folgendes: Sollten wir wirtschafts- und sozialpolitische Konzeptionen für die Gewerkschaften entwickeln oder Vorschläge zur politischen Agitation machen? Ich war der Meinung, dass unsere Aufgabe als Wissenschaftler vor allem in der fachlichen Vorbereitung gewerkschaftspolitischer Entscheidungen lag und die Entscheidungen selbst und deren politische Umsetzung Sache der Gewerkschaften war. Andere waren der Auffassung, wir müssten den Gewerkschaften vorschlagen, wie sie ihre Ziele in der Praxis umsetzen sollten, bis hin zur Agitation. Die Auseinandersetzung fand sogar ihren Niederschlag in einem Leitartikel der *Frankfurter Allgemeinen Zeitung*. Als die beiden Antipoden der ideologischen Auseinandersetzung in der gewerkschaftlichen Denkfabrik wurden Dr. Detlef Hensche und Dr. Ursula Engelen-Kefer aufs Korn genommen.

Detlef Hensche machte kurze Zeit später einen großen Sprung auf der Karriereleiter: Er wurde Abteilungsleiter beim damaligen DGB-Vorsitzenden Heinz Oskar Vetter. Danach wurde er Vorsitzender der als politisch »links« geltenden Gewerkschaft Druck und Papier. Unter seinem Vorsitz wurde die erweiterte Industriegewerkschaft Medien gegründet. Er hat bis zu seinem Ausscheiden mit der Gründung von Verdi im Jahr 2000 hochrespektiert den »linken« Flügel im DGB vertreten. Mit zunehmender politischer Erfahrung haben Detlef Hensche und ich später viele gemeinsame Positionen in der Gewerkschaftspolitik verfolgt.

Mein Mann kommt aus den USA zurück

In die Zeit am WSI fällt Ende 1970 das glückliche Ende des ersten Abschnitts unserer transatlantischen Ehe. Das *Handelsblatt* hatte meinen Mann unter Wahrung seines alten Vertrags als US-Korrespondent von seinem New Yorker Posten in das Düsseldorfer Verlagsmanagement geholt. Er sollte als Verlagsleiter des Bereichs Wirtschaftsdienste im Rahmen eines Joint Venture mit den Nachrichtenagenturen AP und Dow Jones einen neuen Nachrichtendienst aufbauen. Dieser *Handelsblatt*-Ticker sollte gegen starke Wettbewerber wie Reuters und Vereinigte Wirtschaftsdienste (VWD) antreten.

Wir nahmen uns in Derendorf in der Klever Straße eine Wohnung, nicht weit vom DGB und WSI entfernt. Zum ersten Mal konnten wir mit unterschiedlichen beruflichen Positionen am selben Ort das normale Leben eines jungen Ehepaares führen und mussten uns nicht mehr auf Briefe, Telefonate und Begegnungen in den Ferien beschränken. Doch dieses Glück währte nicht lange. Weil der Ticker nicht den erhofften kommerziellen Erfolg hatte, nahm mein Mann 1972 das Angebot des Verlags an, für einige Zeit den Posten des US-Korrespondenten für das *Handelsblatt* in Washington zu übernehmen. Gleichzeitig sollte er von dort aus bei der ebenfalls zum Verlag gehörenden *Wirtschaftswoche* mitarbeiten. Das war beruflich für ihn eine große Chance. Wir gingen davon aus, dass es nur eine kurze Überbrückungszeit sein würde.

Dass daraus dann von 1972 bis zum 1. Januar 1982 eine fast zehnjährige transatlantische Ehe wurde, hätten wir uns zum damaligen Zeitpunkt nicht träumen lassen. Ebenfalls nicht, dass sie sich in dieser Zeit durch die Geburt unserer Söhne Oliver (1976) und Christian (1978) in eine vierköpfige transatlantische Familie verwandelte.

Nach diesen zehn Jahren wurde es jedoch höchste Zeit, dass »Papa Amerika« – so nannten die Kinder meinen Mann – endlich seinen Teil bei der Erziehung seiner Söhne übernahm, was dann auch, mit Präsenz vor Ort, geschah.

Internationale Netzwerke bauen

Ich wollte den endlosen Streitereien in den langen Sitzungsrunden des WSI, die kaum zu einem Ergebnis führten, entkommen. So konzentrierte ich mich auf meine externen Kontakte in der Arbeitsmarktforschung. Meine Aufgaben für den DGB in der Arbeitsmarktpolitik erfüllte ich zur Zufriedenheit meiner

Auftraggeber. Da ich gut Englisch konnte, wurde ich zur Organisation für wirtschaftliche Zusammenarbeit und Entwicklung (OECD) geschickt, deren Sitzungen auf Englisch und Französisch gehalten wurden. Ich lernte immer besser, mich auf Englisch auszudrücken, nahm an internationalen Studien teil, was damals in den Gewerkschaften kaum jemand konnte. Ich machte diese Arbeit gern, lernte dadurch verschiedene Hauptstädte kennen: Paris, London, Brüssel. Dabei begegnete ich wichtigen Arbeitsökonomen auf internationaler Ebene. Ich gewann Einblicke in die Arbeitsmarktpolitik anderer Länder. So wurde auch der stellvertretende Vorsitzende des DGB, Gerd Muhr, auf mich aufmerksam, ihm gefielen meine Beiträge gut. Den engen nationalen Rahmen zu verlassen nützte meiner Arbeit im DGB sehr, weil ich so andere Sichtweisen und Methoden kennenlernte, die mich inspirierten. Die meisten Probleme waren ja nicht auf Deutschland beschränkt.

Die Internationale Arbeitsorganisation in Genf, eine Sonderorganisation der UN, schrieb die Teilnahme an einem sechswöchigen Kurs für Internationale Entwicklungspolitik aus. Organisiert wurde er vom Internationalen Institut für Arbeitsstudien der IAO. Meine Bewerbung wurde angenommen. Die Leitung des WSI war mit meiner Teilnahme an diesem Seminar einverstanden. Dabei galt es allerdings, noch vor Beginn eine Klippe zu überwinden. Der Finanzchef des WSI konfrontierte mich mit einer Zumutung. Da meine Reise- und Aufenthaltskosten in Genf von der IAO erstattet wurden, sollte mein Gehalt beim WSI für die sechs Wochen der Teilnahme gestrichen werden. So hatte ich mir die Personalpolitik bei den Gewerkschaften nicht vorgestellt. Ich protestierte auch dieses Mal heftig. Meine Wohnungs- und sonstigen Kosten in Düsseldorf mussten ja auch während meiner Abwesenheit bezahlt werden. Es gab keine langen Debatten, mein Gehalt wurde schließlich weiter gezahlt. Ich nahm am Seminar der IAO vom 1. Februar bis zum 15. März 1971 teil.

In Genf war es nicht einfach, ein bezahlbares Hotelzimmer zu finden. Für einen Schweizer Franken musste ich 1,40 DM aufbringen. Die Lebenshaltungskosten lagen um 40 Prozent höher, hinzu kam ein »Exklusivitätszuschlag« in der internationalen Beamtenstadt Genf mit zahlreichen internationalen Institutionen. Mein erstes Hotelzimmer lag an einer stark befahrenen Autostraße, an der Rue de Lausanne. An schalldichte Fenster war damals nicht zu denken. Ich hatte die ganze erste Nacht das Gefühl, die Lastwagen führen durch mein Bett. Also suchte ich ein neues Zimmer und wurde auch rasch fündig. Mit 50 Schweizer Franken stimmte der Preis. Das Zimmer war auf der fünften Etage eines alten Patrizierhauses, das in verblichener Pracht direkt am See lag. Tagsüber war ich im Seminar der IAO intensiv beschäftigt, abends war ich froh, in meinem Zimmer meine Ruhe zu haben. Am Wochenende fuhr ich mit den Skibussen vom Ecole-club Migros für zehn Schweizer Franken in die umliegenden Skigebiete. Es ging Samstag und Sonntag um 7 Uhr morgens los und erst spätabends wieder zurück. Ich war viel unterwegs und hielt mich kaum in meinem Hotelzimmer auf.

Nach drei Wochen kam mein Mann am Wochenende mit dem Nachtzug zu Besuch. Ich informierte meine Wirtin im Voraus darüber. Ich verstand nicht, warum sie lachte. Wenig später hatte ich die Erklärung. Mein preiswertes Hotel war ein Stundenhotel. In den drei Wochen in Genf hatte ich das nicht bemerkt. Ich hatte mich allerdings häufig gewundert, warum nachts so häufig die Aufzüge liefen. Eher erfreut war ich, dass morgens die Gemeinschaftsduschen immer frei waren. Nun wusste ich, warum. Ich machte mich also wieder auf die Suche nach einer Bleibe. Die nächsten drei Wochen verbrachte ich in einer freundlichen Pension ohne böse Überraschungen.

Das Seminar war interessant. Ich lernte Teilnehmer aus allen Kontinenten der Erde kennen. Ich schätzte vor allem die angelsächsische Methode der Planspiele. Wir erarbeiteten Konzepte für verschiedene Entwicklungsländer. Wie kann man dort Arbeitsplätze schaffen? Wie kann man die Investitionen multinationaler Konzerne vernünftig mit den Entwicklungen kleiner Betriebe kombinieren und eine nachhaltige Entwicklung fördern? Dabei wurden alle Zusammenhänge berücksichtigt, und es galt die Devise: »Was ist tatsächlich von Nutzen?« Ich habe in meiner weiteren wissenschaftlichen und praktisch-politischen Arbeit lange an dem IAO-Seminar gezehrt.

Von Schweden lernen

Im Juni 1972 fand die arbeitsmarktpolitische Studienfahrt einer hochrangigen deutschen Delegation nach Schweden statt, an der Gerd Muhr für den DGB teilnehmen sollte. Da er terminlich verhindert war, bat er mich, ihn zu vertreten. Es war die große Zeit der aktiven Arbeitsmarktpolitik mit Weiterbildungen, Umschulungen und Arbeitsbeschaffung – und Schweden hatte für uns in diesen Dingen Vorbildcharakter.

An der Studienfahrt nahmen hochrangige Vertreter von Arbeitgebern, Gewerkschaften und Regierung teil. Auf der Gewerkschaftsseite war der Delegationsleiter Willi Lojewski, Vorsitzender der Gewerkschaft Gartenbau, Land- und Forstwirtschaft. Er hatte in der Arbeitsmarktpolitik der Gewerkschaften und im Verwaltungsrat der Bundesanstalt für Arbeit eine wichtige Stellung. Für mich war es eine große Chance, mit ihm über mehrere Tage einen intensiven Erfahrungsaustausch über die Arbeitsmarktpolitik in Schweden und Deutschland zu führen. Es war aber auch anstrengend, denn die Delegationsabende in der Altstadt von Stockholm waren besonders lang. Die Sonne ging schon nach Mitternacht wieder auf. Oft sah ich mein Hotelzimmer erst in den Morgenstunden. Am nächsten Tag mussten wir konzentriert das umfassende Konferenzprogramm absolvieren.

In Stockholm nutzte ich jede Minute und unternahm trotz der vielen Arbeit Spaziergänge. Alles sah so anders aus als die deutschen weißen Gardinen und unsere Plüschmöbel. Hier herrschte ein anderes, freieres Lebensgefühl, das mir sehr gefiel. Gern hätte ich etwas davon mit nach Hause genommen.

Bei den Konsultationen zur deutschen und schwedischen Arbeitsmarktentwicklung muss es mir gelungen sein, die Positionen unserer Gewerkschaften wirksam zu artikulieren. Willi Lojewski sprach noch Jahre später bei Begegnungen in der BA darüber, wie gut wir in Schweden zusammengearbeitet hatten. Das war ein hohes Lob von einem hoch geachteten Gewerkschafter, besonders gegenüber einer Frau. Bei den Veranstaltungen meldete ich mich so häufig wie möglich zu Wort und legte mir nicht die typisch weibliche Zurückhaltung auf. Dadurch kam keiner so schnell an mir vorbei. Gerade im Kreis der Gewerkschaften war es für eine Frau wichtig, Flagge zu zeigen.

Bei der Reise nach Schweden habe ich noch etwas gelernt, nämlich mich von Alkohol fernzuhalten. Die unzähligen Schnapsgläser mit hochprozentigem Aquavit habe ich unbemerkt in die Blumenkästen gegossen. Ich hoffe, die Blumen haben es überlebt.

Ende der akademischen Karrierepläne an der Universität Konstanz

Meine Arbeit im WSI gefiel mir gut. Ich sah darin aber keine Dauerstellung. Es kursierte das Schreckgespenst des »Wissenschaftsbeamten«. Dazu wollte ich nicht gehören. Ich sah mich also nach neuen Ufern um. Ich versuchte es zuerst mit der Wissenschaft, weil mir diese Arbeit sehr gefiel und auch lag. Leider hatte ich keine guten Beziehungen zum Establishment der deutschen Universitäten, die Folgen bekam ich zu spüren. Meine wissenschaftliche Tätigkeit im WSI hatte meine Ausgangsposition allerdings verbessert, und so verfolgte ich die ausgeschriebenen Stellen an den Hochschulen in der Bundesrepublik. Doch schnell lernte ich, dass die öffentliche Ausschreibung von Professorenstellen häufig reine Formalität war. Die Besetzung war hinter den Kulissen längst ausgehandelt.

Ohne Protektion schaffte ich die Einladung zu einer Probevorlesung an der Universität Konstanz. Ich fuhr mit dem Nachtzug von Düsseldorf an den Bodensee. Es ging bei der Bewerbung »um die Stelle eines Wissenschaftlichen Rates und Professors (H2/H3) im Fachbereich Politische Wissenschaft, Fachrichtung Sozialplanung«. Was ich dort erlebte, kann man sich in der heutigen Zeit, in der es immer mehr Professorinnen gibt, nur noch schwer vorstellen. In der Universität empfing mich »Professor X« im mittleren Lebensalter, eine Kapazität für öffentliche Verwaltung. Für meinen Vortrag hatte ich das Thema »Die arbeitsorientierte Volkswirtschaftslehre« gewählt. Ich hatte ihn zwar schriftlich ausgearbeitet, bei den Gewerkschaften hatte ich aber gelernt: mündlicher Vortrag und verständliche Sprache. Daran hielt ich mich auch. Am Ende meiner Präsentation und der anschließenden Diskussion nahm mich der Professor zur Seite. Er hatte eine Frage und eine Feststellung. Die Frage: »Wie kommt es, dass Sie als verheiratete Frau eine Professur anstreben und so viel Geld verdienen wollen?« Das empfand ich als Frechheit, so viel Frauenfeindlichkeit verschlug mir die Sprache. Danach stellte der Herr Ordinarius fest: »Wenn wir Sie hier als Professorin einstellen würden, wäre das, als ob wir mit einem Streichholz einen Heuhaufen anzünden würden.«

Meine Universitätskarriere endete, bevor sie begonnen hatte. Unter dem Datum des 16. Juli 1975 wurden mir die Bewerbungsunterlagen mit einer brieflichen Absage zugeschickt. »Ich muss Ihnen leider mitteilen, dass der Vorschlag auf einen anderen Bewerber fiel«, teilte der Dekan der Universität Konstanz, Professor Manfred Timmermann, mit. Das war schmerzlich für mich. Entmutigt gab ich meine Suche nach einer akademischen Stelle auf. Ich beschloss, stattdessen meine wissenschaftliche Reputation zu verbessern und ein Lehrbuch zur Beschäftigungspolitik zu schreiben. Als ich besagten »Professor X« Jahre später in Brüssel wiedertraf, tat er so, als ob wir uns nie in Konstanz begegnet wären.

Erste Wortmeldungen in der Öffentlichkeit

Bis in die Vorstandsetagen großer Unternehmen reichte das Echo eines umfangreicheren Beitrags, den ich im April 1972 im *Handelsblatt* auf der Wochenendseite »Signatur der Zeit« veröffentlichte. Dabei stellte ich die Forderung auf, bei Massenentlassungen infolge von Betriebsschließungen für die betroffenen Arbeitnehmer Umschulungen und alternative Arbeitsplätze stärker in den Vordergrund zu stellen. Dies war vor dem Hintergrund der zu diesem Zeitpunkt vorherrschenden Praxis zu verstehen, bei Stilllegungen den Arbeitnehmern in erster Linie Abfindungen und Frühverrentungen anzubieten.

Anlass zu meinem Beitrag unter der Überschrift »Sozialen Härten von Stilllegungen mit Weitsicht vorbeugen« war der Fernsehfilm »Rote Fahnen sieht man besser«. Es ging um die Stilllegung des Krefelder Kunstseidenwerks Phrix und die Entlassung von 2100 Arbeitnehmern. Die Phrix-Werke gehörten zur BASF-Gruppe. Der Fernsehfilm wurde mit dem Adolf-Grimme-Preis ausgezeichnet. Walter Jens von der Universität Tübingen schrieb damals in der *Zeit*: »Ein humaner und bewegender Film, auf Antithesen abgestellt, indirekt aufklärend, auf Agitation und sozialistische Kommentierung verzichtend«.

Bemerkenswert an diesem Vorgang fand ich die öffentliche Debatte. Mich verwunderte und empörte, dass es weniger um das Schicksal der 2100 entlassenen Arbeitnehmer ging, sondern die Verärgerung darüber im Vordergrund stand, dass der großzügige Sozialplan der BASF im Film nicht gebührend dargestellt wurde. In meinem Beitrag ging es mir um eine stärkere Förderung der Beschäftigung. Diese sah ich vor allem in der Qualifizierung und Umschulung der von der Stilllegung betroffenen Arbeitnehmer sowie alternativen Beschäftigungsmöglichkeiten. Ich stellte die Ergebnisse diesbezüglicher Erfahrungen in den USA dar. Für mich ergaben sich aus dem Fall Phrix mehr Fragen als Antworten. Dabei waren die Massenentlassungen keineswegs ein Einzelfall. Weitere zum damaligen Zeitpunkt anstehende Betriebsstilllegungen mit Massenentlassungen betrafen etwa den Fotokonzern Voigtländer in Braunschweig mit 1700 Beschäftigten oder das zur AEG-Telefunken-Gruppe gehörende Kuba-Imperial-Werk in Wolfenbüttel mit 1000 Beschäftigten, darunter 600 Frauen. Darüber hinaus gab es eine Vielzahl von Betriebsstilllegungen und Entlassungen mit deutlich geringerer Publizität.

Die Vollbeschäftigung hatte 1966/67 einen ersten Dämpfer erfahren. Damals fielen die Wirtschaftsrezession und die erste große Strukturkrise im Steinkohlenbergbau zusammen. Die Gewerkschaften setzten sich seit Ende der 1960er-Jahre erfolgreich für den Rationalisierungsschutz der Arbeitnehmer ein. Anfang der 1980er-Jahre gab es bereits für einen großen Teil der Industriebeschäftigten sowie der Arbeiter und Angestellten in öffentlichen und privaten Dienstleistungen tariflich vereinbarte Rationalisierungsschutzabkommen. Derartige Abkommen oder Sozialpläne sahen folgende Leistungen vor: Umsetzung auf einen anderen Arbeitsplatz, Umstrukturierungen der Arbeitsplätze, Umschulung, Kündigungsschutz, Abfindungszahlungen, Überbrückungszahlungen und vorzeitige Pensionierung. Das 1969 von der Großen Koalition verabschiedete Arbeitsförderungsgesetz gewährte großzügige finanzielle Hilfen für Umschulung und Fortbildung über mehrere Jahre. Dies war ganz in meinem Sinn. Die in meiner Doktorarbeit behandelte geplante Gesetzgebung in den USA wurde in Deutschland umgesetzt. Es gab tatsächlich einen Wechsel zu einer aktiven Arbeitsmarktpolitik.

Der Blick in die Realität zeigte allerdings: Die Instrumente für alternative Arbeit und Umschulung wurden wenig genutzt. In der Praxis ging es vor allem um Abfindungszahlungen und Frühverrentung. Das war ungünstig, weil Abfindungen schnell aufgezehrt und danach kaum noch Einkünfte zu erzielen sind. Ein weiteres Problem waren die gravierenden Unterschiede zwischen Beschäftigten in Großbetrieben einerseits und denen in Klein- und Mittelbetrieben andererseits. Letzteren kamen die Verbesserungen selten zugute.

Dies hat mich dazu bewogen, mich für ein stärkeres gewerkschaftliches Engagement bei der Suche nach alternativer Arbeit einzusetzen. Ich habe überall nach konstruktiven Beispielen gesucht und auch Erfahrungen aus den USA einbezogen. Der Fall Armour & Co. aus dem Jahr 1959 war mir aufgefallen. Hierbei ging es um die Schließung von sechs Produktionsstätten in der Fleischkonservenindustrie. Von den Entlassungen waren etwa 5000 Arbeiter betroffen. In einer beispielhaften Zusammenarbeit von Tarifparteien, Regierungsvertretern und Wissenschaftlern wurde ein Sozialplan erarbeitet, durchgesetzt und ausgewertet. Die wissenschaftliche Analyse wurde von dem damals führenden Arbeitsmarktforscher der Universität Chicago, George P. Shultz, vorgenommen. Shultz, später Chefberater von Präsident Richard Nixon, Arbeitsminister, Finanzminister und sogar Außenminister, kam zu der Schlussfolgerung, dass der Erfolg jedes Sozialplans von der gesamtwirtschaftlichen Beschäftigungslage abhängt. Notwendige Voraussetzung ist die rechtzeitige Bekanntgabe geplanter Betriebsstilllegungen und Entlassungen, erforderlich ist ein Vorlauf von etwa einem Jahr. Bei beruflichen Anpassungsmaßnahmen kommt es auf begleitende Betreuung und vor allem auf die Suche nach anschließenden Arbeitsplätzen an. Dies ist eine Gemeinschaftsaufgabe von Gewerkschaften, Unternehmen und öffentlicher Hand, unterstützt durch empirische Arbeitsmarktforschung.

Eine derart umfassende Herangehensweise an die Lösung arbeitsmarktpolitischer Probleme war und ist in der Bundesrepublik alles andere als selbstverständlich. An verbalen Hinweisen auf die Notwendigkeit eines integrierten beschäftigungs- und arbeitsmarktpolitischen Ansatzes fehlt es nicht. Allerdings mangelt es an der praktischen Umsetzung. Nur selten gibt es bei Betriebsstilllegungen den angesprochenen ausreichenden Vorlauf von einem Jahr. Auch verhindern Konflikte zwischen den Tarifparteien häufig die rechtzeitige Suche nach alternativen Arbeitsplätzen. Darüber hinaus ist eine integrierte Konzeption und Umsetzung einer aktiven Beschäftigungs- und Arbeitsmarktpolitik in der praktischen Politik bislang in den Anfängen stecken geblieben.

Mein Artikel im *Handelsblatt* stieß auf Resonanz. Und so war ich hocherfreut, als mich Hans Günther Zempelin, Vorstandssprecher der Enka AG, zu einem Gespräch in die Wuppertaler Konzernzentrale bat. Ich wurde sehr höflich an der Rezeption empfangen. Als ich zu den Aufzügen ging, hörte ich noch die Warnung der Empfangsdame an das Vorstandsbüro: »Ist aber noch sehr jung«. Das amüsierte mich köstlich. Und Zempelin nahm sich für das Gespräch viel Zeit. In Ruhe konnten wir alle Aspekte von Betriebsstilllegungen, Massenentlassungen, Rationalisierungsschutzabkommen und Sozialplänen ansprechen. Der Konzern war mit etwa 3000 Beschäftigten von Betriebsstilllegungen betroffen. Wir erörterten die Situation auf der Grundlage meines Zeitungsartikels. Mir kam es darauf an, ein Bewusstsein für die unterschiedlichen Handlungsoptionen zu wecken. Auch an meinen Vorstellungen von einer stärkeren Ausrichtung auf rechtzeitige Planungen und höhere Prioritäten für Qualifizierung und alternative Beschäftigung fand Zempelin Interesse.

Viel bewirkt hat unser Gespräch nicht. Wie das Leben so spielt, überschlugen sich bei der Enka AG die Ereignisse mit Entlassungen und Betriebsstilllegungen. Dies wirkte sich, so musste ich erfahren, zu Lasten der betroffenen Arbeitnehmer aus. Zempelin wechselte bald danach in eine andere Funktion. Mitte der 1970er Jahre geriet der Weltmarktführer bei der Herstellung von Kunstfasern und deren Ausgangsprodukten in die Chemiekrise.

Bei mir festigte sich nach dieser Erfahrung die Gewissheit: Arbeitsmarktpolitik sowie Wirtschafts- und Finanzpolitik sind nicht voneinander zu trennen. Allerdings können Fehler in der Wirtschafts- und Finanzpolitik sowie eklatante Mängel in der Gestaltung der Globalisierung durch die Arbeitsmarkt- und Sozialpolitik nicht repariert werden.

Diese Erkenntnis prägt meine wissenschaftliche und politische Arbeit bis heute. Ich habe mich damit in der politischen Auseinandersetzung nie voll durchsetzen können. Von politischen Freunden wie auch Kontrahenten wurde diese wechselseitige Abhängigkeit im Prinzip zwar bejaht, aber wichtige Entscheidungen im Spannungsfeld von Wirtschafts-, Arbeitsmarkt- und Sozialpolitik wurden meist isoliert getroffen. Die zuständigen Ministerien agierten auf Bundes- und Landesebene meist getrennt. Die Versuche einer engeren Abstimmung und Einbindung der Tarifparteien hatten wenig Erfolg: Die von Karl Schiller (SPD), dem Bundesminister für Wirtschaft von 1966 bis 1972, im Februar 1967 ins Leben gerufene und bis in die 1970er-Jahre hineinreichende Konzertierte Aktion blieb weit hinter den Erwartungen zurück. Die »Bündnisse für Arbeit« unter den Kanzlern Helmut Kohl und Gerhard Schröder wurden vor allem genutzt, um Regierung und Wirtschaftsverbände in der Öffentlichkeit so zu positionieren, dass sie den Druck auf die Gewerkschaften zur Lohnzurückhaltung verstärken konnten. Als Bundeskanzler Schröder 2002 das Ministerium für Arbeit und Wirtschaft unter »Superminister« Wolfgang Clement (SPD) zusammenlegte, war das vor allem ein Schlag gegen die Sozialpolitiker in den eigenen Reihen. Mit dieser dramatischen institutionellen und personellen Veränderung bereitete Schröder den Boden für die Reformen – Agenda 2010 und Hartz IV.

4

Wie mir die DGB-Spitze immer mehr Aufgaben übertrug

DGB-Vize Gerd Muhr bringt mir Gewerkschaftspolitik bei

Es gibt Begegnungen mit Menschen, die Weichen für das Leben stellen. In meinem Fall trifft das auf Gerd Muhr zu. Nach der Genfer Schulung war ich ihm als promovierte Arbeitsmarktexpertin aufgefallen. Meine internationalen Kenntnisse in der Arbeits- und Sozialpolitik und meine weitläufig gespannten Fäden zu Arbeitsmarktforschern in Europa und den USA hatten ihn beeindruckt. Als stellvertretender Vorsitzender des DGB war er national wie international für die Sozial- und Arbeitsmarktpolitik zuständig. Für sein weites und komplexes Verantwortungsgebiet konnte er eine auch international versierte wissenschaftliche Fachkraft gut gebrauchen.

Zu Muhrs Aufgabenbereich gehörten auch die internationalen Beratungen im Rahmen der OECD in Paris. So wurde ich zunächst zu vielen Fachsitzungen und Veranstaltungen nach Paris geschickt. Ich lernte das Flair dieser schönen Stadt kennen. Die Mittagspausen waren immer lang, weil die Dolmetscher sich ausruhen mussten. Ich unternahm große Spaziergänge, denn so lernt man eine Stadt am besten kennen. Abends gingen die Teilnehmer zusammen essen. Auf dem morgendlichen Weg zur

OECD kam ich in der Avenue Mozart an hübschen Blumengeschäften und kleinen Bäckereien vorbei, wo es herrlich nach frischen Croissants und Baguettes roch. Es war viel Leben auf der Straße, mir gefiel die französische Alltagskultur sehr. In jeder freien Minute tauchte ich darin ein.

Bei der OECD begegnete ich dem damaligen Direktor für Beschäftigung, Gösta Rehn, den ich sehr schätzte. Rehn kam aus Schweden und hatte dort die aktive Arbeitsmarktpolitik konzeptionell, gesetzlich und praktisch entwickelt. Er hatte verschiedene Führungsfunktionen in der Regierung und der Arbeitsverwaltung in Schweden innegehabt, ehe er das Arbeitsmarktdirektorat der OECD übernahm. Schweden folgte einem anderen gesellschaftlichen Modell als Deutschland. Gösta Rehn verkörperte dies.

Ich wurde nun häufig zu internationalen Arbeitsmarktkonferenzen eingeladen und war an mehreren internationalen Gutachten zur Arbeitsmarktpolitik beteiligt. Dabei übernahm ich den deutschen Part. Diese Arbeit ermöglichte mir eine ständige Erweiterung meiner Kenntnisse von Beschäftigung und Arbeitsmarkt in der Bundesrepublik. Es war im besten Sinne des Wortes »learning by doing«. Die Arbeit mit den Kollegen machte Spaß, und auch wenn wir viel zu tun hatten, empfand ich sie nicht als Belastung. Ich habe mich dabei nicht völlig verausgabt und jede freie Minute genutzt, um mich in der Stadt, in der wir gerade waren, umzusehen. In dieser Zeit wurde mir erst richtig bewusst, welch Glücksfall mein »Lehrmeister« Gerd Muhr für mich war. Er beherrschte das, was ich als »akademisch belastete« Gewerkschaftsfunktionärin noch lernen musste: fachlich fundierte Vorschläge in praktisches gewerkschaftliches Handeln umzusetzen und dabei taktisch und strategisch vorzugehen, um ans Ziel zu kommen.

Muhr hatte eine interessante Karriere hinter sich. Er war am 11. April 1924 in Bad Honnef geboren und hatte sich von ganz unten an die DGB-Spitze hochgearbeitet. Von seinem Vater, einem gewerkschaftlich organisierten Schriftsetzer, bekam er mit auf den Weg, »wie wichtig Gewerkschaften sind«, und zwar vor allem für eine Familie mit sieben Kindern. An Weihnachten ist seine Mutter einmal zum Verleger gegangen und hat weinend um einen Vorschuss für die Festtage gebeten, um den Kindern etwas schenken zu können. Aber sie bekam keinen. Das war ein prägendes Erlebnis für Gerd Muhr. Er entwickelte über die Jahre einen ausgeprägten Gerechtigkeitssinn.

Noch vor Ausbruch des Zweiten Weltkrieges hatte Muhr in Bad Honnef eine Mechanikerlehre begonnen. Nach Kriegsmarine und Gefangenschaft trat er 1946 der IG Metall bei. Im selben Jahr wurde er zum Betriebsratsvorsitzenden der Joseph Junker GmbH gewählt. Mit 26 Jahren wurde er 1950 als Leiter der Verwaltungsstelle Siegburg hauptamtlicher IG-Metall-Funktionär. In den Siegburger Jahren habe er erfahren, sagte er, dass oft »mit Sozialpolitik mehr für Arbeitnehmer zu erreichen ist als über die Tarifpolitik«. Fünf Jahre später wechselte Muhr als Sachbearbeiter für Sozialpolitik, Arbeits- und Sozialrecht in die Zentrale der IG Metall nach Frankfurt. Ein Jahr später übernahm er die Abteilung. Als das zuständige Vorstandsmitglied Karl Delbicht starb, wurde Muhr am 14. Februar 1963, noch keine 40 Jahre alt, unter dem Vorsitzenden Otto Brenner zum Vorstandsmitglied der IG Metall gewählt. Im Mai 1969 wählte der Münchener Bundeskongress des DGB Heinz Oskar Vetter zum Vorsitzenden und Gerd Muhr zu seinem Stellvertreter, zuständig für die Bereiche Sozialpolitik, Arbeitsrecht und Arbeitsmarktpolitik.

Was Muhr in seinen Gesprächen nur vorsichtig andeutete, bringt der Gewerkschaftshistoriker Stefan Remeke genauer auf den Punkt, wenn er die Beweggründe für Muhrs Wechsel in die Düsseldorfer DGB-Zentrale wie folgt erklärt: »Er gehörte der vergleichsweise jungen und zugleich doch überaus erfahrenen Funktionärsgarde an, die es Ende der 1960er-Jahre aus den Gewerkschaften in den DGB zog. Den Hintergrund lieferte die wachsende politische Bedeutung des DGB erst in den Jahren der Großen Koalition und dann in der Reform-Ära der sozialliberalen Regierung. Zu der Zeit Willy Brandts sollte er auf allen politischen Feldern das eigene Engagement in einer bislang unbekannten Weise steigern. Auf einen Sozialpolitiker, der neben der ›Selbsthilfe‹ über die Tarifpolitik auf Gesetze, Verordnungen und deren Beeinflussungen setzte, musste dies anziehend wirken.«

Als Vize unter dem DGB-Vorsitzenden Vetter und später Ernst Breit behielt Gerd Muhr diese Zuständigkeit über 21 Jahre. In seiner Studie »Gerd Muhr und Maria Weber: Eine sozialpolitische Elite des DGB in den frühen Jahren der sozialliberalen Koalition (1969–1974)« versucht Remeke die »Ära Muhr« beim DGB einzuordnen: »Nur wenige, jedoch ungleich prominentere Gewerkschaftskarrieren sind in dieser Hinsicht mit seinem Lebensweg vergleichbar: Heinz Kluncker führte die Gewerkschaft ÖTV über 18 Jahre; Otto Brenner war 20 Jahre Vorsitzender der IG Metall und Wilhelm Gefeller über 20 Jahre Vorsitzender der IG Chemie, Papier, Keramik; Carl Stenger schließlich stand seit 1949 über 22 Jahre der Deutschen Postgewerkschaft vor.«

Gerd Muhr hat ganz entscheidenden Einfluss auf meine berufliche Entwicklung genommen. Ich war zwar durchaus ehrgeizig, aber zurückhaltend und hätte mich nie aus freien Stücken nach vorn gedrängt. Für mich war es wichtig, dass meine Beiträge erwünscht waren. Ideen und Vorschläge hatte ich mehr als genug. Aber mir war immer wichtig, dass diese auch auf positive Resonanz stießen. Gerd Muhr hat mir Anregung, Ermutigung und eine Plattform für die Umsetzung meiner Vorstellungen gegeben.

Lehrjahre sind keine Herrenjahre

In meiner neuen Funktion als Referatsleiterin für Internationale Sozialpolitik beim stellvertretenden DGB-Vorsitzenden Gerd Muhr lernte ich schnell meine Grenzen kennen. Mein Referat bestand aus meiner Sekretärin und mir. Große Sprünge waren da nicht zu machen. Für die nationale Sozial- und Arbeitsmarktpolitik waren andere zuständig. Dies führte zu internen Auseinandersetzungen, durch die ich lernte, wie eine Großorganisation funktioniert. Ich wurde etwas mutiger und forscher und versuchte, bestimmte Themenbereiche zu besetzen. Bald wurde meine Abteilung »japanisch« genannt, war doch Japan damals ein dynamisches Land, das in der Weltwirtschaft an Einfluss gewann. Ich schaffte es, die Zahl meiner Mitarbeiter durch externe Forschungsmittel aufzustocken. Wir betrieben Regionalforschung und untersuchten die Situation benachteiligter Personen auf dem Arbeitsmarkt. Ich hatte große Gestaltungsmöglichkeiten. Wir haben viele Forschungsergebnisse in praktische Beratung der Gewerkschaftspolitik umsetzen können.

Kaum war ich in der Abteilung, bat mich Muhr, ein Referat für seinen Auftritt bei der Internationalen Arbeitskonferenz zu schreiben. Dies fiel mir nicht allzu schwer. Es ging um Sozialklauseln im internationalen Handel und die Verknüpfung von internationalen Arbeitsnormen mit Anreizen und Sanktionen. Dieses Thema wurde bei meiner ganzen weiteren Tätigkeit zu einem roten Faden: Arbeitsstandards nicht isoliert zu sehen, sondern immer im Zusammenhang mit anderen internationalen Bezügen, vor allem mit der Welthandelsorganisation, der Weltbank und dem Internationalen Währungsfonds. Nur so konnte genügend Druck zur Durchsetzung internationaler Arbeitsnormen aufgebaut werden.

Muhr schickte mich zu Fachtagungen und Ausschüssen der IAO, wobei ich den DGB zu vertreten hatte. Auf diese Auftritte habe ich mich immer besonders gründlich vorbereitet. Und strategisches Vorgehen war unerlässlich. Ich überlegte mir immer genau: Wann melde ich mich? Was sage ich? Wie hartnäckig bestehe ich auf meiner Meinung? Wie erhalte ich Gelegenheit, auf Plenarsitzungen zu sprechen? Ich machte mir mit der Zeit einen Namen und wurde zur Sprecherin gewählt. Jetzt stellte sich eine ganz andere Frage: Wie bringe ich Gewerkschaftskollegen mit unterschiedlichen Ansichten zu Kompromissen?

Der DGB hatte dank Gerd Muhr international eine starke Position, und ich nutzte alle Gelegenheiten, auf dieser Basis aufzubauen und meine Netzwerke zu erweitern.

Einmal versuchte Shirley Carr, die damalige stellvertretende Vorsitzende des kanadischen Gewerkschaftsbundes, mich als Sprecherin in einem Ausschuss der Internationalen Arbeitskonferenz abzusetzen, als ich an einer Sitzung nicht teilnehmen konnte. Der kleine Putschversuch misslang, weil alle anderen mit meiner Arbeit zufrieden waren. Shirley entschuldigte sich bei mir und schenkte mir eine Brieftasche.

Einstieg in die europäische Sozialpolitik

Ich wurde immer stärker in die europäische Sozialpolitik des DGB eingegliedert. Oft fuhr ich um 6 Uhr mit dem Zug von Düsseldorf nach Brüssel, wo um 10 Uhr die Sitzungen begannen. Am Abend fuhr ich wieder zurück. Das war ein Arbeitstag, der morgens um 5 Uhr begann und nach 22 Uhr endete. Dieses Pensum hatte ich ein bis zwei Mal die Woche zu erledigen, wenn in Brüssel wichtige sozialpolitische Themen anstanden.

Zu Beginn des Jahres 1974 unternahm ich erste Gehversuche im Beratenden Ausschuss für den Europäischen Sozialfonds (ESF). Der 1957 gegründete Ausschuss besteht aus Vertretern von Regierungen, Arbeitgeberverbänden und Gewerkschaften. Nach der ersten EU-Erweiterung (bis 1992 EG für Europäische Gemeinschaften) 1973 waren es bereits neun Mitglieder: die sechs Gründungsmitglieder Bundesrepublik Deutschland, Frankreich, Italien, Niederlande, Belgien und Luxemburg sowie die neu beigetretenen Mitglieder Großbritannien, Irland und Dänemark.

Der Ausschuss hatte die Europäische Kommission bei der Vergabe der Mittel für den ESF zu beraten. Dabei ging es vor allem um Projekte der beruflichen Weiterbildung. Es war keine einfache Tätigkeit. Man musste herausfinden, ob die Förderanträge überhaupt seriös waren. Ein Kriterium war, dass die Förderung seitens der EU immer nur 50 Prozent betragen durfte. Die andere Hälfte musste von den jeweiligen Regierungen aufgebracht werden. Dies sollte sicherstellen, dass mit den EU-Geldern keine dubiosen Projekte finanziert würden. Trotzdem haben mich immer Zweifel geplagt, ob ich mit gutem Gewissen den beantragten Projekten im Bereich von mehreren Millionen DM zustimmen konnte.

Die Vertretung des DGB in diesem Beratenden Ausschuss des ESF war bereits 1974 sehr zeit- und arbeitsaufwendig. Es ging um viel Geld für Weiterbildungsprojekte in den Mitgliedsländern. Zu jeder dieser Ausschusssitzungen erhielten wir eine Fülle umfangreicher Anträge für nationale Weiterbildungsmaßnahmen. Sie kamen meist sehr kurzfristig vor den jeweiligen Sitzungen, an gründliche Vorbereitung war deshalb kaum zu denken. Zusätzlich gab es damals keine ernsthafte Koordinierung der europäischen Gewerkschaften. Ich hatte die Sorge, dass etwas schiefgehen könnte, und setzte mich dafür ein, dass alles vorbesprochen wurde und auch Kriterien geändert wurden. Auch Arbeitgeber- und Regierungsseite äußerten Unbehagen, und wir haben einige Änderungen bewirkt. Heute ist das Gremium ein beschäftigungspolitisches Gestaltungsinstrument. Es gibt Programme zur Beschäftigung Arbeitsloser, zur Eingliederung benachteiligter Personengruppen. Es gibt eine bedarfsorientierte Verteilung der Mittel, aber auch kreative Maßnahmen für ältere Arbeitnehmer, die auf einem ganzheitlichen Ansatz beruhen und auch Verschuldung sowie familiäre und berufliche Probleme mitberücksichtigen.

Für mich war oft nicht zu beurteilen, ob zum Beispiel Anträge aus dem Mezzogiorno in Italien den Anforderungen an eine seriöse Umschulung entsprachen. Je mehr Kenntnisse und Erfahrungen ich mit dem »Moloch Brüsseler Bürokratie« und den nationalen Egoismen bei Regierungen, Arbeitgebern und Gewerkschaften erwarb, desto größer wurden meine Zweifel.

Ich kann mich noch gut an einen in Brüssel besonders bekannten und profilierten italienischen Gewerkschafter in dem Ausschuss erinnern. Sein klangvoller Name lautete Enrico Vercellino. Er war Vertreter des kommunistischen Gewerkschaftsbundes »Confederazione Generale Italiana del Lavoro« (CGIL). Gemeinsam mit dem Arbeitgeber- und Regierungsvertreter Italiens boxte er völlig überzogene Umschulungsprojekte vor allem für den Süden Italiens durch. Kritische Rückfragen nach einem transparenten Nachweis für die genaue Verwendung der Mittel bügelte er entschieden ab. Ansonsten war Vercellino bekannt für seine scharfen Attacken gegen den Kapitalismus und gegen seine Protagonisten aufseiten der Arbeitgeber und auf der Regierungsbank.

Mich plagten dabei ernsthafte Zweifel: Wer wollte denn schon bei einer solchen »Dreieinigkeit« zwischen Regierungen, Arbeitgebern und Gewerkschaften die Recht- und Zweckmäßigkeit der Förderung derartiger Millionenprojekte im Süden Italiens beurteilen? Mein gewerkschaftspolitischer Idealismus bekam erste Dämpfer: Wenn es ums Geld geht, hört auch der ansonsten wie eine Monstranz zur Schau getragene Kampf für gewerkschaftliche Ideale auf. Ich konnte mich des Eindrucks nicht erwehren, dass Mittel des Europäischen Sozialfonds nicht immer zweckgerichtet für zusätzliche berufliche Qualifizierung der Arbeitnehmer vergeben wurden. Doch dagegen konnte man nicht viel tun.

Basisarbeit in der europäischen Sozialpolitik

Einige Jahre leistete ich harte Basisarbeit bei der Abstimmung unserer gewerkschaftlichen Anforderungen an die Sozialpolitik in der EU – im DGB und im Europäischen Gewerkschaftsbund (EGB). Dabei ging es darum, zunächst einmal die Abstimmung im EGB zu organisieren. Weiterhin mussten Kontakte zur Europäischen Kommission geknüpft werden.

Erschwerend für unsere sozialpolitische Arbeit in der EU war: Die Römischen Verträge von 1957 bieten keine rechtliche Grundlage für eine europäische Sozialpolitik. Es gibt lediglich einzelne Artikel: zur Gleichstellung zwischen Mann und Frau, zum Arbeits- und Gesundheitsschutz sowie zur Verbesserung der Arbeitsbedingungen. Bei vielen gewerkschaftlichen Initiativen zu sozialpolitischen Themenfeldern musste daher die rechtliche Grundlegung erst einmal erstritten werden. Zunächst waren unsere gewerkschaftlichen Bemühungen auf die Durchsetzung von EU-Richtlinien in der Gleichstellungspolitik sowie dem Arbeits- und Gesundheitsschutz ausgerichtet. Als Gewerkschaften konnten wir einige gute Ergebnisse erzielen, die auch die Sozialpolitik in der Bundesrepublik beförderten. Zu nennen ist hierbei insbesondere: geschlechtsspezifische Stellenausschreibungen wurden gesetzlich verboten – mit Ausnahme unabdingbarer geschlechtsspezifischer Besetzung einzelner Tätigkeiten wie zum Beispiel Schwerarbeit am Bau.

Die von uns in der EU erreichten Richtlinien zur Verhinderung von Diskriminierungen aufgrund des Geschlechts, Alters, der Behinderung, Rasse, ethnischer Herkunft oder sexueller Orientierung wurden allerdings erst 2006 nach heftigem politischen Streit in dem Antidiskriminierungsgesetz (ADG) umgesetzt. So wurden zum Beispiel Beschwerdestellen eingerichtet, die für Betroffene Klagen führen oder Beschwerden vornehmen. Dabei geht es zum Beispiel darum, dass alten Menschen kein Kredit eingeräumt oder die Vermietung einer Wohnung an Homosexuelle verweigert wird.

Bei den vielfältigen gewerkschaftlichen Initiativen zum Arbeits- und Gesundheitsschutz in der EU ist mir der Kampf um die Richtlinie zum Verbot von bestimmten Arten von Asbest noch gut in Erinnerung. Es gab dabei harte Konflikte mit der Asbestindustrie und auch mit Gewerkschaften. Bei den Abstimmungssitzungen waren immer Lobbyisten der jeweiligen Wirtschaftsverbände zuhauf vertreten. Sie organisierten Empfänge und Essen, um die Mitglieder der Fachausschüsse zu beeinflussen.

Allerdings gab es auch erhebliche Auseinandersetzungen innerhalb der Gewerkschaften. Die IG Chemie, Papier, Keramik (heute IG Bergbau, Chemie, Energie) vertrat die Interessen der in der Asbestindustrie Beschäftigten. Anderen Gewerkschaften ging es vor allem um den Arbeits- und Gesundheitsschutz der von asbesthaltigen Produkten betroffenen Arbeitnehmer. Hier mussten wir als DGB gewerkschaftliche Konflikte austragen und nach Kompromissen suchen. Dies ist nicht reibungslos gelungen.

Wenig erfolgreich waren zunächst unsere vielfältigen Bemühungen im DGB und EGB, das Arbeitsrecht in der EU zu verbessern. Als DGB hatten wir das Arbeitsrecht in der Bundesrepublik maßgeblich im Interesse der Arbeitnehmer gestalten können. Auf europäischer Ebene mussten wir verhindern, dass die Mitbestimmung bei Aktiengesellschaften ausgehöhlt wird. Dazu mussten zunächst Konzepte erarbeitet werden. Diese waren innerhalb des DGB und mit den Mitgliedsgewerkschaften abzustimmen. In einem weiteren Schritt mussten sie vom geschäftsführenden Vorstand des DGB und dem Bundesvorstand mit den Vorsitzenden aller Mitgliedsgewerkschaften des DGB gebilligt werden. Hierbei gab es gelegentlich interne Auseinandersetzungen. Erst nach diesen Hürden konnten unsere Konzepte für die EU-Sozialpolitik in die Gremien des EGB eingebracht werden. Die Einigung im EGB auf ein gemeinsames Konzept zur Mitbestimmung hat Jahrzehnte gedauert. Ich habe von 1974 bis 2006 daran mitgearbeitet.

Für mich war dies ein gewaltiger Lernprozess. Bei der Erarbeitung von Konzeptionen lernte ich eine breite Palette von Themen der Sozialpolitik und des Arbeitsrechts kennen. Durch die vielfältigen Abstimmungsprozesse innerhalb von DGB und EGB konnte ich auf fachlicher Basis vielfältige Netzwerke knüpfen. Dies galt auch für die Kontakte zu unseren deutschen Konkurrenzgewerkschaften, der Deutschen Angestelltengewerkschaft (DAG; inzwischen Mitglied des DGB), dem Christlichen Gewerkschaftsbund (CGB) und dem Deutschen Beamtenbund (DBB).

Ich gewann durch diese Arbeit auch tiefen Einblick in die zersplitterte Gewerkschaftslandschaft in anderen EU-Ländern. In

Frankreich und Italien beispielsweise bestanden und bestehen politische Richtungsgewerkschaften. Ich habe hierbei das Konzept unserer Einheitsgewerkschaft mit politischer Unabhängigkeit besonders zu schätzen und zu unterstützen gelernt. Bei den anderen gibt es oft zu viel Konkurrenz untereinander und dadurch eine Schwächung der Position. In Deutschland dagegen besteht Einigungszwang, was am Ende aber einen stärkeren Auftritt nach außen bewirkt.

Da in EGB-Gremien auch Vorstandsmitglieder kleinerer Gewerkschaften vertreten waren, konnte ich meine Kontakte in der Gewerkschaftshierarchie nach oben ausbauen. Schließlich machte ich erste Erkundungen im verwirrenden Bürokratie-Dickicht der EU-Kommission für Beschäftigung und Soziales. Ich lernte die Führung von Verhandlungen mit Vertretern der Arbeitgeber, Regierungen und sonstiger Interessenverbände für die jeweiligen sozialpolitischen Themen. Trotz deutscher Simultan-Übersetzung in den offiziellen Gremiensitzungen konnte und musste ich meine Sprachkenntnisse in Englisch und Französisch ausbauen.

Durch diese Zunahme von Wissen und Erfahrung wurde ich gelassener. Ich wagte es nun auch, an Kinder zu denken. Ich war beruflich so gefestigt, dass ich nicht fürchten musste, in eine untergeordnete Hausfrauenrolle zu rutschen.

In zunehmendem Maße gefiel mir das gewerkschaftliche Machtgeschäft, das mir früher suspekt und zuwider gewesen war. Die Erarbeitung von Konzepten und deren erfolgreiche Durchsetzung in der Politik können Motivation und Engagement fördern, wenn die Ziele und Inhalte stimmen. Gegenüber mächtigen Führungspersönlichkeiten war ich eher reserviert. Ich wollte mich keinesfalls anbiedern oder mich von bestimmten Seilschaften vereinnahmen lassen.

Mein Einsatz für die Sozial- und Arbeitsmarktpolitik in der EU und im EGB hat dazu beigetragen, dass der DGB mich 1978 als Mitglied für den Wirtschafts- und Sozialausschuss (EWSA) der EU vorschlug. Ich empfand dies als Auszeichnung, denn grundsätzlich war die Mitgliedschaft in diesem Gremium Vorstandsmitgliedern des DGB und der Mitgliedsgewerkschaften vorbehalten. Dieser Grundsatz wird bis heute nur in wenigen Fällen durchbrochen. Im EWSA war ich mit der obersten Hierarchie der Gewerkschaften fachlich auf gleicher Augenhöhe. Dies stärkte mein Selbstbewusstsein und erhöhte meinen Bekanntheitsgrad.

Ich war von 1978 bis 1986 und von 1990 bis 2006 insgesamt 25 Jahre im EWSA und damit eines der am längsten dienenden Mitglieder. Dadurch konnte ich über zweieinhalb Jahrzehnte den europäischen Integrationsprozess verfolgen und, wo dies möglich war, als Vertreterin der deutschen Gewerkschaften hier und da mitgestalten. Über unsere Stellungnahmen im EWSA konnten wir zum Beispiel arbeitsmarkt- und sozialpolitische Richtlinien der EU verbessern: insbesondere Schutz der Arbeitnehmer bei Leiharbeit, Teilzeitarbeit und befristeter Beschäftigung.

Bei der Internationalen Arbeitsorganisation in Genf

Ein weiterer wesentlicher Teil meiner neuen Tätigkeit bestand in der Vorbereitung der dreimal im Jahr stattfindenden mehrwöchigen Beratungen im Verwaltungsrat der IAO. Gerd Muhr war Mitglied im Verwaltungsrat, er verwendete viel Zeit und Arbeit darauf. Dies war für mich besonders lehrreich. Ich musste das gesamte Spektrum der Sozialpolitik abdecken. Hierdurch konnte ich mich in immer neue Bereiche der Sozialpolitik einarbeiten. Ebenso vertiefte ich die Kontakte zu anderen Kollegen in verschiedenen Vorstandsbereichen des DGB. Zu meinen Aufgaben gehörte es, Kollegen für die Teilnahme an internationalen Fachkonferenzen in Genf und anderen Teilen der Welt zu benennen. Dies hatte damals einen erheblich höheren Stellenwert als heute.

Die Tätigkeit in der IAO war organisations- und machtpolitisch in den Gewerkschaften nicht sehr hoch angesiedelt. Ich hatte daher keine Konkurrenz aus den eigenen Reihen zu befürchten. Ich gab mir große Mühe, die IAO und die internationale Sozialpolitik den Gewerkschaften in Informations- und Schulungsveranstaltungen nahezubringen. Der Erfolg war mehr als mäßig. Dies setzte sich auch in höherrangigen Gewerkschaftsgremien fort.

Meine Themen der internationalen Sozialpolitik wurden im vierteljährlichen sozialpolitischen Ausschuss des DGB immer ganz unten auf die Tagesordnung gesetzt. Wenn ich Glück hatte, waren noch einige Unentwegte von den Gewerkschaften anwesend. Wenn ich Pech hatte, reichte die Zeit nicht mehr für eine ordnungsgemäße Behandlung meiner Themen. Besser war die Wahrnehmung meiner Tätigkeit in und für die IAO außerhalb des DGB.

Kurz nach meinem Einstieg beim DGB im Juli 1974 fand die Europäische Regionalkonferenz der IAO in Genf statt. Ich wurde zum Mitglied der DGB-Delegation und zur Vertreterin im Ausschuss für Beschäftigungsfragen benannt. Ich konnte meine arbeitsmarktpolitischen Kenntnisse und Erfahrungen aus mehreren Jahren wissenschaftlicher und gewerkschaftspolitischer Beratungstätigkeit einbringen. Das galt zunächst für die Vorbesprechungen der Gewerkschaften unter der Koordinierung des Internationalen Bundes Freier Gewerkschaften (IBFG). Zum damaligen Zeitpunkt gab es nur vereinzelt Frauen unter den zur Konferenz entsandten Delegierten, auch bei den Gewerkschaften. Ich hatte somit einige Vorteile auf meiner Seite.

Ich hatte die sprichwörtliche Arbeitsdisziplin meines Chefs Gerd Muhr als ständiges Vorbild. Ihm war die Akzeptanz Deutschlands durch diese älteste weltweite UN-Organisation, der IAO, nach dem Zweiten Weltkrieg ein besonderes Anliegen. Gerd Muhr war ein sehr geschichtsbewusster Mann. Er hat sich dafür mit außergewöhnlich hohem Engagement eingesetzt. Er legte großen Wert auf eine entsprechend engagierte Arbeit aller Mitarbeiter und sonstiger Vertreter der DGB-Gewerkschaften in der IAO. Gute Vorbereitung, konsequente Anwesenheit und aktive Beteiligung in allen Vorberatungen und Hauptsitzungen waren für ihn unverzichtbar. Dies war auf den Internationalen Konferenzen der IAO nicht bei allen Delegationsteilnehmern selbstverständlich. Muhr wollte, dass Deutschland wieder auf gleicher Augenhöhe wahrgenommen wurde.

In den zehn Jahren meiner Tätigkeit für Gerd Muhr und den DGB habe ich in der Genfer Arbeitsorganisation als Sprecherin der Gewerkschaften fünf neue internationale Arbeitsstandards erarbeitet und durch den schwierigen Verabschiedungsprozess durchgebracht. Dafür waren viele Gespräche mit Kollegen notwendig, um alle Interessen zu berücksichtigen und zu Kompromissen zu gelangen. Die Standards betrafen den Sozialdialog in der Sozial- und Arbeitsmarktpolitik, den Schutz älterer Arbeitnehmer und die Beschäftigungspolitik.

Bei europäischen und internationalen Gewerkschaftskongressen war ich selbstverständlich Mitglied der DGB-Delegation. Dies war ein wichtiger Grundstein meiner weiteren beruflichen Entwicklung innerhalb und außerhalb des DGB. So hatte ich das große Privileg, 1975 mit Gerd Muhr den Gewerkschaftskongress des mächtigsten Gewerkschaftsbundes der Welt, der AFL-CIO, in Los Angeles zu besuchen. Es war sehr aufregend für mich, mitfahren zu dürfen. Denn eigentlich war dies das Privileg des DGB-

Vorsitzenden und seiner Mitarbeiter, und Muhrs Einladung an mich war etwas Besonderes.

Die Politik der amerikanischen Gewerkschaften unterschied sich erheblich von der unseren. Schwerpunkt der Gewerkschaftspolitik des DGB und seiner Mitgliedsgewerkschaften sind Flächentarifverträge, Mitbestimmung in Betrieb und Unternehmen sowie die Beteiligung und Beeinflussung wesentlicher wirtschafts-, sozial- und gesellschaftspolitischer Entscheidungen. Die US-Gewerkschaften richteten ihre Arbeit zum damaligen Zeitpunkt vor allem auf die »bread and butter issues« der betrieblichen Tarifpolitik über Löhne und Arbeitsbedingungen.

Der legendäre amerikanische Gewerkschaftsvorsitzende George Meany war gerade im Alter von weit über 80 Jahren erneut zum Gewerkschaftsvorsitzenden der AFL-CIO gewählt worden. Für unsere Vorstellungen von einem Rentenalter mit 65 Jahren, das hierzulande bei einigen Gewerkschaftsvorsitzenden lediglich um wenige Jahre überschritten wurde, war die Übertragung höchster Ämter in einem derart hohen Alter kaum denkbar.

Das Abendessen für die internationalen Gäste war symptomatisch für die Einstellung der US-amerikanischen Gewerkschaften gegenüber ausländischen Kollegen. Weil das Restaurant weitab vom Konferenzzentrum lag, kamen wir als Gäste mit dem Bus wesentlich später an als Meany und sein Stab, die mit Wagen und Fahrer gekommen waren. Meany hatte, als wir eintrafen, bereits mit dem Abendessen begonnen, und das Dinner war beendet, nachdem er fertig war. Wir schafften es gerade bis zum ersten Gang, dann komplimentierte Meany seine Gäste bereits hinaus. Diese demonstrative Unhöflichkeit hat sich bei mir tief eingeprägt. Ich war darüber ehrlich empört und empfand es als überheblich, so mit Gästen aus dem Ausland umzugehen. Meanys

Verhalten hatte auch politische Gründe. Unter seiner Ägide verstand sich die AFL-CIO als Speerspitze gegen Kommunisten und alle Gewerkschafter in Europa, die für west-östliche Entspannung eintraten.

Der von den USA dominierte IBFG hat sich noch Jahre später schwergetan, die internationale Gewerkschaftsarbeit auf die politische Entspannung einzustellen. Dies ist erst in den letzten Jahren ernsthaft in Angriff genommen worden. Unter dem jetzigen Vorsitzenden der AFL-CIO, John J. Sweeney, vollzog auch der IBFG den Wandel zur Überwindung des ideologischen Blockdenkens. Inzwischen gibt es sogar amerikanische Gewerkschafter auf der deutschen Arbeitnehmerbank in mitbestimmten Aufsichtsräten internationaler Konzerne. Ein herausragendes Beispiel war der Konzern Daimler-Chrysler. Als sich Daimler von Chrysler trennte, endete auch das Mandat des US Gewerkschaftsvertreters.

Gewerkschaften in der Ost-West-Entspannung

Zu Beginn meiner Tätigkeit beim DGB im Jahr 1974 war der Eiserne Vorhang zwischen West und Ost noch fest verankert. Auch in der internationalen Gewerkschaftsarbeit spielte der Konflikt zwischen diesen beiden Welten eine große Rolle. Der Internationale Bund Freier Gewerkschaften (IBFG) in Brüssel, den die Gewerkschaften der westlichen Welt 1949 nach dem Austritt aus dem Weltgewerkschaftsbund (WGB) gegründet hatten, war stark von den amerikanischen Gewerkschaften geprägt und verstand sich als Bollwerk gegen den Kommunismus. Willy Brandt hingegen, zunächst als Außenminister in der Großen Koalition und dann als Bundeskanzler, war mit Weitblick bestrebt, die tiefgefrorenen Beziehungen zwischen den beiden großen politischen

Blöcken aufzutauen. Auch der DGB bemühte sich, die Kontakte mit den kommunistischen Gewerkschaften in der ehemaligen DDR zu entkrampfen. Eine direkte offizielle Zusammenarbeit war aber zum damaligen Zeitpunkt undenkbar. Auch ich konnte mir dies nicht vorstellen, teilte aber Brandts Auffassung von einer notwendigen, wenn auch vorsichtigen Annäherung.

Einen Ausweg aus dem Dilemma bot uns die Internationale Arbeitsorganisation (IAO), in der außer uns auch die DDR sowie die übrigen kommunistischen Länder Mittel- und Osteuropas vertreten waren. Die Spitze des DGB entschied sich dafür, eine Ost-West-Konferenz im Rahmen der IAO zu organisieren. Thema war die Verbesserung von Arbeits- und Gesundheitsschutz. Gerd Muhr war das für die IAO zuständige Vorstandsmitglied, ich wurde dann dazu ausersehen, die Konferenz mit meinen Kollegen der britischen, finnischen und russischen Gewerkschaften vorzubereiten.

Dies war meine erste große politische Feuertaufe auf internationaler Bühne, und ich sah ihr mit großer Spannung entgegen. Ich war von uns vier Gewerkschaftern die Expertin für den Arbeits- und Gesundheitsschutz. Dafür waren mein finnischer und russischer Kollege mit allen politischen Wassern gewaschen. Dem russischen Kollegen kam es nur darauf an, im Kommuniqué, den gemeinsamen Vorbereitungspapieren, die Zusammenarbeit der Gewerkschaften zwischen Ost und West fest zu verankern und als dauerhafte Arbeitsgruppe zu institutionalisieren. Ich hatte dies in jedem Fall zu verhindern, da der DGB zu diesem Zeitpunkt eine derartige Ost-West-Institutionalisierung der Zusammenarbeit ablehnte. Mein finnischer Kollege Kare Sandegreen aber unterstützte die Interessen der russischen Gewerkschaften. Die Vertretung des britischen Trades Union Congress (TUC) wiederum wechselte laufend nicht nur die anwesenden Personen, sondern auch die Haltung gegenüber dem russischen Vorhaben.

Für die Vorbereitungsarbeiten hatten wir nicht mehr als ein halbes Jahr Zeit. Die Ost-West-Konferenz der Gewerkschaften sollte Anfang 1975 in der IAO in Genf stattfinden. Zu den Vorbereitungssitzungen trafen wir uns viermal in den jeweiligen Hauptstädten. So lernte ich außer London auch Moskau und Oslo kennen. Ich empfand dies als großes Privileg. Moskau mit dem Roten Platz, der Basilius-Kathedrale, dem Kaufhaus GUM und dem Kreml beeindruckte mich. Dass die Russen mitten im Winter Eis aßen, fand ich verwunderlich. In Moskau war vieles anders im Vergleich zu den westlichen Metropolen. Das merkten wir schon bei der Ankunft. Wir wurden wie eine Regierungsdelegation mit Polizei und Blaulicht auf menschenleeren Straßen vom Flughafen durch die Innenstadt in unser Hotel gefahren. Ich bekam zu meiner Freude und Überraschung ein komfortables Apartment in einem der renommierten Gewerkschaftshotels. Beim Aufdrehen des Wasserhahns aber hatte ich ihn plötzlich in der Hand, und ein Wasserstrahl schoss durch mein Zimmer. Es dauerte eine halbe Stunde, bis ich den verantwortlichen Portier auftrieb. Er versprach mir in aller Seelenruhe, sich um den Wasserschaden zu kümmern. Ich konnte nicht warten und musste das Hotel für mein Abstimmungsgespräch verlassen. Als ich zurückkam, bekam ich ein anderes Apartment ohne Wasserschaden.

In Oslo trafen wir uns im Dezember 1974. Ich erinnere mich vor allem an die ständige Dunkelheit, den Schnee und die besonderen Lichter, die das Dunkel durchbrachen. Bei den Vorbereitungsarbeiten für die Konferenz bekam ich einige Einblicke in die Arbeitsweise der kommunistischen Gewerkschaften der Sowjetunion. Mein russischer Gewerkschaftskollege Georgi Kanaiev, der mit mir in den Gremien der IAO arbeitete, kam nie allein zu den Besprechungen. Wie ein Schatten folgte ihm stets sein politischer »Wachhund«, der sich kaum um die Inhalte der Konferenz kümmerte. Stattdessen war er stets bemüht, uns mit Wodka und Kaviar zu versorgen. Er reiste daher immer mit großen Reisetaschen an. Er beobachtete Kanaiev ununterbrochen, und es war nicht schwer herauszufinden, dass er diese Mission im Auftrag des russischen Geheimdienstes KGB zu erledigen hatte. Mir war dieses Vorgehen wenig geheuer, sodass ich mich vor dem Wodka und dem Kaviar hütete. Ich wollte in dieser prekären Situation unbedingt einen klaren Kopf behalten. Kanaiev war solche Methoden gewohnt und langte kräftig zu. Ich fand diese Art der Kollegenbespitzelung abartig.

Kanaiev war an uns Deutschen interessiert und verhielt sich mir gegenüber ziemlich freundlich. Er war zwar undiszipliniert, wurde aber nie ausfallend. Auf wen ich viel mehr achtgeben musste, war der Kollege aus Norwegen, der sehr ehrgeizig war und sein Mäntelchen nach dem Wind hängte, wie es gerade passte. Er ließ sich allerdings nicht allzu sehr auf die Forderungen der Russen ein, strebte nicht nach einer Allianz mit ihnen, das kam mir entgegen. Ich war auf ihn angewiesen, da ich mich auf die britischen Kollegen vom TUC, die permanent ihre Meinung änderten, nicht verlassen konnte. Am Ende ist es mir gelungen, im Abschlusspapier den Passus über eine dauerhafte Zusammenarbeit der Gewerkschaften in Ost und West zu verhindern. Meine Konzepte für die Inhalte der Vorbereitungspapiere hatte ich zu Hause entwickelt. Sie wurden weitgehend akzeptiert, kleine Wünsche von allen wurden berücksichtigt. Ich war besonders froh, dass wir uns auch in der Frage der institutionellen Verankerung der Gewerkschaftszusammenarbeit einigen konnten. Damit hatte ich meinen Auftrag erfüllt und meine erste internationale Feuertaufe bestanden.

Wir erhielten danach zwei weitere Male den Auftrag zur Vorbereitung von Ost-West-Konferenzen im Rahmen der IAO. Die ideologisch aufgeladene und vergiftete Luft war etwas abgezogen, weil wir uns inzwischen besser kannten und niemand mehr versuchte, den anderen über den Tisch zu ziehen. Die Folgekonferenzen konnten mit erheblich weniger Aufwand vorbereitet und durchgeführt werden. Dazu beigetragen hat auch die Entspannungspolitik von Willy Brandt, die es allen Seiten ermöglichte, offener miteinander umzugehen. Allerdings hat es noch zehn Jahre gedauert, bis die Mauer zwischen Ost und West gänzlich eingerissen werden konnte.

Auf OECD-Mission nach Japan

Meine Tätigkeit innerhalb der OECD in dem gewerkschaftlichen Beratungsausschuss Trade Union Advisory Committee (TUAC) ging weit über die sozial- und arbeitmarktpolitischen Themen im engeren Sinne hinaus. Sie umfasste die gesamten Beziehungen in der Arbeitswelt. Die Angelsachsen sprechen in diesem Zusammenhang von »industriellen Beziehungen« (»industrial relations«). Man versteht darunter die Regulierung von Arbeitsverhältnissen und -bedingungen auf betrieblicher und überbetrieblicher Ebene durch verschiedene Akteure und Regulierungsinstrumente. Dabei geht es um die Rolle der Gewerkschaften und Arbeitgeberverbände, um den Interessenausgleich zwischen Unternehmen und Betriebsräten, um das Aushandeln von Tarifverträgen im jeweiligen gesetzlichen Rahmen, um Betriebsvereinbarungen und sonstige Instrumente zur sozialen Sicherung sowie um die Machtverhältnisse zwischen den Beschäftigten und dem Management von Unternehmen. Internationale Vergleiche der »Systeme industrieller Beziehungen«

zwischen den 24 Mitgliedsländern der OECD hatten in den 1970er-Jahren hohe Priorität.

Um aus den »industriellen Beziehungen« des Wirtschaftsriesen Japan Lehren für die übrige industrialisierte Welt zu erarbeiten, stellte die OECD 1975 eine »multinationale Studiengruppe« zusammen. Japan hatte eine erfolgreiche wirtschaftliche Entwicklung durchlaufen, wobei der Export eine wichtige Rolle spielte. Es ging darum, dieses System kennenzulernen, etwaige Schwachstellen zu entdecken und dem Land Empfehlungen zu geben, wie man diese beseitigen konnte. Für diese Mission wurden jeweils sechs Experten von Arbeitgeber- und Gewerkschaftsseite benannt. Hinzu kamen zwei OECD-Fachkräfte als Regierungsbeobachter, ein Staatssekretär aus Schweden sowie ein für Asien zuständiger Experte der IAO. Die deutsche Seite war mit Wolf Dieter Lindner von der Bundesvereinigung der Deutschen Arbeitgeberverbände (BDA) und mir vertreten. Wir hielten uns vom 20. September 1975 bis zum 4. Oktober 1975 in Japan auf.

Nach einer ganztägigen Einführung im japanischen Arbeitsministerium folgten Diskussionen mit dem Unternehmerverband Nikkeiren und den Gewerkschaftsverbänden Sohyo und Domei. Es ging weiter mit Firmenbesuchen (beispielsweise Nissan) einem Informationsbesuch beim Japan Institute of Labour und bei anderen Expertengruppen. Ein abschließender Erfahrungsaustausch mit den Diskussionsteilnehmern beendete die OECD-Mission.

Der Besuch in Japan war sehr arbeitsreich und interessant für mich. Wir fuhren in die Städte Tokyo, Osaka und Kyoto. Morgens um sieben begann der Tag mit einem Arbeitsfrühstück, es folgten mindestens zwei bis drei Betriebsbesuche, Gespräche mit der jeweiligen Betriebsleitung, mit Arbeitnehmervertretern und dem Management. Es gab ein kleines Mittagessen, nachmittags weitere Gespräche und abends Arbeitsempfänge mit Essen nach 22 Uhr. Ich fiel immer todmüde ins Bett, am nächsten Tag ging es um 7 Uhr wieder los. Auch die Sonntage waren mit strengen Besichtigungsprogrammen gefüllt. Ich hatte kaum Gelegenheit, die Landschaft zu betrachten, nur einmal besuchte ich kurz einen typischen japanischen Garten, der mich sehr beeindruckt hat. Was für ein Kontrast zu den riesigen Hotels, in denen wir uns sonst aufhielten. Im Grunde haben wir immer nur gearbeitet, so wie es in Japan generell üblich ist.

Aus den Firmenbesuchen und Diskussionen mit Arbeitgeberverbänden und Gewerkschaften nahm ich einige Erkenntnisse mit nach Hause. Ganz oben auf der Liste stand, dass japanische Arbeitnehmer zwar im Schnitt mit 55 bis 60 Jahren altersbedingt aus ihren Unternehmen ausscheiden, dass aber rund 80 Prozent davon wieder einen anderen Job annehmen, auch wenn sie ab dem Alter von 60 Jahren die übliche gesetzliche Rente beziehen könnten. Danach arbeiten sie meist als Tagelöhner für Betriebe. Bei Managern gibt es hingegen keine Altersgrenze. Es herrscht eine strenge soziale Hierarchie. Untere Chargen werden ausgebeutet, ältere Arbeitnehmer erhalten mehr Lohn für die gleiche Arbeit als jüngere. Bei den Zwölf- bis Vierzehn-Stunden-Tagen bleibt kaum Raum für Freizeit – die wenige verbringen die Jüngeren oft an Spielautomaten. Viel Platz für Menschlichkeit ist da nicht vorhanden. Es gibt mehr Fälle von Überarbeitung und zahlreiche daraus resultierende Todesfälle. Der Preis für Japans wirtschaftliche Dynamik ist hoch.

Seither werden im System der japanischen »industriellen Beziehungen« Veränderungen in dreifacher Weise sichtbar. Die »lebenslange« Beschäftigung bei einem Arbeitgeber ist zurückgegangen. Die Arbeitgeber wehren sich zunehmend, die nach Alter abgestufte Struktur der Löhne und die sonstigen betrieblichen Leistungen zu akzeptieren. Außerdem gibt es zahlreiche Hinweise, dass sich in der japanischen Arbeitnehmerschaft – nicht zuletzt den Veränderungen in der Gesellschaft geschuldet – die Einstellung zur Arbeit stärker »individualisiert«. Die früher relativ starke Konformität der Arbeitnehmerschaft lockert sich auf.

Noch lebhaft erinnere ich mich an eine von Spitzenmännern der großen japanischen Konzerne besuchte Podiumsdiskussion nach einem der offiziellen Mittagessen. Sie fand zum Auftakt der Gespräche und Firmenbesuche statt. Als ich nach der Einführung des Vorsitzenden und dem Beitrag des Arbeitgebervertreters meinen Vortrag halten sollte, sah ich die ersten Reihen der mächtigen alten Herren im Nachmittagsschlaf versinken. Und das laute Schnarchen war bis hinauf zum Podium zu hören.

So etwas hatte ich bis dahin noch nie erlebt, und ich empfand es als Provokation. Ich war nicht nach Japan aufgebrochen, um mir so etwas bieten zu lassen. So bat ich den Vorsitzenden, er möge eine Pause einlegen, bis die Herren in den ersten Reihen wieder wach geworden seien. Es folgte peinliche Stille im Saal und hektische Betriebsamkeit beim Moderator der Podiumsdiskussion wie bei den in gebückter Haltung aufgeregt im Saal durch die Reihen huschenden Assistenten.

Meine Weigerung zu reden, wurde von einigen Arbeitgebervertretern als »unnötige Provokation« gegenüber den Gastgebern gerügt. Die Herren wurden schließlich geweckt, und ich begann mit meiner Rede. Der Zwischenfall muss sich in japanischen Vorstandsetagen herumgesprochen haben. Beim Empfang bei Fuji einige Tage später wurde ich von einem lachenden Manager mit der Feststellung begrüßt: »Ach, Sie sind die Dame aus Deutschland, die nicht reden will, wenn unsere großen Vorsitzenden ein Nickerchen machen. Sehr gut, sehr gut.«

Zu dieser Zeit arbeitete mein Mann wieder als US-Korrespondent für das *Handelsblatt*, mit Hauptsitz Washington in den USA. Ich überredete ihn, Urlaub zu nehmen und mich als Ehepartner bei der Reise nach Japan zu begleiten. So hatte mein Mann die Chance, auch einmal Japan kennenzulernen. Es war ein nicht enden wollendes protokollarisches Debakel, als weibliches Delegationsmitglied einen männlichen Ehepartner mitzunehmen; eine männliche »spouse« (Ehepartner) war in japanischen Protokollbüchern offensichtlich nicht vorgesehen. Mein Mann wurde abwechselnd als »Delegationssekretär«, als »Delegationsfotograf«, als »Delegationsprotokollführer« oder als ein reguläres Delegationsmitglied angesehen, wobei die Damen und Herren des Protokolls mir dann die übliche Rolle der mitreisenden »spouse« zuwiesen.

Jahrelang habe ich von dieser Reise nach Japan gezehrt.

Mein Buch *Beschäftigungspolitik* setzt Akzente

Im Sommer 1976 ist mein Buch *Beschäftigungspolitik*, das ich bereits in meiner Zeit beim WSI vorangetrieben hatte, in der Reihe »Problemorientierte Einführungen« im Kölner Bund-Verlag erschienen. Darin fokussiere ich meine Erfahrungen und Erkenntnisse zur Notwendigkeit der Integration der Arbeitsmarktpolitik und legte zukunftsträchtige Vorschläge zur Förderung derselben vor. Sie waren und sind bis heute die Grundlage für meine politische Arbeit innerhalb und außerhalb der Gewerkschaften. Ich bin nach wie vor davon überzeugt, dass der Egoismus einzelner Institutionen und der handelnden Personen überwunden werden muss. Erst dann kann es gelingen, die Strukturprobleme in Wirtschaft und Beschäftigung zu lösen. Der Strukturwandel ist ein dauerhafter Prozess wirtschafts- und gesellschaftspolitischer

Entwicklung. Entsprechend ist auch die Integration beschäftigungswirksamer Maßnahmen als eine Daueraufgabe zu verstehen.

Wie andere Industrieländer bekam auch die Bundesrepublik seit Herbst 1973 die Auswirkungen der ersten Ölkrise zu spüren. Die Organisation der Erdöl exportierenden Länder (OPEC) hatte die Fördermengen gedrosselt und damit eine globale Wirtschaftskrise heraufbeschworen. Im Herbst 1975 war die Zahl der Arbeitslosen in der Bundesrepublik auf fast 1,2 Millionen gestiegen, für das seit einem Jahrzehnt von Vollbeschäftigung verwöhnte Land kam das einem Albtraum gleich. Ich erinnere mich noch gut an die Worte von Gerd Muhr: »Wenn die Zahl der Arbeitslosen die Millionengrenze durchbricht, gibt es einen Aufstand.«

Die Arbeitslosigkeit stieg mit kurzer Unterbrechung nach der zweiten Erdölkrise 1979/80 unaufhaltsam weiter an. Der Aufstand in der Bevölkerung blieb allerdings aus. Dafür ging der Sozialabbau stetig voran. Für die Gewerkschaften war es besonders schmerzlich, dass ausgerechnet die von der SPD geführte Bundesregierung mit Bundeskanzler Helmut Schmidt an der Spitze den Sozialabbau auf breiter Front einleitete. Diese Entwicklung steigerte meine Anstrengungen, mit einem Buch zur Beschäftigungspolitik meine Vorstellungen zur Lösung der steigenden Arbeitslosigkeit darzulegen, und meine Hoffnung, damit auch etwas zu bewirken. Der hohe Preis der drastisch verkürzten Freizeit brachte seinen Lohn. Gerd Muhr erklärte sich bereit, das Vorwort zu schreiben. Das empfand ich als besonders große Auszeichnung.

Die *Wirtschaftswoche* präsentierte bereits vorab die in meinem Buch dargelegten Vorschläge zur Bekämpfung der Arbeitslosigkeit und stellte dabei fest: »Das Werk ... hat schon vor Erscheinen Aufsehen erregt.« Für die Vorschläge waren mir meine Recherchen in den USA äußerst dienlich. Wichtig fand ich vor allem die institutionelle Verankerung einer integrierten Beschäftigungspolitik und die formelle Verpflichtung der Notenbank zur Förderung eines möglichst hohen Beschäftigungsstandes. Die Bundesbank hingegen hat immer auf ihrer Unabhängigkeit beharrt. Arbeitslosigkeit spielt in ihren Entscheidungen keine Rolle. Sie sind vielmehr alle darauf ausgerichtet, für eine möglichst niedrige Inflationsrate zu sorgen.

In der Bundesrepublik gibt es seit 1967 das Stabilitäts- und Wachstumsgesetz, in dem das Staatsziel des gesamtwirtschaftlichen Gleichgewichts, getragen von den vier Säulen Preisniveaustabilität, hoher Beschäftigungsstand, außenwirtschaftliches Gleichgewicht sowie angemessenes und stetiges Wirtschaftswachstum, postuliert wurde. Seit 1963 steht den Regierungen mit dem Sachverständigenrat für die Begutachtung der gesamtwirtschaftlichen Entwicklung ein Beratergremium aus fünf bis sechs renommierten Wirtschaftswissenschaftlern zur Verfügung. Die Mehrheit der von den jeweiligen Regierungen benannten Wirtschaftswissenschaftler vertreten die neoklassische Richtung. Nur ein bis allerhöchstens zwei Mitglieder haben auch ein Auge für die für Sozialpolitik. Außerdem sah ich es als gravierenden Mangel an, dass sich der Sachverständigenrat in seinen Gutachten vor allem auf gesamtwirtschaftliche Entwicklungen beschränkte.

Die nach meiner Ansicht immer wichtiger werdenden sektoralen, regionalen und beruflichen Strukturumbrüche wurden im Sachverständigenrat wie auch im renommierten Wissenschaftsbetrieb der Universitäten und Forschungsinstitute meist ausgeblendet. Das Institut für Arbeitsmarkt- und Berufsforschung der Bundesanstalt für Arbeit (IAB) leistete zwar wichtige Grundlagenarbeit. Es vergingen jedoch viele Jahre, bis sich die Verantwortlichen endlich zu einer Zusammenarbeit zwischen Sachverständigenrat und IAB durchrangen. 1982 wurde der Direktor des IAB, Dieter Mertens, als Mitglied des Sachverständigenrates benannt. In meinem Buch *Beschäftigungspolitik* hatte ich vorgeschlagen, einen Sachverständigenrat für Beschäftigung zu schaffen, und ich war stolz, dass man durch die Aufnahme eines ausgewiesenen Arbeitsmarktexperten meiner Forderung zumindest im Ansatz folgte.

Ich hätte des Weiteren ein Recht auf Arbeit auch im Grundgesetz begrüßt, nicht als einklagbares Recht, sondern als nachprüfbare Verpflichtung des Staates, Beschäftigungspolitik zu betreiben. Dabei ist allerdings auf die Qualität der Arbeit zu achten. Hierzu gehört die Verhinderung minderwertiger und prekärer Arbeit. Die derzeitige öffentliche Debatte um die Begrenzung prekärer Beschäftigung sowie die Einführung von Mindestlöhnen zeigt die aktuelle Bedeutung meiner damaligen Vorschläge. Mein Buchprojekt war und ist Programm. Aktive Arbeitsmarktpolitik hat sich durchgesetzt in Form von Weiterbildung, Umschulung, Arbeitsbeschaffung, auch die Grundlagen für Beschäftigungsgesellschaften wurden gelegt.

Eine transatlantische Familie

Klaus und ich gingen davon aus, dass unsere berufsbedingte Trennung nach seiner Rückkehr auf den Posten des US-Korrespondenten für das *Handelsblatt* im Jahr 1972 nur von kurzer Dauer sein würde. Doch als ich ihn im Oktober 1974 zum ersten Mal an seinem neuen Arbeitsplatz in Washington besuchte, zeichnete sich bei ihm immer noch keine Rückkehr nach Deutschland ab. Im Gegenteil. Er war gerade dabei, sich eine größere Wohnung zu nehmen. Er stand in Verhandlungen mit Wolf von Lojewski – dem später sehr beliebten Nachrichten-Moderator des ZDF –, von dem er eine relativ große Mietwohnung mit zwei Schlafzimmern und zwei Bädern samt Möbeln und Einrichtung übernehmen wollte. Lojewski, mit dem wir seit dieser Zeit gut befreundet sind, befand sich damals in einer ähnlichen Lage wie mein Mann. Seine Frau Ute war in Hamburg als Lehrerin beruflich gebunden.

Als ich in Washington war, beobachtete Wolf von Lojewski uns beide bei den Debatten, die wir um unsere Zukunft führten. Wie ich erst vor einiger Zeit erfuhr, berichtete er seiner Frau in einem Brief darüber. Kürzlich schickte er uns die erste Seite eines Briefes, in dem er seiner Frau über meinen damaligen Besuch und die Einzelheiten der Wohnungsübergabe berichtete. Er stellte darin die Frage, die die Lojewskis und die Engelens gleichermaßen bewegte, nämlich »ob das Modell einer transatlantischen Ehe überhaupt funktionieren kann«. Lojewski setzte damals die richtigen Ausrufezeichen, wenn er seiner Frau in Hamburg anvertraute: »Das Beispiel Klaus/Uschi ist auch nicht ohne Probleme.«

Das Treffen mit meinem Mann in der Kneipe Royal Warrant beschrieb er wie folgt: »Schon auf dem Weg bahnte sich ein Gewitter an. Sie war mächtig schnippisch ihrem Gatten gegenüber, er sehr höflich, um jedem Ärger aus dem Weg zu gehen. Schließlich schälten sich – sehr zu meiner Überraschung – die Positionen der beiden heraus. Er fand alles doch sehr schön, bei den 21 Tagen Urlaub im Jahr könne sie doch öfter mal in die USA kommen. Sie meinte, so könne das nun aber nicht weitergehen. Unser Wohnungshandel gefiel ihr gar nicht: Die Wohnung sei viel zu groß und viel zu schön, nun werde er erst recht keine Anstalten machen, sich nach einem Job in Deutschland umzusehen. Von ihrer Arbeit beim Gewerkschaftsbund sprach sie längst nicht so überschwänglich wie er.« Er fährt fort, dass ich mich darüber beschwert hätte, dass beim DGB die eigentlichen Entscheidungen doch nur von »typischen Gewerkschaftern« gefällt würden und dass »Frauen in den Gewerkschaften nur begrenzte Möglichkeiten haben«.

Er habe sich eher auf meine Seite geschlagen, bekannte von Lojewski seiner Frau, doch habe er mir zu bedenken gegeben, »er [Klaus] könne nun einen Job wie den des Washingtoner Korrespondenten nicht einfach aufgeben, ohne zu wissen, was ihn in der Heimat erwartet«.

Der Brief hat mich nach vielen Jahren wieder daran erinnert, welche Konflikte wir damals erlebt und gemeistert haben. Sie endeten nicht wie meist üblich damit, dass die Frau zugunsten ihres Mannes auf ihre Karriere verzichtete.

Trotz der großen räumlichen Trennung und obwohl wir uns nicht häufig sahen, entwickelte sich unser Familienleben weiter. Die Geburten meiner beiden Söhne Oliver und Christian waren die wichtigsten Einschnitte in meinem Leben. Sie erblickten beide im Krankenhaus Düsseldorf-Gerresheim das Licht der Welt. Ich hatte großes Glück: Beide waren gesunde Kinder. Trotz aller Schwierigkeiten waren wir eine »transatlantische Familie« geworden.

Klaus übernahm bei beiden Kindern die Betreuung für den ersten Monat nach Verlassen des Krankenhauses, und zwar rund um die Uhr. Er hatte in seiner Kölner Studentenzeit die Ausbildung zum Sanitäter genossen. Das kam uns nun sehr zupass. Die Säuglinge zu baden war für ihn überhaupt kein Problem. Die Windeln zu wechseln ebenfalls nicht. Dass unsere beiden Söhne nachts durchschliefen, empfanden wir als Glücksfall.

Wir hatten uns auf die Zeit mit Kindern gut vorbereitet. Monate vor der Geburt unseres Sohnes Oliver hatten wir Marie-Hélène, ein sympathisches Mädchen aus einer kinderreichen Familie in Südfrankreich, als Au-pair-Hilfe verpflichtet. Wir hatten die Familie besucht und einen guten Eindruck bekommen. Marie-Hélène sprach einigermaßen gut Deutsch und wollte ihre Sprachkenntnisse in Düsseldorf weiter verbessern. Für sie war ein geräumiges Zimmer in unserer Wohnung eingerichtet. Ich war heilfroh über die tatkräftige Hilfe meines Mannes in den ersten Wochen. Danach war Oliver bereits erheblich kräftiger. Marie-Hélène und ich übernahmen nun die Pflege einschließlich des Badens. Mein Mann brach wieder nach Washington auf. Ich war somit auf die Hilfe von Marie-Hélène angewiesen, denn ich setzte meine Arbeit fort. Es wäre undenkbar für mich gewesen, meinen Beruf nicht weiterzuverfolgen, wie es so viele Frauen in der Generation unserer Mütter getan hatten.

Zunächst ging alles gut. Sie kümmerte sich tagsüber um unseren Sohn, abends und an den Wochenenden konnte ich weitgehend zu Hause sein. Für Notfälle standen meine Mutter und Großmutter bereit. Sie lebten zusammen in Neuss, eine halbe Autostunde von unserer Wohnung entfernt. Beide unterstützten mich nach Kräften. Unsere familiäre Bindung war eng, obwohl wir sehr verschieden waren. Immerhin hatte meine Großmutter viel Sympathie für die Gewerkschaften.

Für eine verheiratete Frau mit Kind war es sehr außergewöhnlich, weiterzuarbeiten. Ich war gerade zweieinhalb Jahre beim DGB in der internationalen Sozialpolitik tätig und hatte viele auswärtige Termine. Gerd Muhr, Vater von drei selbstständigen Töchtern, hatte keinen Zweifel, dass ich weiterarbeiten würde. Von seiner Seite wurde mein beruflicher Einsatz voll gefördert und auch gefordert. Allerdings erkundigten sich einige Kollegen, wie lange ich denn nach der Geburt aus dem Dienst ausscheiden würde. Über die Motive dieser Nachfragen möchte ich nicht weiter spekulieren. Ich ließ jedoch bei niemandem Zweifel aufkommen, dass ich nach der Geburt so schnell wie möglich genauso weiterarbeiten würde wie bisher. Warum sollte ich das bislang Erreichte ohne Not infrage stellen?

Die Ära unseres französischen Au-pair-Mädchens Marie-Hélène ging bereits nach wenigen Monaten zu Ende. Es mehrten sich die Pannen, und dann kam ein Vorfall, der mich zur Suche nach einer Kinderfrau zwang, auf die man sich verlassen konnte. Mein Mann hatte die gloriose Idee, über Ostern an der Golfküste Floridas auf Sanibel Island Urlaub zu machen. Die Insel ist für ihre schönen Strände und ein großes Muschelvorkommen berühmt. Dass die Insel für ein Baby aufgrund der Moskitos selbst in der Nähe des Strandes zu einer Strapaze werden kann, haben wir leider erst zu spät gemerkt. Nach den Osterfeiertagen sollte ich auf einer OECD-Konferenz in Paris an einer Podiumsdiskussion teilnehmen. Mit Marie-Hélène war verabredet, dass sie mich bei der Rückkehr von Miami morgens am Flughafen Charles de Gaulle mit dem Kinderwagen empfängt. Dann sollte sie mit Oliver vom Gare du Nord den Zug zurück nach Düsseldorf nehmen. Doch am Flughafen war von einer Marie-Hélène weit und breit nichts zu sehen. Nach einem Nachtflug mit wenig Schlaf war nun Krisenmanagement angesagt. So erschien ich einfach mit dem Baby in der Tragetasche auf der Konferenz. Ich stellte die Veranstalter vor die Alternative: Entweder ich könnte meinen Sohn in der Tragetasche irgendwo sicher in Obhut geben, oder ich müsste den nächsten Flug nach Düsseldorf nehmen und auf meine Teilnahme an der Podiumsdiskussion verzichten. Das Problem wurde mithilfe einiger Assistentinnen und Sekretärinnen auf elegante Weise gelöst. Ich konnte im Verlauf der Konferenz mehrmals meinen Sohn versorgen, der mit stoischer Ruhe alles, was mit ihm geschah, hinnahm und ausgiebig schlief. So dürfte er das erste Baby gewesen sein, das mit vier Monaten zu den Teilnehmern einer OECD-Konferenz gehörte.

Zu Hause in Düsseldorf machte ich mich auf die Suche nach einer geeigneten Betreuung. Ich wandte mich an das Arbeitsamt und erinnere mich noch gut an den ersten Kontakt mit der zuständigen Sachbearbeiterin. Sie fragte mich zuallererst: »Nehmen Sie auch eine Ausländerin?« Sie hätte eine geeignete junge Frau, allerdings mit einem jugoslawischen Pass. Ihr Name war Jutta Milivojevic.

Ich machte deutlich, dass es mir auf Zuverlässigkeit, Erfahrung im Umgang mit Kleinkindern und eine gute Beherrschung der deutschen Sprache ankäme. Sie müsse schließlich die sprachliche Entwicklung meines Sohnes Oliver fördern. Ich verständigte mich mit der Sachbearbeiterin auf einen Besuchstermin von Frau Milivojevic bei uns. Sie kam zur vereinbarten Zeit, eine attraktive junge Frau von 24 Jahren. Sie fuhr mit einem roten Karmann-Ghia-Sportwagen vor und gefiel mir auf Anhieb. Bereits bei unserem ersten Gespräch konnte ich mich von ihrem ausgezeichneten Deutsch überzeugen. Es stellte sich heraus, dass ihre Mutter aus einer bildungsbewussten Düsseldorfer Familie stammte und einen jugoslawischen Gastarbeiter geheiratet hatte. Jutta selbst war in Düsseldorf geboren und aufgewachsen. Sie hatte nicht nur Führerschein und Auto, sondern sprach auch gut Englisch, da sie einige Zeit in einer Londoner Familie gearbeitet hatte. Ich stellte sie auch ohne Zeugnisse als Kinderpflegerin ein. In kürzester Zeit brachte sie unseren Haushalt auf Vordermann. Unseren Sohn Oliver betreute und erzog sie mit Liebe, Umsicht, Konsequenz und Tatkraft. Bald konnten wir uns auf die Ankunft eines zweiten Kindes vorbereiten. Wir zogen in eine größere Mietwohnung im selben Wohnkomplex. Dort hatte Jutta ein großes Zimmer für sich. Mit großem Engagement kümmerte sich Jutta auch um unseren zweiten Sohn Christian. Beide Kinder redeten sie mit »Mama Jutta« an, während ich »Uschi« hieß.

Dank Jutta konnte ich meine Arbeit beim DGB ohne Sorgen und Hindernisse fortsetzen.

Wir lebten in einer äußerst harmonischen Wohngemeinschaft. Klaus kam aus Washington und New York alle vier bis sechs Wochen zur Stippvisite. Bei der Geburt unseres Sohnes Christian übernahm er für sechs Wochen dessen Betreuung rund um die Uhr.

Jutta kümmerte sich liebevoll und kompetent um unsere Kinder, während ich beruflich unterwegs war. Ich garantierte ihr ab Freitagabend – sofern nicht etwas Außerordentliches dazwischenkäme – ein freies Wochenende. Bei gelegentlichen Reisen am Wochenende, bei meinen dreimal im Jahr stattfindenden Genfer Konferenzen, aber auch bei unseren Ferienreisen in die USA war sie als Mitglied der Familie dabei.

Bei meiner über Wochen dauernden Teilnahme am Verwaltungsrat und den Internationalen Arbeitskonferenzen in Genf musste ich mich dank Jutta nicht von meinen beiden Kindern trennen. Wir wohnten alle in einem preiswerten Apartment, und für Jutta war die Genfer Konferenzstadt eine willkommene Abwechslung, die sie sehr genoss. Für die Kinder war der Genfer See gleichwohl eine gute Erholung.

Mein Versuch, Oliver durch den Besuch eines UN-Kindergartens an die französische Sprache heranzuführen, ist allerdings kläglich gescheitert. Ich bekam nach vielen Mühen für drei Wochen einen Platz in der UN-Kindertagesstätte direkt am Genfer See. Oliver war allerdings der Einzige in der Kindergruppe, der nicht Französisch sprechen konnte, er war total isoliert. Zu allem Überfluss warf ihm einer der Jungen eine Eisenstange auf den Fuß. Mit physischen und seelischen Blessuren mussten wir Oliver also schnellstens aus der Kindertagesstätte herausholen; das Experiment des Französischlernens war damit vorerst gescheitert. Dafür gab es angenehme Entschädigungen: das Füttern der Schwäne am Genfer See mit vom Frühstück übrig gebliebenen Brötchen, Besuche des nahe gelegenen UN-Schwimmbades mit Kinderspielplatz, das Spazieren im nahe gelegenen Park oder sonntägliche Ausflüge mit der gesamten Gewerkschaftsdelegation in die umliegenden Berge.

Diese Art von Konferenzteilnahme war für meinen älteren Sohn mit Beginn der Schule ab Ostern 1983 leider vorbei. Für mich war es ein Stück gelebter Vereinbarkeit von Familie und Beruf gewesen. Möglich war dies auch durch die großzügige Unterstützung meines Chefs, Gerd Muhr. Er war ein besonderer Mensch, großzügig, verständnisvoll, frauenfreundlich. Das war damals im Grunde genommen unvorstellbar. Ohne seine Zustimmung hätte ich es nicht gewagt, meine Familie zu den Konferenzen in Genf mitzunehmen.

Verschiedentlich nahm ich sogar meine Großmutter mit nach Genf. Sie hatte als junge Frau in der Tschechoslowakei immer nur davon träumen können, einmal in die Schweiz zu reisen. Ich war daher stolz, ihr dies im Alter noch ermöglichen zu können. Meine Großmutter war begeistert von der Genfer Innenstadt.

Zu Hause in Deutschland habe ich am eigenen Leib erfahren müssen, wie sehr der Mangel an Betreuungsmöglichkeiten in Kindertagesstätten berufstätige Frauen mit Kindern an die Kette legt, wie sehr »das Politische das Private bestimmt«. Über Mittel zur Kinderbetreuung wurde in der männlich dominierten und traditionell kirchlich geprägten Kommune entschieden. Deren Frauenbild war nicht gerade progressiv, die Frauen sollten zu Hause bleiben, hieß es, und es wurde behauptet, dass sie das laut Umfrage auch wollten.

Eine Betreuung für unter Dreijährige war 1976 in Düsseldorf eine Rarität. Monate vor seiner Geburt hatte ich Oliver im einzigen nahe gelegenen städtischen Kindergarten angemeldet. Das früheste Alter der Aufnahme war drei Jahre. Einen Platz bekam ich für ihn allerdings erst nach seinem vierten Geburtstag. Der Kindergarten war renommiert und als einer der wenigen Kindergärten in Düsseldorf auch ganztägig (von 9 bis 16 Uhr) geöffnet. Ich erlebte dort tagtäglich die gesellschaftliche Diskriminierung von Müttern, die berufstätig sein wollten oder mussten. Wie sollte ich meinen Sohn selbst in den Kindergarten bringen, wenn meine Termine bereits vor 9 Uhr lagen? In welchem Beruf hätte ich mich durchsetzen können, wenn ich bereits um Punkt 16 Uhr mein Kind wieder vom Kindergarten hätte abholen müssen? Wer konnte oder wollte sich schon einen teuren Kindergartenplatz leisten und zusätzlich eine Kinderpflegerin finanzieren? Wie viele Frauen mit geringen Verdiensten konnten sich überhaupt einen solchen Kindergartenplatz leisten? Wie häufig wurden und werden Frauen von der Aufnahme einer Berufstätigkeit durch ihre Ehemänner mit der Begründung abgehalten, dass die Gebühren für den Kindergarten viel zu hoch seien? Wie soll eine berufstätige Frau mit Kindern in den ersten drei bis vier Jahren über die Runden kommen?

Dass mein Sohn erst ab dem vierten Lebensjahr einen Platz erhielt, war kein Einzelfall. Das bedeutete, dass Frauen mit Kindern in diesem Alter kaum Chancen auf eine Berufstätigkeit hatten. Wäre ich damals für eine derart lange Zeit ausgeschieden, hätten sich sicherlich einige meiner männlichen Kollegen die Hände gerieben. Ich hätte meine berufliche Chance bei Gerd Muhr leicht verspielen können. Wer weiß, ob ich jemals wieder in meinem Leben vergleichbare berufliche Möglichkeiten gehabt hätte.

Ich bin meinem Mann sehr dankbar dafür, dass er nie versucht hat, mich wegen finanzieller oder organisatorischer Gründe in meiner beruflichen Entwicklung zu blockieren. Im Gegenteil, er war seiner Generation, was die Emanzipation des Mannes betrifft, weit voraus. Dabei hat er keinesfalls bei seinen beruflichen Ambitionen zurückgesteckt.

Die Vereinbarkeit von Familie und Beruf, selbst auf beiden Seiten des Atlantiks, ist möglich, wenn beide Partner dies auch wollen. Mein Mann war großzügig und förderte mich, wo er konnte. Er wollte eine eigenständige Frau, die freier war als unsere Mütter. Eine Frau, die ihm intellektuell gewachsen war. Kam es zu Konflikten, fanden wir immer eine Lösung, die finanzielle Belastung teilten wir uns.

Viele Jahre hindurch haben wir mehr als ein Einkommen in die Kinderbetreuung und später in die Ausbildung investiert. Unsere wenige Freizeit war vollständig für die Kinder reserviert. Das war der Konsens, mit dem ich auf ganz individueller Basis Familie und Beruf miteinander vereinbaren konnte. Ein solches Privileg haben in meiner Generation nur wenige Frauen für sich in Anspruch nehmen können. Heute wundert man sich, dass so viele berufstätige Frauen, besonders Akademikerinnen, keine Kinder haben. Dabei besteht dieses Problem seit Jahrzehnten. Die notwendige gesellschaftliche Infrastruktur und Hilfe war zur damaligen Zeit nicht vorhanden. Sie wurde ja auch von der Mehrzahl der männlichen Entscheidungsträger auf allen gesellschaftlichen Ebenen abgelehnt. Rechnungen, wonach die Erziehung eines Kindes so viel wert ist wie ein komfortabler Bungalow, kann ich sehr gut nachvollziehen. Bei uns wäre es wahrscheinlich ein besonders großer Bungalow geworden, wenn ich die zusätzlichen Kosten für Flüge, Telefon und doppelte Haushaltsführung hinzurechne. Aber wir waren und sind uns immer einig: Unsere Kinder sind uns mehr wert als alles in der Welt.

Mein Sohn Christian bekam seinen Platz in der Kindertagesstätte früher als sein Bruder. Auch ihn hatte ich bereits Monate vor seiner Geburt im Kindergarten angemeldet. Geschwister wurden bei der Aufnahme bevorzugt behandelt. Auch ermäßigten sich die Gebühren für das zweite Kind. Es blieb jedoch bei den rigiden Öffnungszeiten.

Ich muss sagen: Ich bin froh und dankbar, dass ich meine Chancen voll nutzen konnte. Dass ich sowohl beim Aufbau der Familie wie im Beruf nicht zurückstecken musste, sondern durchhalten konnte. Dass dies nicht nur eine Frage des Glücks war, sondern sich nur mit einem starken Willen, viel Energie und Selbstdisziplin verwirklichen ließ, liegt auf der Hand.

Manchmal kam es in unserem transatlantischen Abenteuer auch zu grotesken Situationen, wie die folgende, die meinem Mann widerfuhr, zeigt. Nie werde ich einen Anruf meines Mannes aus Düsseldorf vergessen, der mich während einer IAO-Sitzung in Genf erreichte. Er eröffnete mir am Telefon: »Heute wärst du beinahe Witwe geworden. Die haben mich für einen RAF-Terroristen gehalten. Nur weil ich ruhig geblieben bin, haben die nicht geschossen.« Dann kam ein befreiendes Lachen mit dem Hinweis: »Kannst du dir vorstellen: Da ruft mich meine Mutter im *Handelsblatt* an und eröffnet mir freudig: ›Weißt du schon? Die haben heute einen RAF-Terroristen gefasst, das hat mir eben die Nachbarin erzählt.‹«

Deren Mann arbeitete bei der Bank für Gemeinwirtschaft und hatte aus seinem Bürofenster den Großeinsatz der Polizei verfolgt. Was tatsächlich passiert war, war dann in der *Wirtschaftswoche* vom 21. Oktober 1977 mit der Überschrift »Heiße Nummer« unter einem Foto meines Mannes zusammen mit US-Präsident Jimmy Carter zu lesen. »Wie gefährlich in der bundesdeutschen Terroristenszene selbst die Benutzung eines Mietwagens sein kann, erfuhr der Washingtoner *Handelsblatt*- und *Wiwo*-Korrespondent Klaus C. Engelen am Mittwoch voriger Woche. Aus den Staaten kommend, mietete er sich am Köln-Bonner Flughafen einen roten Avis-Kadett und fuhr via Autobahn Köln–Neuss in Richtung Redaktion am Düsseldorfer Martin-Luther-Platz. Doch so weit kam er nicht. Eine Polizeistreife hatte auf der Autobahn die »heiße« Nummer des Kadetts in der bundesweiten Fahndungsliste entdeckt und über Funk Verstärkung angefordert. Im Düsseldorf Bankenviertel an der Benrather Straße schnappte die Autofalle zu, unser Mann aus Washington sah sich von mehreren Polizeiautos umstellt, aus denen junge Beamte sprangen, Pistolen und MPs schussbereit im Anschlag. Mit erhobenen Händen stieg Engelen aus. Er erinnert sich: ›Die Jungen zitterten mit ihren Knarren in den Händen. Die waren ganz schön nervös.‹ Auf offener Straße musste er eine Leibesvisitation über sich ergehen lassen – kostenloses Schauspiel für die um die Mittagsstunde zusammengelaufene Menschenmenge. Weder Personalausweis noch Flugkarte noch Presseausweis des Weißen Hauses überzeugten die Terroristen-Jäger bei der Vernehmung im vergitterten VW-Kombi von Engelens Unschuld. Erst nach gut einer halben Stunde kam der ›Freispruch‹ aus Wiesbaden. Lakonische Feststellung der Polizisten: ›Der Computer hat sich geirrt.‹ Die Avis-Leute, die auf die Mitteilung zunächst mit ungläubigem Lachen reagierten, zogen das Fahrzeug sofort aus dem Verkehr.«

Aufbruch in die gewerkschaftliche Frauenpolitik

Im Juni 1977 bekam ich die Chance, meine beschäftigungspolitischen Vorstellungen in der Frauenpolitik an höchster Stelle in den Gewerkschaften zu präsentieren. Ich wurde eingeladen, auf der 9. Bundesfrauenkonferenz des DGB in Saarbrücken das Hauptreferat zur Beschäftigungspolitik zu halten.

Ich freute mich über diese Einladung. Die Beschäftigungs- und Arbeitsmarktpolitik fand in den Gewerkschaften Aufmerksamkeit auf höchster Ebene. Und ich konnte einen weiteren Schritt auf der nationalen Gewerkschaftsleiter vollziehen. Ursula Ibler, Mitglied im Hauptvorstand der IG Metall, hatte den Vorsitz der Konferenz. Anwesend war die gesamte Gewerkschaftsprominenz: der DGB-Vorsitzende Heinz Oskar Vetter, die Vorsitzenden der DGB-Mitgliedsgewerkschaften, weitere Mitglieder des geschäftsführenden Bundesvorstandes des DGB sowie maßgebliche Vertreter der Politik, darunter Anke Fuchs, Staatssekretärin im Bundesarbeitsministerium und früheres Vorstandsmitglied der IG Metall, Franz-Josef Röder, Ministerpräsident des Saarlandes, und Maria Weber (CDU) als für Tarif- und Frauenpolitik zuständige stellvertretende Vorsitzende des DGB.

Ich hatte die Möglichkeit, auf Grundlage meiner Arbeiten im WSI, meines Buches *Beschäftigungspolitik* und der aktuellen Entwicklungen Vorschläge zur Beschäftigungsförderung von Frauen zu machen. Ausgangspunkt meiner Überlegungen war die Erkenntnis, dass sich die von Männern dominierten DGB-Gewerkschaften mehr um die Belange der Frauen kümmern müssten, wenn sie dem Wandel zur Dienstleistungswirtschaft Rechnung tragen wollten. 1976 waren erstmals mehr Menschen im Dienstleistungssektor (51,1 Prozent) beschäftigt als in Industrie und Landwirtschaft. In den neuen Dienstleistungsberufen arbeiteten immer mehr Frauen, und die Gewerkschaften taten sich schwer, sie in größerem Umfang als Mitglieder zu gewinnen.

Bereits die schulische Bildung muss besser auf die Anforderungen des Arbeitsmarktes und des Arbeitslebens ausgerichtet werden. Dies gilt in besonderem Maße für Mädchen. Sie wählen oft die wenigen frauentypischen Berufe mit vergleichsweise schlechten Berufs- und Einkommenschancen. Die Arbeitsmarktpolitik muss sich mit ausreichender Berufsorientierung und Berufsberatung für Jungen und Mädchen in den Schulen engagieren. Es ist unerlässlich, Bildungs- und Sozialpolitik aufeinander abzustimmen.

Die damals von mir kritisierten Schwachstellen in der Wirtschaftsförderungs- und Subventionspolitik sind auch heute noch nicht behoben. Frauen – insbesondere Alleinerziehende – sind überdurchschnittlich von Langzeitarbeitslosigkeit, Beschäftigung in Niedriglohnsektoren und Armut betroffen. Die Vergabe öffentlicher Aufträge und Subventionen ist nicht nur an die Einhaltung von Tarifverträgen zu binden. Bedingung sollte auch die Erfüllung einer verbindlichen Frauenquote bei der Beschäftigung sein.

Auch heute gilt meine in Saarbrücken getroffene Feststellung: »Niedrige Arbeitnehmereinkommen sowie geringer sozial-, arbeitsrechtlicher und tariflicher Schutz der Arbeitnehmer sind keinesfalls ein Garant für die Verhinderung von Arbeitslosigkeit. Vielmehr bedeuten sie eine Festschreibung der Ungerechtigkeit in der Verteilung von Einkommen, Beschäftigungschancen und sozialen Lebensbedingungen zu Lasten der Arbeitnehmer.« Hiervon sind wiederum benachteiligte Personengruppen auf dem Arbeitsmarkt besonders betroffen, vor allem »die Gruppe der Frauen«. Die Ungleichgewichte dürften nicht weiter durch pauschale Missbrauchsdebatten verschleiert werden. Die wahren Ursachen müssten an der Wurzel gepackt und offengelegt werden. Nur so könnten sie beseitigt werden. Weiterhin gilt mein folgender Vorschlag: »Erforderlich ist, dass die Maßnahmen auf Regionen konzentriert werden, in denen am wenigsten alternative Arbeitsplätze zur Verfügung stehen, und für die Personengruppen, die am meisten unter der Arbeitslosigkeit leiden – mithin insbesondere die Frauen.«

Bereits vor mehr als 30 Jahren warnte ich davor, dass Frauen in gering entlohnte Teilzeitarbeit abgedrängt werden. »Wir müssen in jedem Fall sicherstellen, dass nicht Vollzeitarbeitsplätze in Teilzeitarbeit umgewandelt werden. Um eine Diskriminierung der Arbeitssuchenden zu verhindern, die nicht die volle Arbeitszeit einhalten können, wäre es sicher sinnvoller, wenn eine generelle Verkürzung der Arbeitszeit für alle vorgenommen würde.« Auch der Schlusssatz hat nach wie vor volle Gültigkeit: »Die Wiedererlangung und Sicherung der Vollbeschäftigung ist eine notwendige Voraussetzung für die Gewährleistung des Grundrechts auf Arbeit für alle Arbeitnehmergruppen, auch und insbesondere der Frauen.«

Vor diesem Hintergrund hat Stefan Remeke, der über die Sozialpolitik des DGB publiziert hat, die Bundesfrauenkonferenz als eine wichtige Wegmarkierung in der gewerkschaftlichen Frauen- und Gleichstellungspolitik angesehen. Er schreibt: »Die Bundesfrauenkonferenzen des DGB wurden im Verlauf der 1970er-Jahre immer mehr zu Großveranstaltungen im Stile eines Ordentlichen Bundeskongresses für gewerkschaftliche Frauenfragen. Hintergrund war einerseits die wachsende ›Nachfrage‹ nach Frauenthemen als Folge der Neuen Frauenbewegung, die ... auch in den Gewerkschaften allmählich Spuren hinterließen. Zudem verzeichneten die Gewerkschaften seit 1969 starke Mitgliederzuwächse, wobei der Zustrom der Frauen besonders groß war. [Dies war vor allem auf einen großen Nachholeffekt zurückzuführen – infolge des geringen Organisationsgrades der Frauen in den 1960er-Jahren.] Aber dennoch förderte dies alles das gewerkschaftliche Anliegen, in der Öffentlichkeit als Vertretung von Arbeitnehmerinneninteressen stärker wahrgenommen zu werden, wenngleich die gewerkschaftlich aktiven Frauen in der Organisation sich weiterhin gegen den patriarchalischen Geist der

Gewerkschaftsbürokratie zu wehren hatten ... Vor diesem Hintergrund war auch die 9. Bundesfrauenkonferenz des DGB am 2. und 3. Juni 1977 ein gewerkschaftliches Großereignis.«

Anhand der Protokollauszüge der Saarbrücker Konferenz kommt Remeke zu dem Schluss: Neben dem Tätigkeitsbericht von Maria Weber zum Thema »Frauen – gleichberechtigte Arbeitnehmer – keine industrielle Reservearmee« sei mein Referat am 3. Juni 1977 zum Thema »Integrierte Beschäftigungspolitik – Herausforderungen für die Zukunft« inhaltlich ein Schwerpunkt der Konferenz gewesen.

Im Rückblick kann ich feststellen: Saarbrücken war eine weitere wichtige Etappe auf meinem gewerkschaftlichen Weg. Dabei möchte ich selbstkritisch vermerken: In der Bewertung meines Auftritts schieden sich die Geister. Für einige Kolleginnen der Bundesfrauenkonferenz war ich »zu technokratisch«. Für andere hatte ich eine »zu große Eigenständigkeit in meinen politischen Äußerungen«. Für einen Teil der männlichen Führungskräfte war mein unerschrockenes Eintreten für mehr Frauenförderung und Gleichstellung im Beruf »schlicht unheimlich«. Sie fühlten sich in ihrer angestammten Domäne herausgefordert. Trotzdem glaube ich, den Kopf und die Herzen vieler anwesender Gewerkschaftsfrauen angesprochen zu haben. Zumindest den Respekt der führenden Gewerkschaftsfunktionärinnen konnte ich gewinnen. Dies ging im Übrigen so weit, dass ich für den Gewerkschaftskongress 1982 als Mitglied des geschäftsführenden Bundesvorstandes vorgeschlagen wurde. Natürlich hatte dies keinen Erfolg: Ohne Rückhalt durch mehrere Vorsitzende der großen Gewerkschaften war dies aussichtslos. Es war auch völlig unüblich, aus einer Abteilungsleiterrolle in ein Wahlmandat des geschäftsführenden Bundesvorstandes aufzusteigen. Dies ist bis dato nur der Nachfolgerin von Maria

Weber, Irmgard Blättel (CDU), gelungen. Doch immerhin war ich im Gespräch.

Mein Vorbild war und blieb jedoch Gerd Muhr. Ich war keine Feministin. Für mich zählte die Persönlichkeit. Bei mir standen die verschiedenen konkreten Anliegen der Förderung von Frauen in Arbeit, Gesellschaft, Politik und Familie im Vordergrund. Frauen gehen meist sachlich und pragmatisch an die Lösung von Problemen ran. Derart war auch meine Vorgehensweise: Ich wollte meinen sachlichen Beitrag zu einer besseren Lage der Arbeitnehmer leisten. Ich sah in meinem Beruf eine Berufung und richtete mich in meinem Privatleben danach aus. Im Unterschied zu manchen Feministinnen suchte ich nicht nach einem spezifisch weiblichen Auftritt, ich spielte keine Rolle, sondern ging meinen Verantwortlichkeiten nach. Von Klischees hielt ich nichts. Ich wollte mein Leben mit Überzeugung gestalten und mit Freude leben. Mit dieser Einstellung bin ich in den Gewerkschaften gut gefahren. Auch wenn es noch acht Jahre dauerte, bis mir der Sprung in den geschäftsführenden Bundesvorstand des DGB gelang. Zuvor hatte ich noch einen besonderen Härtetest als Vizepräsidentin der Bundesanstalt für Arbeit zu bestehen.

Gerling und die »Nacht der langen Messer« – Einblicke in die Welt der Aufsichtsräte

Schon in den ersten Jahren beim DGB wartete auf mich eine Herausforderung der besonderen Art. Die Gewerkschaft Handel, Banken, Versicherungen (HBV) benannte mich in den Aufsichtsrat des Gerling-Konzerns. Ich nahm dieses Mandat gern an. Gerling war damals ein wichtiger eigenständiger Versicherungskonzern. Ich gehörte zum Kreis der Gewerkschaftsfunktionäre auf der unteren Ebene mit einem Aufsichtsratsmandat. Das war keinesfalls selbstverständlich, für die wenigen weiblichen »Gewerkschaftssekretäre« schon gar nicht. Als Erstes lernte ich die Macht der Betriebsräte kennen. Der stellvertretende Vorsitzende des Aufsichtsrates, Rudolf (»Rudi«) Müller, kam von der Arbeitnehmerseite, war jedoch kein Mitglied der Gewerkschaft HBV. Als unabhängiger Arbeitnehmervertreter gewählt, hatte Müller als Vorsitzender des Konzernbetriebsrats eine starke Stellung. Damit begannen bereits die ersten Schwierigkeiten. Uns standen nur die offiziellen Aufsichtsratsinformationen zur Verfügung. An Interna, die für uns Arbeitnehmervertreter im Aufsichtsrat von Bedeutung gewesen wären, kamen wir gar nicht heran. Dagegen konnte ich nichts unternehmen. Ich besorgte mir über externe Kontakte und Veröffentlichungen so viele Informationen wie möglich. Die Betriebsräte hatten kein Interesse daran, dass Externe zu viel Einblick in die Vorgänge des Unternehmens bekamen. Sie handelten vieles selbst mit den Geschäftsleitungen aus und ließen sich von Gewerkschaftsfunktionären wenig sagen. Ich hatte schnell begriffen, dass dies kein Affront gegen mich persönlich war, sondern nur das gespannte Verhältnis zwischen internen und externen Arbeitnehmervertretern widerspiegelte. Betriebsräte großer Unternehmen, die die gut zahlenden Mitglieder vertreten, stehen in der Gewerkschaftshierarchie weit oben. Sie sind in Aufsichtsräten mit den Spitzen der Wirtschaft zusammen und kennen sich gegenseitig gut. In diesen »inner circle« kommt man nicht ohne Weiteres hinein.

Als Arbeitsmarktexpertin sollte ich mich im Aufsichtsrat vor allem um die Arbeitsbedingungen und die beruflichen Entwicklungsmöglichkeiten der Arbeitnehmer kümmern. Dies betraf den Arbeits- und Gesundheitsschutz im Betrieb, Arbeitsplatzsicherheit und Arbeitsbedingungen bei Einführung der EDV, die Chancen und Probleme bei der Beschäftigung von Frauen und

Älteren, die berufliche Weiterbildung, Arbeitszeitregelungen, die Ausbildungssituation. Hierzu konnte ich lediglich Fragen stellen. Ob ich dabei allerdings die neuralgischen Punkte im Konzern traf, konnte ich schwer beurteilen.

Unser Drang nach gründlicheren Einblicken in die Finanzlage der Gerling-Gruppe hatte gute Gründe. Die Arbeitnehmervertreter im Aufsichtsrat und die Beschäftigten des Gerling-Konzerns sahen sich durch finanzielle und wirtschaftliche Auswirkungen der »Herstatt-Pleite« über viele Jahre vor immer neue Herausforderungen gestellt. Folgendes war geschehen: Am 26. Juni 1974 hatte das Bundesaufsichtsamt für das Kreditwesen die Schließung der Herstatt-Bank verfügt. Wie sich herausstellte, hatte die Kölner Privatbank durch Devisenspekulationen ihres Chefhändlers »Dany« (Daniel) Dattel knapp 500 Millionen DM verzockt. Mit 81,7 Prozent hielt Konzernherr Hans Gerling den größten Anteil der Herstatt-Bank. Um für einen Vergleich mit den Gläubigern rund 200 Millionen DM aufzubringen, verkaufte Gerling 51 Prozent der Anteile seines Konzerns.

Abgesegnet vom Bundeskartellamt war es dem Industrie-Erben Friedrich Karl Flick vier Jahre nach der Herstatt-Pleite gelungen, durch Übernahme der Anteile die Mehrheit am Gerling-Konzern zu erwerben. Doch Flicks Topmanager und Chefunterhändler Eberhard von Brauchitsch wurde auf dem Weg zu den Schalthebeln des Versicherungskonzerns in letzter Minute gestoppt. Hans Gerling hatte den Versicherungsrechtler und Bremer Anwalt Joachim Theye zwecks Reklamierung eines Vorkaufsrechts vor Gericht ziehen lassen. Das führte im November 1978 zu einer »Nacht der langen Messer« auf doppelter Bühne. Nach einer erstmalig durchgeführten Wahl der Arbeitnehmervertreter ging es vordergründig um die Benennung von Vorsitz und stellvertretendem Vorsitz des neu gewählten Aufsichtsrats sowie um die

Besetzung der Ausschüsse nach dem Mitbestimmungsgesetz. Es ging aber auch darum, konkrete Zusagen hinsichtlich Beschäftigungssicherung und Arbeitsbedingungen für die Gerling-Belegschaft auszuhandeln.

Im Hintergrund der Bühne ging es um den »Kopf von Hans Gerling«, um seine Rolle an der Spitze des Konzerns. Hans Gerling wirkte wie ein Patriarch aus dem vorigen Jahrhundert. Einmal hatte er uns in sein Büro eingeladen. Wenn ich die Augen schließe, habe ich noch heute den stilvoll eingerichteten Raum vor Augen. In dem gewaltigen Schreibtisch spiegelte sich für mich die geballte Macht eines großen Konzernchefs wider. Soweit ich feststellen konnte, hatte Hans Gerling das Vertrauen der Beschäftigten; Einkommen und Arbeitsbedingungen stimmten. Die Betriebsräte waren auf ihn eingeschworen. Er hatte ihnen zugesichert, keine EDV-Experimente mit Verlust von Arbeitsplätzen und Verschlechterung von Arbeitsbedingungen zuzulassen. So wurden auch wir als externe Arbeitnehmervertreter im Aufsichtsrat angehalten, den durch die Herstatt-Pleite in Schwierigkeiten geratenen Konzernchef zu unterstützen.

Wir Externen hatten zunächst infrage gestellt, ob eine derartige patriarchalische Führung eines großen Konzerns noch zeitgemäß sei. Ich argumentierte, die Verluste von Gerling bei der Pleite der Herstatt-Bank hätten erhebliche Schwachstellen in Management und Konzernaufsicht deutlich werden lassen. Unsere Kritik an Hans Gerling stieß auf den heftigen Widerstand der internen Arbeitnehmervertreter. Trotz mancher Zweifel haben wir uns als externe Gewerkschaftsvertreter schließlich zur Unterstützung von Hans Gerling durchgerungen.

Zunächst wollten die Anteilseigner keine Zugeständnisse für die Beschäftigungssicherheit machen. Doch wir blieben hart. Nach vielen Stunden weit nach Mitternacht stimmten sie endlich zu. Mir half, dass ich aufgrund meiner internationalen Gewerkschaftsverhandlungen kein Neuling mehr war. So rührte ich keinen Tropfen alkoholischer Getränke an. Da ich in jenem November in wenigen Wochen mein zweites Kind erwartete, hatte meine strikte Enthaltsamkeit noch einen anderen Grund. Am 7. Dezember 1978 kam im Krankenhaus Düsseldorf-Gerresheim mein Sohn Christian zur Welt. Sowohl von der Geschäftsleitung, vom Aufsichtsrat und vom Betriebsrat des Gerling-Konzerns wurden mir wunderschöne Blumensträuße ins Krankenhaus geschickt.

Wenn mich meine Erinnerung nicht trügt, gab es in der Verhandlungsnacht bei Gerling eine Bowle mit Waldbeeren. Von den anwesenden Vertretern der Anteilseigner habe ich immer noch das Bild eines gut gelaunten Otto Wolff von Amerongen, Chef des Kölner Otto-Wolff-Konzerns und langjähriger Präsident des Deutschen Industrie- und Handelstages (DIHT), vor Augen, wie auch er sich im nächtlichen Verhandlungsmarathon den kulinarischen Delikatessen zuwandte. Jedenfalls hatten wir am Ende dieser langen Nacht den Auftrag der Arbeitnehmer erfüllt: Hans Gerling wurde als Vorstandsvorsitzender bestätigt – mit Zusagen für die Beschäftigungssicherheit.

Von einem inzwischen pensionierten Spitzenmanager von Gerling, der die »Nacht der langen Messer« miterlebte, habe ich nach fast drei Jahrzehnten folgenden Hinweis erhalten: Ich hätte mich in meinen Redebeiträgen und Fragen in den Aufsichtsratssitzungen »immer besonders für die weiblichen Arbeitnehmer eingesetzt«. Und »erstaunlicherweise« sei »seit dieser Zeit immer eine Mitarbeiterin Vorsitzende des Betriebsrates und damit führende Arbeitnehmervertreterin im Aufsichtsrat der GKA, der Gerling-Konzern, Allgemeine Versicherungs-AG, gewesen«. Das hörte ich natürlich gern.

Ich lernte daraus, dass auch in der Gewerkschaftspolitik »einmalige Lorbeeren« nicht allzu lange halten. Neben fachlicher Kompetenz bedarf ein solches Mandat der intensiven Pflege durch die beteiligte Person. Das habe ich als Neuling nicht ausreichend getan. Ich hätte keine Sitzung versäumen dürfen, aber das war unmöglich, da ich auch in Brüssel und Genf häufig dringende Verpflichtungen hatte. Ich hätte zu Klausurtagungen und Betriebsversammlungen bei Gerling gehen müssen, wozu mir die Zeit fehlte. Ich erkannte, dass ein wichtiger Teil der gewerkschaftspolitischen Arbeit darin besteht, richtige Prioritäten zu setzen. Was richtig und falsch ist, stellt sich allerdings oftmals erst im Nachhinein heraus. »Aus Schaden wird man klug«, war ein geflügeltes Wort meiner Großmutter. Ich nahm es mir zu Herzen. Die praktische Umsetzung gelang mir nicht in allen Fällen. Mit zunehmenden Mandaten und Funktionen als Gewerkschaftsfunktionärin wurde auch die Wahl der Prioritäten schwieriger.

Zu meinen vier Jahren im Aufsichtsrat von Gerling noch ein paar Worte. Es kam einer »mission impossible« gleich, nach beinahe drei Jahrzehnten meine Erinnerungen an die Zeit im Aufsichtsrat von Gerling und insbesondere die Hintergründe der »Nacht der langen Messer« zu belegen. Ich musste erfahren, in welch erschreckendem Maße Unterlagen und Dokumente aus Zeiten vor der Digitalisierung nicht mehr auffindbar sind. Doch bin ich im Fall Gerling auf ein seltenes Beispiel von Beständigkeit gestoßen.

Nach drei Jahrzehnten der gewaltigen Umbrüche und des immer schnelleren Wandels habe ich zumindest eine Konstante der Gerling-Saga wiedergefunden. Rudolf Müller, mein Verhandlungspartner im November 1978, hat die turbulenten Jahrzehnte als Konzernbetriebsratsvorsitzender bis heute überstanden. Er wurde in dieser denkwürdigen Aufsichtsratssitzung zum stellvertretenden Vorsitzenden des Aufsichtsrats gewählt.

Wie er mir am Telefon sagte, hat er sich im Nachfolgekonzern HDI-Gerling Versicherungen inzwischen in die Altersteilzeit begeben. Seit 1966 ist Müller Mitglied der CDU, von 1994 bis 1997 führte er die CDU in Leverkusen an. Dort sitzt er heute noch im Stadtrat.

5

Wie ich die Arbeitnehmer in der Nürnberger Bundesanstalt für Arbeit vertrat

Krach um »Zumutbarkeit« – Einstieg in die Bundesanstalt für Arbeit

Für die Arbeitsmarktpolitik im DGB waren zwei Referenten zuständig. Der langjährige Leiter des Referats war Edmund Duda. Er vertrat den DGB im ehrenamtlichen Vorstand der Bundesanstalt für Arbeit (BA) als alternierender Vorsitzender im jährlichen Wechsel mit dem Arbeitgebervertreter. Solange die Arbeitslosigkeit niedrig war, kümmerte sich kaum jemand in den Gewerkschaften um die Funktion und Organisation der Bundesanstalt für Arbeit. In Zeiten der Vollbeschäftigung war der ehrenamtliche Vorstand der BA vor allem mit Aufgaben wie der Anwerbung ausländischer Arbeitskräfte, der Berufsberatung und der Ausbildung befasst. Er führte in der Gewerkschaftspolitik eher ein Schattendasein. Mit steigender Arbeitslosigkeit wuchs in den Gewerkschaften die Angst vor negativen Rückwirkungen auf die Durchsetzbarkeit ihrer Tarif- und Betriebspolitik. Bei hoher Arbeitslosigkeit sind Arbeitnehmer weniger bereit, für höhere Löhne und bessere Arbeitsbedingungen zu streiken. Auch in den Betrieben ist die Durchsetzung ihrer Ansprüche und Rechte für Gewerkschaften und Betriebs- beziehungsweise Personalräte schwieriger.

Gerd Muhr war deshalb daran interessiert, mich als ausgewiesene Arbeitsmarktexpertin in den Vorstand der BA zu benennen. Ich erhielt zunächst ein Mandat als stellvertretendes Mitglied im Vorstand. Ich nutzte diese Gelegenheit und nahm an allen Sitzungen teil. So konnte ich mich inhaltlich und organisationspolitisch gut einarbeiten. Bei den vorbereitenden Koordinierungssitzungen der Gewerkschaftsseite war ich immer dabei. Dies gab mir Gelegenheit, meine Vorstellungen einzubringen. Ich war froh, mit diesem Mandat endlich ein Standbein auch in der nationalen Arbeitsmarktpolitik zu haben.

Es dauerte jedoch nicht lange, da kam der erste große Krach. Es ging um den Erlass der BA für die »Zumutbarkeit« der von Arbeitslosen anzunehmenden Tätigkeiten. In der *Frankfurter Rundschau* war ein großer Artikel erschienen. Darin wurden mein Kollege Edmund Duda sowie der Abteilungsleiter für Arbeitsmarktpolitik im Bundesarbeitsministerium, Manfred Baden, heftig kritisiert, weil sie einer erheblichen Verschärfung der Zumutbarkeitskriterien zu Lasten der Arbeitslosen zugestimmt hatten.

Zufällig traf ich Gerd Muhr mit seiner Frau an dem Samstag der Veröffentlichung des Artikels. Ich selbst wusste noch gar nichts davon. Ich werde nie vergessen, wie er zu mir sagte: »Du musst jetzt stärker in die BA einsteigen. Ich brauche dich dafür.« Das war der Auftakt zu meinem mehr als drei Jahrzehnte andauernden Engagement in der BA. Mein Kollege Duda, der nachweislich für diesen Entwurf gestimmt hatte, musste den Vorstand verlassen. Gerd Muhr selbst übernahm den Vorstandsvorsitz. Ich wurde zum ordentlichen Mitglied des Vorstandes ernannt.

In der Folgezeit habe ich dieses Mandat im Vorstand der BA zu meiner Hauptaufgabe gemacht. An die Stelle des glücklosen Manfred Baden rückte Wolfgang Bodenbender, den ich aus dem Ministerium für Arbeit, Gesundheit und Soziales von Nordrhein-Westfalen kannte. Mit ihm hatte ich bereits verschiedene gemeinsame arbeitsmarktpolitische Projekte erfolgreich durchgesetzt. Die Staatssekretärin im Bundesministerium für Arbeit und Soziales, Anke Fuchs, eine kompetente und verlässliche Politikerin, zu der ich bis heute ein gutes Verhältnis habe und die früher Mitglied im Hauptvorstand der IG Metall gewesen war, übernahm das Mandat für die Bundesregierung in der BA. Auf der Seite der Arbeitgeber wurde der spätere Hauptgeschäftsführer der Bundesvereinigung der Deutschen Arbeitgeberverbände, Fritz-Heinz Himmelreich, Vorstandsvorsitzender.

Mein Gegenspieler war der BDA-Abteilungsleiter Josef Siegers, ebenfalls ein ausgewiesener Arbeitsmarktexperte, der ursprünglich aus dem Bundesarbeitsministerium kam. Die Sitzungen zur Vorbereitung des Vorstandes und seiner Hauptausschüsse waren hochpolitische Veranstaltungen. Für mich war das ein großer Anreiz, mein Wissen um die organisationspolitischen und personellen Bedingungen der BA zu erweitern.

Als erste Handlung des neuen, politisch stärker besetzten BA-Vorstandes wurde die Zumutbarkeitsanordnung wieder entschärft. Es ging vor allem um die Effizienz der Arbeitsvermittlung der Arbeitsämter. Immer wieder erschienen in den Medien Beispiele, mit denen die Arbeitsunwilligkeit und der Missbrauch der Arbeitslosenunterstützung nachgewiesen werden sollte. Die unendliche Geschichte der vergeblichen Suche deutscher Bauern nach Spargelstechern unter deutschen Arbeitslosen begann an dieser Stelle. Auch gab es damals schon die Klagen, es seien keine Arbeitslosen für die Obsternte zu finden. Dabei ist zu bedenken, dass diese Arbeit für ältere Menschen sehr anstrengend, schlecht bezahlt und bei feuchtem Wetter oft unzumutbar ist. Zudem rissen die Klagen über Arbeitslose nicht ab, die überhaupt nicht oder mit einer Alkoholfahne zum Vorstellungsgespräch erschienen. Je stärker die Arbeitslosigkeit nach 1980 wieder anstieg, desto häufiger gab es mediale Verunglimpfungen von Arbeitslosen. Die Arbeitgeber nahmen dies immer wieder zum Anlass, die Arbeit der Verwaltung der BA bei der Arbeitsvermittlung zu kritisieren. Insbesondere war ihnen ein Dorn im Auge, dass die Arbeitsämter nur selten Sperrzeiten der Arbeitslosenunterstützung gegen Arbeitslose verhängten. Sie vermuteten einen zu laschen Umgang mit den Arbeitslosen.

Aufseiten der Gewerkschaften wurde Arbeitslosen keineswegs ein Freibrief erteilt, angebotene Arbeit abzulehnen. Allerdings bestanden wir darauf, dass die Arbeit auch zumutbar sein müsse. Eine berufliche und einkommensbezogene Herabstufung durfte erst nach drei bis sechs Monaten vergeblicher Vermittlung auf gleicher Ebene durchgesetzt werden. Dies war auch notwendig, um eine Entwertung der beruflichen Qualifikationen und die Verdrängung von Niedrigerqualifizierten aus dem Arbeitsmarkt zu verhindern. Andererseits blieben auch Gewerkschaftsmitglieder nicht unbeeindruckt von den Beispielen der angeblichen Verweigerung.

Die pauschale mediale Schelte der Arbeitsämter und der Arbeitslosen verfehlte ihre Wirkung nicht. Wir waren daher auch als Gewerkschaften in der BA um einen verantwortbaren Mittelweg bemüht. Die pauschale Verunglimpfung und Verurteilung von Arbeitslosen sowie Mitarbeitern in den Arbeitsämtern konnten und wollten wir jedoch nicht gelten lassen. Wir verständigten uns darauf, allen Einzelfällen minutiös nachzugehen.

Das Ergebnis war entlarvend. Mit wenigen Ausnahmen konnten die kritischen Einzelfälle – sofern Ross und Reiter genannt wurden – aufgeklärt werden. Häufig gab es berechtigte Gründe für die Ablehnung einzelner Tätigkeiten. Nicht zumutbare Löhne, Arbeitszeiten, sonstige Arbeitsbedingungen oder Entfernung zur

Arbeitsstelle waren nachweisbare Gründe. Es blieb jedoch eine große Unbekannte: Die Arbeitgeber waren oft nicht bereit, den Arbeitsämtern arbeitsunwillige Arbeitslose zu melden.

Das hauptsächliche Problem – dass es im Zuge eines stagnierenden Wirtschaftswachstums zu wenig Arbeitsplätze gab – wurde von vielen Kritikern ignoriert. Gemeinsam mit den Arbeitgebern unternahmen wir eine Gegenkampagne der Aufklärung in der Öffentlichkeit. Offensichtlich waren unsere Bataillone jedoch zu schwach, die Meinungstendenzen in Wirtschaft, Politik und Wissenschaft gegen die BA waren schon damals stärker.

Die Bedingungen zum Bezug von Leistungen wurden verschärft, die Arbeitslosenversicherungs- und Arbeitslosenhilfeleistungen verringert. Helmut Schmidt wollte die Wirtschaft und die Beitragszahler von Kosten entlasten. Es war viel von »Auswüchsen« bei Sozialleistungen und »sozialer Hängematte« die Rede.

Je höher die Arbeitslosigkeit stieg, desto abhängiger wurde die BA von Zuschüssen aus dem Bundeshaushalt. Damit war die Nürnberger BA mitten in der politischen Auseinandersetzung um die rapide wachsende Verschuldung des Staates gelandet, was den Streit um die Effizienz der Arbeitsvermittlung und damit der Bundesanstalt insgesamt immer weiter anheizte. Trotz aller Unterschiede bei der Interessenvertretung auf Arbeitgeber- und Arbeitnehmerseite gab es jedoch einen Grundkonsens: Wir wollten die Bundesanstalt erhalten und ihr eine Zukunftsperspektive ermöglichen.

Dies hatte auch etwas mit der sozialstaatlichen Verankerung und dem sozialpartnerschaftlichen Verantwortungsbewusstsein der beiden führenden Persönlichkeiten zu tun. Dabei denke ich an Gerd Muhr und Fritz-Heinz Himmelreich. Beide hatten die politische, wirtschaftliche und soziale Entwicklung der Bundesrepublik nach dem Zweiten Weltkrieg nicht nur miterlebt, sondern diese über viele Jahre auch mitgestaltet. Sie fühlten sich dem Sozialstaat Bundesrepublik im wahrsten Sinne des Wortes persönlich verpflichtet. Ich erinnere mich noch gut an ein Gespräch mit Himmelreich Anfang der 1980er-Jahre, das er mit dem beinahe resignierten Hinweis schloss: »Sie können sich nicht vorstellen, wie hart die Kritik unserer Mitgliedsverbände und Unternehmen an der Arbeitsvermittlung der Bundesanstalt ist. Wir haben alle Hände voll zu tun, zu verhindern, dass sich dies gegen die BA insgesamt wendet. Ich habe große Sorge, was mit der Bundesanstalt und unserem Sozialstaat geschehen wird, wenn unsere Generation einmal abtritt.«

Mich haben diese Worte schon damals sehr beeindruckt und bis heute nicht losgelassen. Je länger ich auf die Entwicklung eines Vierteljahrhunderts zurückblicke, desto mehr muss ich zugeben, dass Himmelreich mit dieser Beurteilung recht hatte. Bei einem realistischen Rückblick komme ich jedoch ebenso zu folgender Erkenntnis: Wir hätten damals die Effizienz der Arbeitsvermittlung konsequenter verbessern sollen, was durchaus möglich gewesen wäre.

In der Bundesanstalt war die anfängliche Harmonie von Gewerkschaften und Bundesregierung nicht von langer Dauer. Nach der zweiten Erdölkrise 1979/80, die in den Industrieländern gravierende Wirtschaftseinbrüche auslöste, stieg in der Bundesrepublik die Arbeitslosigkeit. Im Winter 1981 erreichte sie die Zweimillionengrenze. Die sozialliberale Koalition unter Helmut Schmidt reagierte auf die wirtschaftliche Abschwächung mit Haushaltskonsolidierung und Sozialabbau. Dadurch verschärften sich die Auseinandersetzungen zwischen Bundesregierung und Gewerkschaften.

Zur Bekämpfung konjunktureller Arbeitslosigkeit wäre eine antizyklische Wirtschafts- und Finanzpolitik erforderlich gewesen, also Konjunkturprogramme. Dazu war Helmut Schmidt zum Ende seiner Regierungszeit jedoch nicht mehr bereit. Stattdessen wollte er die zunehmende öffentliche Verschuldung durch Erhöhung der Sozialversicherungsbeiträge und Ausgabenkürzungen im sozialen Bereich bremsen. Leistungen und Maßnahmen von Arbeitslosenversicherung und Arbeitsmarktpolitik wurden erheblich eingeschränkt. Die Argumente der Gewerkschaften hatten bei ihm und einigen seiner wichtigen Minister wenig Gewicht.

Als sich die Sparmaßnahmen auch gegen den öffentlichen Dienst richteten, waren die Proteste der Gewerkschaften nicht mehr unter der Decke zu halten. Als zuständige Arbeitsmarktexpertin des DGB musste ich gegen die Sparpolitik der Regierung zu Felde ziehen. Im Frühjahr und Sommer 1982 eskalierte der Streit um die Höhe der Rentenbeiträge, des Arbeitslosengeldes und um eine Kostenbeteiligung zur gesetzlichen Krankenversicherung. Als der damalige Finanzminister Manfred Lahnstein zu Lasten der Arbeitnehmer und Rentner einen Sparhaushalt vorlegte, organisierten die Gewerkschaften große Protestaktionen. Die von Helmut Schmidt geführte Bundesregierung zog die Sparmaßnahmen trotzdem durch.

Zu diesem Zeitpunkt blies Gewerkschaftsfunktionären und Gewerkschaftsmitgliedern ein rauer Wind gleich von mehreren Seiten ins Gesicht. Anfang 1982 enthüllte der *Spiegel* die Skandale um den gewerkschaftseigenen Wohnungsbaukonzern Neue Heimat. Der Skandal schädigte das Ansehen der als Eigentümer und Aufseher verantwortlichen Gewerkschaftsspitzen. Er diskreditierte zudem die Idee der Gemeinwirtschaft und schwächte die Handlungsfähigkeit der Gewerkschaften.

1981, zu Beginn des neuen Jahrzehnts, hatten die Gewerkschaften in der Bundesrepublik immerhin acht Millionen Mitglieder organisiert. Zur zusätzlichen Finanzierung ihrer gewerkschaftlichen Arbeit konnten die DGB-Gewerkschaften auf ein eigenes Wirtschaftsimperium zurückgreifen, das im internationalen Vergleich seinesgleichen suchte: Neue Heimat, Volksfürsorge, Bank für Gemeinwirtschaft, co op AG.

So wie viele andere wurde auch ich vom Skandal »Neue Heimat« getroffen. Unsere Arbeit an der Spitze des DGB wurde über Jahre hinaus erschwert. Durch das Versagen von Aufsehern und Managern sind große Teile unseres gewerkschaftlichen Wirtschaftsvermögens verloren gegangen. Dies hat auch bei unseren Mitgliedern und in der breiten Öffentlichkeit zu einem schmerzlichen Vertrauensverlust geführt.

Wirtschaftsminister Otto Graf Lambsdorff (FDP) veröffentlichte am 9. September 1982 sein »Konzept für eine Politik zur Überwindung der Wachstumsschwäche und zur Bekämpfung der Arbeitslosigkeit«. Damit leitete er das Ende der sozialliberalen Koalition ein. Der Weg für andere politische Mehrheiten wurde geebnet. Helmut Schmidt wurde drei Wochen später durch ein konstruktives Misstrauensvotum gestürzt. Helmut Kohl (CDU) war nach mehreren Anläufen am Ziel und wurde Bundeskanzler.

Die Gewerkschaften gerieten in der schwarz-gelben Regierungskoalition zunehmend in die Defensive. Das sogenannte »Lambsdorff-Papier« wurde von der Regierung Kohl/Genscher zur Einleitung einer »Politikwende« genutzt. Es galt, eine neue Runde des breiten Sozialabbaus vorzubereiten. Kein Bereich der Sozialversicherung sowie des Arbeits- und Sozialrechts sollte verschont werden. Besonders einschneidende Vorschläge waren die Verringerung des Bezuges von Arbeitslosengeld auf ein Jahr und die Heraufsetzung des Rentenalters. Aber auch »Folterinstrumente« wie die Einschränkung der Lohnfortzahlung im Krankheitsfall gehörten zum Katalog.

Ich war der Meinung, dass man das nicht hinnehmen konnte und dass es keine wirtschaftliche und soziale Grundlage für derartige Maßnahmen gab. Ich habe Artikel dazu geschrieben und habe meine Kritik geäußert, wo immer ich konnte. Aber mehr als Proteste anzuregen, konnte der DGB nicht tun.

Aufstieg im DGB – Abteilung Arbeitsmarktpolitik

Nach meiner Berufung in den Vorstand der BA befand ich mich in einem ständigen Dilemma. Ich musste den DGB innerhalb und außerhalb der BA in der Arbeitsmarktpolitik vertreten. Jedoch hatte ich keinen Zugriff auf das zuständige Referat Arbeitsmarktpolitik bei der Bundesvorstandsverwaltung. Dies wurde nach wie vor von meinem Kollegen Edmund Duda geleitet. Er hatte Gerd Muhr nicht verziehen, dass er aufgrund des »Zumutbarkeitsskandals« den Vorstand der BA hatte verlassen müssen. Seine Bereitschaft, mich als Mitglied des Vorstandes zu unterstützen, war daher sehr begrenzt. Ich fasste mir ein Herz und machte Gerd Muhr auf diese untragbaren Bedingungen aufmerksam. Der geschäftsführende Bundesvorstand des DGB beschloss daraufhin die Bildung einer neuen Abteilung Arbeitspolitik unter meiner Leitung. Die Referate zur Arbeitsmarktpolitik wurden in diese neue Abteilung eingegliedert. Darüber hinaus behielt ich weiterhin die Verantwortung für die internationale Sozialpolitik.

Zuallererst musste ich mich in die Strukturen der BA einarbeiten. Ich stellte sehr bald fest: Institutionen, ihre Strukturen und die personelle Besetzung der Schlüsselfunktionen sind mindestens so wichtig wie die Sachfragen der Arbeitsmarktpolitik.

Die BA war als öffentliche Körperschaft mit Selbstverwaltung Teil der Sozialversicherung und weitgehend unabhängig von der

Bundesregierung. Das Bundesministerium für Arbeit und Soziales hatte nur über wenige Bereiche die Fachaufsicht, zum Beispiel die Arbeitsmarktstatistik. Dies ist politisch besonders brisant: Ein Vierteljahrhundert später (2002) hat Gerhard Schröder als sozialdemokratischer Bundeskanzler die Mängel der Bundesanstalt im Bereich Arbeitsmarktstatistik zum Anlass genommen, die BA mit ihren Selbstverwaltungsstrukturen in die Knie zu zwingen. Die Verwaltung der BA wurde von einem hauptamtlichen Präsidenten und Vizepräsidenten geleitet, die Beamte auf Lebenszeit waren. Alle wesentlichen Entscheidungen lagen bei der Selbstverwaltung: so die Arbeitsmarkt-, Organisations-, Personal-, Haushalts- und Finanzpolitik. Sowohl auf der Ebene der Landesarbeitsämter wie der Bezirksarbeitsämter gab es dreigliedrige Selbstverwaltungsgremien. Diese Verwaltungsausschüsse, geleitet von Arbeitgebern und Gewerkschaften im jährlichen Wechsel, hatten wichtige Entscheidungskompetenzen.

Eines lernte ich bei meiner Koordinierungsaufgabe für die BA besonders schnell: Die Besetzung der Funktionen von Präsidenten und Vizepräsidenten der Landesarbeitsämter durch den Verwaltungsrat war besonders wichtig. Bei neun Landesarbeitsämtern und insgesamt 18 Führungsfunktionen war häufig über Neubesetzungen zu entscheiden. Ich musste mich also rechtzeitig um geeignete Personen kümmern. Sie mussten fachlich qualifiziert und für uns als Gewerkschaften akzeptabel sein. Darüber hinaus mussten sie auch zumindest für eine der anderen beiden Gruppen, also Arbeitgeber oder Bundesregierung, präsentabel sein.

Mein besonderes Anliegen war dabei, mehr Frauen vorzuschlagen und durchzusetzen. Wie überall gelang mir dies nur für die Stellvertreterpositionen. Die Funktionen der Präsidenten der Landesarbeitsämter verteilten die Herren der Schöpfung lieber unter sich selbst. Inzwischen habe ich immerhin die Genugtuung, dass zwei der unter meiner Mitwirkung durchgesetzten stellvertretenden Landesarbeitsamtspräsidentinnen inzwischen die Leitung großer Regionaldirektionen innehaben: Frau Eva Strobel in Baden-Württemberg und Frau Margit Haupt-Koopmann in Berlin-Brandenburg.

Ein großes Gerangel gab es bei den ständigen Besetzungen der Positionen für Arbeitsamtsdirektoren mit verschiedenen Besoldungsstufen je nach Größe und Bedeutung der jeweiligen Arbeitsämter. Natürlich spielte die politische Farbenlehre sowie die Nähe zur Arbeitgeber- und Arbeitnehmerseite dabei eine entscheidende Rolle. Am Ende musste immer ein Kompromiss stehen. Ausschlaggebend war die fachliche Kompetenz. Zudem durfte keine der drei Gruppen – Arbeitgeber, Arbeitnehmer und öffentliche Bank – dauerhaft verärgert werden. Das Recht zur Nominierung von Präsidenten und Vizepräsidenten der BA lag bei der jeweiligen Bundesregierung. Die Entscheidung über die Benennung hatte der Verwaltungsrat. Damit hatten wir als Selbstverwaltung ein wichtiges Pfand in der Hand. Dies galt nicht nur für die Steuerung der Politik der BA nach dem Ausspruch »Wes Brot ich ess, des Lied ich sing«. Es war auch »Handelsobjekt« in vielen Konfliktsituationen zwischen Gewerkschaften, Arbeitgebern und Bundesregierung.

Alle diese Zusammenhänge zu kennen war Voraussetzung dafür, effektiv handeln zu können, und ich eignete mir dieses Wissen so schnell wie möglich an.

Intermezzo Schleswig-Holstein – Vom SPD-Ortsverein ins Schattenkabinett

Durch meine Arbeit im Wirtschafts- und Sozialwissenschaftlichen Institut (WSI) war ich näher an die Politik herangerückt. Ich fand es an der Zeit, Mitglied der SPD zu werden. Für mich gab es keine Alternative zu dieser Partei. Schließlich war ich eine »Aufmüpfige«, die dem Schicksal einer gutbürgerlichen Ehefrau entkommen war und beruflich auf eigenen Beinen stehen wollte. Die Familienpolitik der CDU entsprach dem kaum. Auch hatte ich mir während des Studiums Einblicke in die jüngere Geschichte, insbesondere das Versagen der demokratischen Kräfte nach dem Ersten Weltkrieg, verschafft und auch die historische Rolle der SPD studiert. Dass die Sozialdemokraten als einzige Partei gegen die Ermächtigungsgesetze der Nationalsozialisten votiert und wie sie in der Weimarer Republik die Staatsform einer pluralistischen Demokratie getragen hatten, machte auf mich einen nachhaltigen Eindruck. Vor allem die Politik von Willy Brandt hat mich letztendlich motiviert, in die Partei einzutreten. Als Außenminister und Vizekanzler in der Großen Koalition unter Kurt Georg Kiesinger und dann als Bundeskanzler der sozialliberalen Regierung war Brandt für mich die überzeugende Führungspersönlichkeit, die im geteilten Deutschland richtungsweisend sein konnte. Ich verfolgte mit Spannung sein Bemühen um eine Entkrampfung der Verhältnisse der Bundesrepublik zur DDR, zu Polen und der Sowjetunion. Ausschlaggebend für meinen Beitritt zur SPD war aber vor allem seine überzeugende Reformpolitik. Er trat für die Mitbestimmung, für die Gleichstellung der Frauen in Beruf, Politik und Gesellschaft sowie für die weitreichende Verbesserung der Rechte von Arbeitnehmern ein.

So wurde ich am 1. September 1972 Mitglied der SPD, Bezirk Niederrhein. Ich gehörte zunächst zum Ortsverein Düsseldorf-

Gerresheim-Süd. Der Vorsitzende dieses Ortsvereins wohnte damals in unmittelbarer Nähe unserer Wohnung. Ich traf ihn häufiger auf der Straße, und wir redeten über unsere Partei. Er forderte mich eines Tages auf, doch aktiver in die Arbeit der SPD einzusteigen. So begann ich, an den Sitzungen des Ortsvereins der SPD teilzunehmen. Als es verschiedene Funktionen im Ortsverein neu zu besetzen galt, wurde ich als Schriftführerin vorgeschlagen und auch gewählt. Meine Tätigkeit beim WSI und bei den Gewerkschaften ließ mich als besonders geeignet für diese Aufgabe erscheinen. Ich hatte bei meiner Wahl keine Vorstellung von dem, was auf mich zukam. So musste ich bei allen Sitzungen des Ortsvereins anwesend sein, da ich die Protokolle zu verfassen hatte. Darüber hinaus musste ich die Vorbereitung und Einladung für die Sitzungen des Ortsvereins übernehmen.

Es war nicht leicht, dies mit meiner neuen Tätigkeit beim DGB zu vereinbaren. Als Referatsleiterin für Internationale Sozialpolitik musste ich häufig nach Brüssel und Genf fliegen, und die Koordinierung mit den Terminen des Ortsvereins führte zu Problemen. Eine gravierende Belastung war das endlose Palaver der Parteigenossen bis in die Nacht hinein. Viele aktive Mitglieder unseres Ortsvereins hatten Teilzeitjobs im öffentlichen Dienst, vor allem in den nahe gelegenen Krankenanstalten. Ich will keinesfalls behaupten, dass die Arbeit dort weniger kräftezehrend war als meine Tätigkeit im DGB. Aber in jedem Fall hatten die Genossinnen und Genossen mehr freie Zeit als ich. Zudem musste ich mir selbst eingestehen: Die Prioritätensetzung bei den anstehenden Themen war für mich schwierig. Ich war nicht davon überzeugt, im SPD-Ortsverband lange Debatten über die Aufstellung von Mülltonnen und Verkehrsampeln zu führen. Ich war damals leider noch nicht selbstbewusst genug, Fragen der Sozial- und Arbeitsmarktpolitik in die Debatte einzubringen.

Ich weiß auch nicht, ob meine Themen in diesem Kreis meist verbeamteter Genossen und Genossinnen auf größeres Interesse gestoßen wären. Die Beschäftigung mit personellen Querelen spielte leider damals schon eine beherrschende Rolle. Aber noch schwieriger war die Logistik bei der Verschickung der Einladungen. Unser Ortsverein hatte etwa 200 Mitglieder. Darauf waren wir stolz. Allerdings schwand meine Begeisterung sehr schnell, da ich für alle Mitglieder Einladungsschreiben anfertigen musste und alle Briefe mit Adressaufklebern zu versehen waren.

Die Büromaterialien musste ich im Büro des Unterbezirks Düsseldorf abholen. Um Geld für Briefmarken zu sparen, sollte ich die Einladungsbriefe persönlich verteilen. Zuallererst erwirkte ich beim Unterbezirk, dass meine Einladungsschreiben gestempelt und mit der Post versandt wurden. Ansonsten ergab ich mich in mein Schicksal. In meiner knappen Freizeit fertigte ich die 200 Einladungsschreiben ordnungsgemäß an und adressierte die Briefe. Mit der Abfassung der Protokolle geriet ich häufiger in Rückstand, konnte diesen jedoch relativ zeitnah wieder aufholen.

Nach zwei Jahren war die Neubesetzung des Vorstandes und des Schriftführers angesetzt. Ich erwartete inzwischen mein erstes Kind und wollte nicht nächtelang in verrauchten Kneipen sitzen. Die Mitglieder des Ortsvereins hatten dafür Verständnis. Ich konnte daher ohne Querelen mein Amt als Schriftführerin abgeben.

Einige Wochenenden musste ich noch dranhängen, um den Aktenordner mit den Protokollen auf den letzten Stand zu bringen. Dann konnte ich ihn mit einem Seufzer der Erleichterung an meinen Nachfolger übergeben. Ich war heilfroh, diesen aktiven Part in der Arbeit des SPD-Ortsvereins Gerresheim-Süd ohne Blessuren überstanden zu haben. In der Folgezeit hatte ich mehr als genug mit der Vereinbarkeit meiner Tätigkeit im DGB und den Anforderungen durch unsere Familie zu tun. Natürlich verfolgte ich die Politik der SPD auch weiterhin als aktives Mitglied und als Wählerin. Ich konnte bei verschiedenen Veranstaltungen der SPD als DGB-Arbeitsmarktexpertin Flagge zeigen.

Im Januar 1983 erhielt ich einen Anruf von Gerd Walter, rechte Hand von Björn Engholm. Engholm war Vorsitzender der SPD in Schleswig-Holstein und kandidierte gerade für das Amt des Ministerpräsidenten. Gerd Walter bat mich im Auftrag von Björn Engholm, am Wahlkampf in Schleswig-Holstein aktiv als Mitglied des Schattenkabinetts mitzuwirken. Es ging um die Landtagswahlen in Schleswig-Holstein am 13. März 1983. Gegenspieler von Engholm war der amtierende Ministerpräsident der CDU, Uwe Barschel. Ich war gern bereit, Engholms Angebot anzunehmen. Mit meinem Chef beim DGB, Gerd Muhr, konnte ich für die Zeit des aktiven Wahlkampfes im März drei Wochen Urlaub vereinbaren. Der DGB als Einheitsgewerkschaft musste selbstverständlich auf die gebotene parteipolitische Unabhängigkeit achten. Dies hieß allerdings nicht, parteipolitisch enthaltsam zu sein. So konnte ich mit dem Segen des DGB und meines Chefs Gerd Muhr dem Wahlkampfteam von Björn Engholm beitreten.

Am Montag, den 7. Februar 1983, fand ich mich im Kieler Landtag vor der Landespressekonferenz wieder. Dort wurde die achtköpfige »Engholm-Mannschaft« zur Landtagswahl in Schleswig-Holstein vorgestellt. Dem Schattenkabinett gehörten vier Männer und vier Frauen an. Der *Spiegel* kommentierte: »Zum ersten Mal präsentierte ein Anwärter auf das Ministerpräsidentenamt eines Bundeslandes den Wählern keine Mannschaft, sondern ein paritätisch besetztes Team.«

Engholm, der unter Helmut Schmidt von 1981 bis 1982 Minister für Bildung und Wissenschaft war, wollte mir die Wirtschafts-

und Arbeitsmarktpolitik übertragen. Er reagierte damit auf die Tatsache, dass die erheblich gestiegene Arbeitslosigkeit – nicht zuletzt bedingt durch branchenspezifische Krisen, etwa im Schiffsbau – ein wichtiges Wahlkampfthema werden würde. Bei einem glücklichen Ausgang der Landtagswahl sollte ich das Wirtschaftsministerium übernehmen. Die Kreisvorsitzende der Arbeitsgemeinschaft sozialdemokratischer Frauen (AsF) Schleswig-Flensburg, Monika Nielsky, begrüßte gegenüber der *Schleswig-Holsteinischen Landeszeitung* ausdrücklich meine Ankunft in der Landesszene: »Vor dem Hintergrund der sich weiter ausbreitenden Arbeitslosigkeit, die immer stärker die Frauen betrifft, ist die Berufung von Dr. Ursula Engelen-Kefer in die Regierungsmannschaft ein besonders guter Griff.«

Ich war froh und stolz, diese Aufgabe zu übernehmen. Ich war ja noch nicht lange SPD-Mitglied, und plötzlich gehörte ich zu einer Regierungsmannschaft. Offenbar war meine bisherige Arbeit nicht unbeachtet geblieben. Ich sah in der Mitwirkung beim Wahlkampf eine große Chance, mich weiterzuentwickeln und Erfahrungen zu sammeln. Björn Engholm schätzte ich sehr, und den Norden Deutschlands fand ich reizvoll.

Wenn ich heute an den winterlichen Landtagswahlkampf in Schleswig-Holstein zurückdenke, dann tauchen vor allem die Angstbilder der endlosen Autofahrten über glatte, vereiste Landstraßen auf. Die Sozialdemokraten hatten sich in dieser Landtagswahl sehr hohe Ziele gesetzt. Zwar hatte der Vorsitzende des FDP-Landesverbandes, Uwe Ronneburger, eine Koalitionsaussage zugunsten der SPD ausgesprochen, doch musste die FDP erst einmal die Fünfprozenthürde überspringen. Zum anderen bestand das Risiko, dass sich die zeitliche Nähe zur Bundestagswahl am 6. März 1983 – nur eine Woche vor der Landtagswahl am 13. März 1983 – zum Nachteil der Sozialdemokraten auswirkte.

Höchste Priorität sollte im Wahlkampf die gezielte Bekämpfung der hohen Arbeitslosigkeit erhalten. Diese hatte Anfang des Jahres 1983 in den Randlagen Schleswig Holsteins 17,5 Prozent erreicht und lag landesweit mit zwölf Prozent deutlich über dem Durchschnitt der Bundesrepublik.

Vor dem Hintergrund dieser recht düsteren Situation fiel es mir als Expertin nicht schwer, bei den Menschen Aufmerksamkeit zu finden. Aus den konkreten Fragen, die mir von Alt und Jung gestellt wurden, habe ich viel gelernt. Denn immer wieder gab es Problemstellungen, auf die ich nicht vorbereitet war. Wie sollte die Zukunft der Beschäftigten auf den Werften aussehen? Welche Probleme gab es im Bereich Landwirtschaft und Fischerei, und wie könnten sie gelöst werden?

Bis dahin hatte ich noch nie aktiv an einem Wahlkampf teilgenommen. Ich tourte mit einem SPD-Referenten von Ende Februar bis 12. März durch Dörfer und Städte in Schleswig-Holstein. Mit Ausnahme der Sonntage waren wir täglich von 9 Uhr bis Mitternacht auf Achse. Es war oft nass, windig und bitterkalt.

Anfangs musste ich einen mir zur Verfügung gestellten Kleinwagen selbst fahren. Welche Automarke es war, habe ich vergessen. Als jedoch die Fahrten immer mehr auf die Dörfer gingen, wo das Auffinden von Gasthäusern und anderen Versammlungsorten recht schwierig war, hatte die SPD Erbarmen mit mir. Ich bekam einen ortskundigen Begleiter, der auch das Fahren übernahm. Auf diese Weise war gewährleistet, dass wir pünktlich zu den vereinbarten Wahlauftritten erschienen.

In dem Wahlkampf konnte ich die Diskriminierung der SPD am eigenen Leib erfahren. Die regional dominierende Zeitung berichtete lediglich über die Akteure der Regierungspartei, also der CDU. Uns als Kandidaten und Kandidatinnen der SPD ließ sie »links« liegen. Fast einen ganzen Wahlkampftag habe ich in

Redaktionsgespräche und Interviews bei den *Kieler Nachrichten* investiert. In der Zeitung ist jedoch nichts erschienen. Die örtlichen SPD-Wahlkämpfer klärten mich danach auf, dass dies gängige Praxis gegenüber der Partei sei. Noch heute kann ich mich an die Empörung meines Mannes über solche Praktiken erinnern. Engholms Strategen hatten ihren Wahlkampf deshalb so organisiert, dass die Mitglieder des Schattenkabinetts in Dörfern und kleinen Städten Schleswig-Holsteins die lokalen Zeitungen besuchten. Und diese Taktik hat funktioniert.

Wenn die »Engholm-Wende« am 13. März 1983 auch nicht gelang, so war für mich die Wahlkampftortur im damals winterlich-unwirtlichen Schleswig-Holstein eine Erfahrung, die ich nicht missen möchte. Wir hatten ein hervorragendes Team, ich verstand mich gut mit den anderen Frauen, Björn Engholm war ein sehr angenehmer Mensch, Gerd Walter ein erfahrener Wahlkampfstratege. Ich hatte es mit feinsinnigen, differenzierten Menschen zu tun. Es gab nicht die übliche Parteihierarchie, wir waren alle auf gleicher Augenhöhe und unseren Wahlkampfzielen verpflichtet.

Bis heute habe ich aus dieser Zeit gute Kontakte und Freunde. Im Hotel Kieler Kaufmann, an einem Park gelegen, waren wir gut untergebracht. Ich hatte ein angenehmes Zimmer. Noch heute erinnere ich mich daran, wie sehr ich mich nach einer langen Wahlkampftour in bitterer Kälte auf ein heißes Bad freute. Und es gab ein wunderbares Frühstücksbuffet, sodass ich mich für den langen Wahlkampftag stärken konnte. Sonntags hatten wir frei und führten Gespräche mit den anderen Mitgliedern des Teams. Ich liebte besonders die Spaziergänge an der Kieler Förde.

Der Analyse des Wahlergebnisses in der *Zeitschrift für Parlamentsfragen* konnte ich entnehmen, dass Engholms »Frauenquartett« die Frauen in Schleswig Holstein mehr zur SPD gezogen hat.

»Während traditionell die Frauen immer noch zu einem höheren Prozentsatz als die Männer CDU wählten«, so das Fazit, »hat sich in Bezug auf die SPD eine Umkehrung vollzogen. Bei der Landtagswahl 1983 haben erstmalig die Frauen zu einem höheren Anteil als die Männer SPD gewählt.«

»Liebe Ursula«, so dankten mir unter dem Datum des 14. März 1983 die Genossen Günther Jansen, Klaus Rave und Björn Engholm, »du hättest sicherlich eine regierungsoffizielle Ernennungsurkunde bekommen. Richtig. Es ist noch in unserer Zusammenarbeit viel zu früh, um Entlassungsurkunden auszuhändigen. Und das wollen wir hiermit auch nicht tun; aber für den SPD-Landesverband und die 726 610 Wählerinnen und Wähler der Sozialdemokratischen Partei möchten wir dir Dank sagen für Dein Engagement um unserer gemeinsamen Sache willen. Es hat sich gelohnt! Lasst uns zusammen weitermachen.«

Natürlich freute ich mich sehr über diese Worte.

Drei Jahre nach der Landtagswahl in Schleswig-Holstein fragte mich Brunhilde Peter, Ministerin des Saarlandes für Soziales, Arbeit und Gesundheit, ob ich bereit wäre, für den SPD-Parteivorstand zu kandidieren. Hinter ihr stand Inge Wettig-Danielmeier, von 1981 bis 1992 Bundesvorsitzende der AsF. Sie half mit, auf dem Münsteraner Parteitag im August 1988 den Beschluss durchzusetzen, wonach Frauen in Parteiämtern und Mandaten über eine Pflichtquote von 40 Prozent zu beteiligen waren. Mit solcher Unterstützung von höchster weiblicher Seite waren für mich die Aussichten gut, einen der für Frauen quotierten Vorstandsplätze zu erreichen. Ich sagte zu und wurde auf dem Parteitag der SPD im August 1986 in Nürnberg zum Mitglied des Parteivorstandes der SPD gewählt. Bis heute bin ich Mitglied des Parteivorstandes und habe inzwischen zehn ordentliche Parteitage und neun Parteivorsitzende erlebt.

Die »Ära-Stingl« – Eine Brücke zur Geschichte

Als ich zum ersten Mal von der Bundesanstalt für Arbeit hörte, gab es noch die Redensart »Ich arbeite bei der Firma Stingl«. Gemeint war »Ich bin arbeitslos«.

Zu jener Zeit hatte Bundeskanzler Helmut Schmidt dem Verkünder der monatlichen Arbeitslosenstatistik den Spitznamen »Bundesunke« verpasst. Stingl stand 16 Jahre lang – von 1968 bis zu seiner Pensionierung 1984 – an der Spitze der Bundesanstalt. Für mich verkörpert er diese Institution wie kein anderer Präsident vor und nach ihm. Er war kurz nach dem Zweiten Weltkrieg der CDU beigetreten und hatte sich in Berlin als CDU-Kommunalpolitiker profiliert. Nach dem Umzug nach Bayern wechselte er zur CSU. Seine akademischen Titel wurden ihm für seine Verdienste in der Arbeitsmarkt- und Sozialpolitik verliehen. Er bekam Respekt nicht nur vonseiten der Politik, sondern auch vonseiten der Arbeitgeber und Gewerkschaften.

Die gelegentlichen Zusammenstöße mit einer der drei Gruppen aufgrund seiner häufigen öffentlichen Auftritte taten dem keinen Abbruch. Er trat in seinem BA-Reich nicht nur gern wie ein »Barockfürst« auf, sondern regierte auch so. Vom »Arbeitslosenpalast« an der Regensburger Straße in Nürnberg aus steuerte er ein Imperium von 146 Arbeitsämtern mit einer Beschäftigtenzahl, die sich von seinem Amtsantritt im Jahr 1968 bis zu seinem Ausscheiden im Frühjahr 1984 von rund 32 000 auf über 61 000 fast verdoppelt hatte. Da hatte er den Segen der Politik und die Hilfe einer Gesetzgebung, die er maßgeblich mitgestaltet hatte.

Die Bundesanstalt als Körperschaft des öffentlichen Rechts mit einer dreigliedrigen Selbstverwaltung war weitgehend unabhängig von Weisungen der Bundesregierung. Dreigliedrig heißt im Fall der BA: Arbeitgeber, Gewerkschaften und öffentliche Bank sind zu je einem Drittel im Vorstand und Verwaltungsrat vertreten. Die Mitglieder beider Gremien arbeiten in ehrenamtlicher Funktion. Sie erhalten nur eine sehr bescheidene Aufwandsentschädigung. Allerdings muss der jährliche Sach- und Personalhaushalt der BA durch die Bundesregierung genehmigt werden. Dies verlief lange Jahre ohne größere politische Konflikte – solange die Arbeitslosigkeit niedrig blieb und die BA keinen Zuschuss von der Bundesregierung brauchte. Stingls Vorgänger Anton Sabel hatte ihm eine ansehnliche Finanzrücklage hinterlassen. Der sogenannte »Sabel-Turm« erreichte die stolze Summe von 6,6 Milliarden DM.

Die heutige Bundesagentur für Arbeit hat eine ehrwürdige Tradition. Deshalb lohnt sich ein kurzer Rückblick auf ihre Geschichte. Und für mich funktioniert Josef Stingl als ideale Brücke zur Geschichte der deutschen Arbeitsverwaltung, der Arbeitsvermittlung und Arbeitslosenversicherung.

Die Bundesanstalt für Arbeit erhielt ihren Namen und wesentliche Neuerungen im Bereich Organisation, Leistungsrecht und Fachaufgaben durch das Arbeitsförderungsgesetz vom 25. Juni 1969. Ihre Vorgängerin hieß Bundesanstalt für Arbeitsvermittlung und Arbeitslosenversicherung und wurde am 1. Mai 1952 mit Sitz in Nürnberg errichtet. Julius Scheuble (1952–1957) und Anton Sabel (1957–1968) waren die ersten Präsidenten, ehe Josef Stingl die Leitung der Behörde übernahm. Sie hat eine Geschichte, die bis zur Gründung des Verbandes Deutscher Arbeitsnachweise ins Jahr 1898 zurückreicht. Dem Verband Deutscher Arbeitsnachweise folgte dann auf der Grundlage des Arbeitsvermittlungs- und Arbeitslosenversicherungsgesetzes 1927 die Reichsanstalt. Über den Verband der Arbeitsnachweise wurde das gesamte Deutsche Reich von einem Netz aus öffentlichen, meist kommunalen oder gemeinnützigen, unentgeltlich tätigen und paritätisch von Arbeitern und Arbeitgebern geleiteten Arbeitsvermittlungseinrichtungen überzogen. Gefördert wurde der Aufbau einer Arbeitsverwaltung im Verbund mit einer dreigliedrigen Selbstverwaltung nicht zuletzt durch die ein Jahr nach Ende des Ersten Weltkrieges in Genf gegründete Internationale Arbeitsorganisation (IAO).

Immer wenn ich in den nachfolgenden Jahrzehnten mit den zum Teil gehässigen Angriffen auf die Selbstverwaltung der Bundesanstalt und der anderen Sozialversicherungsinstitutionen konfrontiert war, musste ich an Persönlichkeiten der deutschen Geschichte denken, die vor vielen Jahren schon in den Selbstverwaltungen für die soziale Sicherung von Millionen Menschen tätig waren.

So gehörte der erste Bundeskanzler der Bundesrepublik, Konrad Adenauer, von 1927 bis 1932 dem Verwaltungsrat der Reichsanstalt an. Mitglied des Verwaltungsrates der Reichsanstalt sowie gleichzeitig Beisitzer im Verwaltungsausschuss der Landesarbeitsämter Westfalen und Rheinland war von 1928 bis1933 der Reichstagsabgeordnete Hans Böckler, der 1949 zum Ersten Vorsitzenden des neu gegründeten Deutschen Gewerkschaftsbundes gewählt wurde.

Als ehemalige Verwaltungsratsmitglieder der Arbeitsverwaltung vor der Zeit des Nationalsozialismus waren die Gründerväter unserer Republik, wie Adenauer und Böckler, mit Arbeitsweise und Bedeutung der Arbeitsverwaltung vertraut – mehr als mancher ihrer Nachfolger. So hat Hans Böckler bei den Verhandlungen über die Wiedererrichtung der Bundesanstalt eine nicht unwichtige Rolle gespielt. Es gab auch Persönlichkeiten in der Geschichte der deutschen Arbeitsverwaltung, die stellvertretend für die Opfer des Naziterrors stehen, wie etwa Fritz Elsas, der im Januar 1945 wegen Beteiligung am politischen Widerstand im

KZ Sachsenhausen ermordet wurde. Parallel zu seiner Laufbahn als Kommunal- und Landespolitiker in Stuttgart und Berlin hatte Elsas von 1918 bis 1932 wichtige Positionen in der Arbeitsverwaltung inne, zuletzt gehörte er mit Adenauer bis 1932 dem Verwaltungsrat der Reichsanstalt an. Aufgrund seiner jüdischen Herkunft hatte er mit der Machtergreifung Hitlers alle öffentlichen Ämter verloren.

Dem »Fürstbischof« Josef von Nürnberg Grenzen aufzeigen

Wenn es um den Personalhaushalt ging, gab es häufiger Auseinandersetzungen zwischen der Bundesanstalt und der Bundesregierung. Verglichen mit anderen Bundesbehörden wurden die Beschäftigten in der BA bei Einstufung und Beförderungsmöglichkeiten knapp gehalten. Dies führte naturgemäß immer wieder zu Verärgerung aufseiten der BA. Für die zunehmend komplexer werdenden Aufgaben in Verwaltung und Organisation konnten geeignete Führungskräfte zu den angebotenen Beamtenbezügen nur schwer gewonnen werden.

Das Arbeitsförderungsgesetz von 1969 hatte Josef Stingl maßgeblich mitgestaltet. Es gab ihm die gesetzliche Legitimation für die öffentlichkeitswirksame Entwicklung der Arbeitsmarktpolitik und insbesondere der beruflichen Weiterbildung. Damit war er sowohl für die Arbeitgeber als auch für die Gewerkschaften ein wichtiger Partner. Er konnte erhebliche finanzielle Mittel für die berufliche Weiterbildung Arbeitsloser und Beschäftigter zur Verfügung stellen. Bei den Konjunktur- und Strukturkrisen ab Mitte der 1970er-Jahre waren dies für beide Seiten begehrte Unterstützungsmaßnahmen. Nach dem Gesetz war die Position des Präsidenten der BA mit einer hohen Machtfülle ausgestattet. Das Bundesarbeitsministerium hatte unabhängig von der Genehmigung des jährlichen Haushaltes keine fachliche, sondern nur die rechtliche Aufsicht. Eine Ausnahme bildete die Arbeitsmarktstatistik, hier war die BA von den fachlichen Weisungen des Ministeriums abhängig.

Natürlich gab es häufig Gerangel um die Auslegung bestimmter Gesetzesabschnitte. Die Selbstverwaltung – also Vorstand und Verwaltungsrat – bildeten die geschäftsführenden Organe der BA. Dem Präsidenten und seiner Verwaltung oblag die Ausführung der Entscheidungen der Selbstverwaltung. Bereits zu diesem Zeitpunkt hatte ich Zweifel an dieser Führungsstruktur für eine Mammutbehörde mit laufendem Kundengeschäft in allen Teilen der Republik. Wie nämlich sollten ehrenamtliche Mitglieder in Vorstand und Verwaltungsrat die komplexen Vorgänge in der Behörde wirksam beeinflussen und kontrollieren?

Mit steigender Arbeitslosigkeit seit 1975 nahmen die Konflikte über die Arbeitsvermittlung und die Arbeitsbereitschaft der Arbeitslosen zu. Die Selbstverwaltung forderte den Präsidenten immer wieder auf, sie besser über die Probleme bei der Arbeitsvermittlung zu unterrichten. Allerdings gingen Nachforschungsaufträge der Selbstverwaltung bei Klagen der Arbeitgeber gegen Arbeitsunwilligkeit, die oft durch mediale Kritik hochgespielt wurden, meist wie das Hornberger Schießen aus. Bei vielen angeblichen Missbrauchsfällen konnten die wahren Sachverhalte nicht aufgeklärt werden.

Das lag natürlich auch daran, dass Arbeitgeber vielfach nicht bereit waren, Ross und Reiter zu nennen. Sie wollten und konnten die notwendige Zeit für eine ausreichende Unterrichtung der Arbeitsämter nicht aufbringen. Diese wiederum konnten ohne ausreichende Informationen nicht einschreiten. Darüber hinaus befürchteten die Arbeitgeber langwierige Klageverfahren mit ungewissem Ausgang durch Arbeitslose, die der Arbeitsunwilligkeit bezichtigt wurden. In den Fällen, in denen wir den von Arbeitslosen abgelehnten Tätigkeiten nachgehen konnten, waren teilweise nicht zumutbare Arbeitsbedingungen festzustellen.

Die professionellen Mitarbeiter der BA waren Beamte und daher zur politischen Neutralität verpflichtet. Natürlich änderte dies nichts daran, dass es unterschiedliche »Zuneigungen« zu politischen Gruppierungen und einzelnen Mitgliedern in der Selbstverwaltung gab. Für uns war es existenziell, Kontakte zu wichtigen Mitarbeitern in der Verwaltung aufzubauen und zu pflegen. So konnten wir erfahren, welche personelle Besetzung geplant war, welche Veränderungen in der Politik zu erwarten waren, welche Absprachen es zwischen Regierung und Spitze der BA, etwa über bevorstehende Sparmaßnahmen, gab. Von sich aus unterrichtete der Präsident die Selbstverwaltung kaum über derartige Entwicklungen.

Darüber hinaus gab und gibt es ein Büro der Selbstverwaltung. Seine Aufgabe ist die Vor- und Nachbereitung der Selbstverwaltungssitzungen sowie die Unterstützung der Mitglieder der Selbstverwaltung vor allem mit Informationen und Kontakten nach innen. Die Auswahl der maßgeblichen Mitarbeiter des Büros wird bis heute durch die Selbstverwaltung selbst vorgenommen. Es wird darauf geachtet, dass keine Gruppe – also Arbeitgeber, Gewerkschaften oder öffentliche Bank – ins Hintertreffen gerät. Im inneren Verwaltungsbereich gehörte aber auch das Büro der Selbstverwaltung zum Einflussbereich des Präsidenten der BA.

Eine der wichtigsten Einflussmöglichkeiten der Selbstverwaltung war die Entscheidung über die Einstellung und Beförderung der Führungskräfte in der Verwaltung der BA bis zur mittleren Ebene. Dabei wurden vielfach Personalpakete geschnürt, wobei die Interessen der unterschiedlichen Gruppierungen gegenseitig auszubalancieren waren. In der Praxis folgte daraus die Unterstützung der Mitglieder in der Selbstverwaltung durch einzelne Führungskräfte nach jeweiligem Gefühl der Zugehörigkeit. Dies musste natürlich streng informell erfolgen. Die formalen Informationswege waren klar vorgegeben und durften offiziell auch nicht verlassen werden. So waren in den Sitzungen von Vorstand und Verwaltungsrat sowie der jeweiligen Ausschüsse nur die obersten Führungskräfte der BA vertreten. Sie kamen ihrer Informationsarbeit nach vorgegebenen Kriterien unter der Aufsicht des Präsidenten nach. Die Umgehung der formalen Informationswege seitens der Selbstverwaltung unter Präsident Stingl hielt sich in Grenzen, da Stingl selbst sich weitgehend an die Regeln hielt. Er war ein sehr fähiger Präsident, der etwas voranbringen wollte und sich für seine Ziele einsetzte.

Einige größere Konflikte zwischen dem Präsidenten und der Selbstverwaltung sind mir noch in guter Erinnerung: Als mit dem Anstieg der Arbeitslosigkeit zu Beginn der 1980er-Jahre auch die Arbeitsbeschaffungsmaßnahmen (ABM) zunahmen und die Ausgaben für dieselben von 140 Millionen DM 1970 auf über zwei Milliarden DM 1984 stiegen, hatte dies zu erheblichen Konflikten auf allen Seiten der Selbstverwaltung geführt. Die Arbeitgeber sahen darin einen ordnungswidrigen Eingriff in die Marktwirtschaft. Vor allem die Handwerksbetriebe befürchteten »Schmutzkonkurrenz« durch die mit Lohnkosten- und Investitionskostenzuschüssen geförderten öffentlichen Arbeiten für Arbeitslose.

Auch bei den Gewerkschaften gab es erhebliche Vorbehalte gegen die ABM. Die Gewerkschaften für das Baugewerbe, die Landwirtschaft, aber auch öffentliche Dienstleistungen befürchteten einen Ersatz für reguläre Arbeit. Wir hatten in der Selbstverwaltung alle Hände voll zu tun, um Missbräuche einzugrenzen.

Zum Beispiel, dass Kommunen ihre Personalausgaben einschränkten und dafür Arbeitslose einstellten, deren Löhne dann als Lohnkostenzuschüsse über die BA finanziert wurden. Damit wurde das Ziel der ABM, zusätzliche Tätigkeiten zu schaffen, ad absurdum geführt. Solche Missbräuche waren oft nur schwer nachweisbar.

Ein weiterer Konflikt war folgender: Durch Medienberichte erfuhren wir, dass Josef Stingl eigenmächtig ABM-Mittel in Höhe von neun Millionen DM an einen Investor im Saarland zum Bau einer gigantischen Sporthalle hatte fließen lassen. Hinter dem Projekt stand der inzwischen verstorbene CDU-Kommunalpolitiker Hermann Forster, der zeitweise als möglicher Wirtschaftsminister einer CDU-Landesregierung im Gespräch gewesen war. Die Sporthalle wurde von dem von ihm geleiteten TSV Homburg-Erbach erstellt und betrieben. Es kam, wie es kommen musste. In Homburg-Erbach bestand kein Bedarf für eine derart riesige Sporthalle. Das Projekt ging in Konkurs, die beträchtlichen finanziellen Zuschüsse der BA waren in den Sand gesetzt. Es war das erste Mal, dass die Selbstverwaltung den mächtigen Josef Stingl entsprechend den gesetzlichen Vorgaben zur Rechenschaft ziehen musste.

Ich erinnere mich noch wie heute. Zur Vorbereitung der Behandlung dieses Falles in der Vorstandssitzung mussten der Arbeitgebervertreter Josef Siegers und ich den Präsidenten um Einsicht in die Akten bitten. Wir saßen beide im Vorzimmer des Präsidentenbüros, als ob wir die Verantwortlichen wären und nicht er, der Präsident. Die Sekretärin bedeutete uns, Herr Stingl habe »schlechte Laune« und wir möchten doch deshalb einen anderen Zeitpunkt wählen. Natürlich ließen wir uns auf dieses Ansinnen nicht ein. Ich muss zugeben, dass ich das Bürozimmer des Präsidenten mit klopfendem Herzen betrat. Eine solche

Kraftprobe der Selbstverwaltung mit dem mächtigen Präsidenten der BA hatte es bis dahin nicht gegeben. Wir konnten unsere Suche in seinen Akten ordnungsgemäß erledigen.

Zwecks persönlicher Besichtigung des nicht ordnungsgemäß finanzierten ABM-Projekts verlegten wir die entscheidenden Sitzungen der Selbstverwaltung nach Homburg-Erbach im Saarland. Dort konnten wir die riesige, höchst komfortabel ausgestattete Mehrzweckhalle des Sportzentrums in Augenschein nehmen. Uns war klar, dass diese zwar funktional völlig in Ordnung war, dem Projekt jedoch die wirtschaftliche Grundlage fehlte. Sowohl Präsident Stingl als auch die Investoren hatten das notwendige Augenmaß vermissen lassen.

Doch was tun? Keine der drei Gruppen in der Selbstverwaltung hatte Interesse, aufgrund dieser ABM die Bundesanstalt und ihren Präsidenten zu beschädigen. Wir verständigten uns auf ein Verfahren, um derartige Alleingänge des Präsidenten in Zukunft auszuschließen. Die weitere Entwicklung hat uns im Nachhinein recht gegeben: 1984 hat die Stadt Homburg die nach dem Konkurs geschlossene Sporthalle übernommen. Sie wurde mit einer Kapazität von 4000 Plätzen wieder für den Sportbetrieb eingerichtet und 1982 mit zwei Spielen der Handball-WM eröffnet. Seither ist sie die »Heimhalle« des SSV Homburg-Erbach.

Der ABM-Skandal war sowohl für den Vertreter der Arbeitgeber, Josef Siegers, als auch für mich als Gewerkschaftsvertreterin eine Feuerprobe. Gemeinsam hatten wie sie bestanden. Wir hatten dem bis dahin allmächtig regierenden Josef Stingl Paroli geboten und ihm seine Grenzen aufgezeigt, ohne die BA zu beschädigen. Diese Erfahrung hat fortan mein Selbstbewusstsein im konstruktiv-kritischen Umgang mit Präsident Stingl gestärkt.

Bei der feierlichen Verabschiedung von Josef Stingl und der Einführung seines Nachfolgers Heinrich Franke am 30. März

1984 sagte Bundesarbeitsminister Norbert Blüm einen Satz, den ich besonders treffend fand: »Manchmal kommt es mir so vor, als habe sich da ein Mann aus dem Barock an die Spitze der Bundesanstalt verirrt – Fürstbischof Josef von Nürnberg, ein Mann, dem Leben zugewandt, durch kein Ereignis aus der Bahn zu werfen, mutig gegenüber Königsthronen – und vor allem fürsorglich gegenüber den ihm Anvertrauten.«

Auch ich habe in Stingl einen positiven Patriarchen gesehen. Er hat aus der BA, die zuvor eine reine Verwaltung von Arbeitslosenleistungen gewesen war, eine arbeitsmarktpolitische Institution gemacht.

Im politischen Streit an die BA-Spitze – und wie Norbert Blüm Wort hielt

Vor dem altersbedingten Ausscheiden Josef Stingls hatte Norbert Blüm Interesse bekundet, seinen parlamentarischen Staatssekretär Heinrich Franke zum Nachfolger an die Spitze der BA zu berufen. Der 56-jährige Franke, geboren in Osnabrück, war nach Kriegsdienst und Gefangenschaft 1947 der CDU beigetreten. Die Arbeitgeberseite zeigte wenig Begeisterung für den Personalvorschlag des Bundesarbeitsministers. So kam am Ende ein Personalpaket zustande, das mich in die Position der Vizepräsidentin der BA brachte.

Und das kam wie folgt: Bald nach seinem 60. Geburtstag starb Helmut Minta, Vizepräsident der BA, am 15. Februar 1984 nach kurzer schwerer Krankheit. Durch seinen Tod war zusätzlich zum Präsidenten auch das Amt des Vizepräsidenten der BA neu zu benennen. Nachdem ich zahlreiche politische Feuertaufen im Vorstand der BA gut überstanden hatte, war der DGB daran interessiert, mich in das Rennen um Mintas Nachfolge zu schicken.

Die Arbeitgeber wollten allerdings weder Heinrich Franke noch mich akzeptieren. Der DGB signalisierte Bereitschaft, einer Ernennung Heinrich Frankes zum Präsidenten zuzustimmen. Dafür sollte die Bundesregierung mich als Vizepräsidentin annehmen. Norbert Blüm hatte hierzu gegenüber dem DGB Zustimmung erkennen lassen. Gleichzeitig konnte er so seine Mehrheit für Heinrich Franke sichern. Doch so einfach verhielten sich die Dinge nicht. Die Auseinandersetzung um das Nürnberger Personalpaket wurde zu einem hohen Politikum. Die Gewerkschaften in der Druck- und Metallindustrie standen vor einem erbitterten Arbeitskampf um die Einführung der 35-Stunden-Woche. Das Klima zwischen Gewerkschaften und Arbeitgebern wurde immer frostiger.

Bundeskanzler Kohl hatte sich bereits vor Beginn der Streiks unrechtmäßig eingemischt und die Forderungen der Gewerkschaften nach Verkürzung der wöchentlichen Arbeitszeit als »dumm und töricht« bezeichnet. Dies hatte wiederum bei den Gewerkschaften großen Ärger hervorgerufen. Der Streit zwischen Bundesregierung und Gewerkschaften um die Bekämpfung der Arbeitslosigkeit von mehr als zwei Millionen Bundesbürgern gewann deutlich an Schärfe.

Dann kam eine unerwartete Wende im politischen Poker zwischen CDU und Gewerkschaften. Innerhalb der CDU formierte sich plötzlich heftiger Widerstand gegen die Gewerkschaftsfeindlichkeit der CDU-Spitze. Dies blieb offensichtlich bei Bundeskanzler Helmut Kohl und Bundesarbeitsminister Norbert Blüm nicht ohne Eindruck. In einer Schlagzeile des *Spiegels* vom 18. Juni 1984 heißt es: »Unter dem Druck von Parteifreunden rückten Helmut Kohl und Norbert Blüm von ihrem Anti-Gewerkschaftskurs ab.« Inwieweit dies der Realität entsprach, werden nur die unmittelbar Beteiligten klären können. Tatsache ist jedoch, dass sich Norbert Blüm bei der Entscheidung des Bundeskabinetts für die Besetzung der beiden Spitzenpositionen an die Verabredung mit dem DGB gehalten hat.

Laut *Spiegel* hat der damalige Bundesminister für Wirtschaft, Otto Graf Lambsdorff (FDP), gegen meine Benennung eingewandt, ich hätte immer »extreme DGB-Positionen« vertreten. Diesen Vorwurf habe CDU-Generalsekretär Heiner Geißler »komisch« gefunden. Er habe gefragt, »ob Lambsdorff nun schon verlange, dass eine Gewerkschafterin Arbeitgebermeinungen vortragen soll«.

Die »Nachhutgefechte« meiner Gegner folgten jedoch unmittelbar und zogen sich bis in den Herbst hin. Sie schreckte die Vorstellung, bis zur Pensionierung mit 65 Jahren eine Engelen-Kefer 24 Jahre als beamtete Vizepräsidentin an der Nürnberger BA-Spitze zu haben. Flugs wurde der Vorschlag geboren, dass Präsident und Vizepräsident der BA in Zukunft nur noch Beamte auf Zeit sein sollten. Es sollte eine Benennung für acht Jahre und dann die Möglichkeit zur erneuten Nominierung alle vier Jahre geben. Da meine damalige Lebensplanung nicht vorsah, im Jahr 2008 als Vizepräsidentin der BA in den Ruhestand zu gehen, schreckte mich dies keineswegs.

Doch *quod licet Iovi non licet bovi* – Was dem Jupiter erlaubt ist, ist dem Rindvieh nicht erlaubt. Natürlich sollte Blüms Exstaatssekretär Franke von der geplanten Neuregelung nicht betroffen werden. Er sollte als Beamter auf Lebenszeit bis zum Erreichen seines Pensionsalters im Jahr 1993 in Nürnberg regieren können. Diese ungleiche Behandlung war empörend, doch ich unternahm nichts dagegen. Mir ging es nicht um eine dauerhafte Versorgungsposition, sondern um eine berufliche Entwicklung, in deren Verlauf ich etwas bewirken konnte. Und das war auch anderswo möglich.

Derartige Begrüßungsmusik bildete den Auftakt eines schwierigen Balanceaktes zwischen unterschiedlichen mächtigen Interessen in einer Zeit wachsender Konflikte. Für mich war es wie ein Wunder: In Zeiten einer gegen die Gewerkschaften gerichteten Politik der CDU/FDP-Koalition und auf dem Höhepunkt des Arbeitskampfes um die 35-Stunden-Woche wurde ich als Gewerkschaftsfrau in die zweithöchste Funktion der Bundesanstalt für Arbeit benannt. Ich konnte es kaum glauben, als ich tatsächlich die Urkunde über die Verleihung der Funktionsbezeichnung »Vizepräsidentin der Bundesanstalt für Arbeit« durch den Bundespräsidenten erhielt.

Etwa eineinhalb Jahre später erfolgte dann meine Ernennung zur Vizepräsidentin der Bundesanstalt für Arbeit im Beamtenverhältnis auf Zeit. Das war der vorläufige Abschluss eines Hürdenlaufs mit besonders hohen Hindernissen für eine Gewerkschafterin, die nicht in die männlich dominierten Beamtenhierarchien passte.

Darin sah mein Mann Klaus natürlich einen Grund zum Feiern, und er lud mich und unsere beiden Söhne zu einem guten Abendessen ein.

Im Nachhinein muss ich sagen: Dieser Hürdenlauf hatte auch sein Gutes. Er war für mich eine realistische Einstimmung auf die vielen weiteren Konflikte, die noch kommen sollten. Wie die Arbeitgeber waren führende Beamte der BA der Auffassung, dass eigentlich sie für die Funktion des Vizepräsidenten prädestiniert gewesen seien. Dass es sich bei diesen nicht zum Zuge gekommenen Anwärtern ausschließlich um Männer jenseits der Fünfzig handelte, versteht sich. In ihren Augen vereinigte ich alle negativen Elemente in einer Person: viel zu jung, eine Frau, noch dazu von der SPD; schlimmer noch, eine Gewerkschafterin; und, was dem Fass den Boden ausschlug, in der Öffentlichkeit bekannt.

Ich werde nie folgende Episode vergessen: Die Bundesanstalt betrieb für die etwa tausend Beschäftigten in der Nürnberger Zentrale an der Regensburger Straße eine große Kantine. Ich war es vom DGB in Düsseldorf gewohnt, dass alle Mitarbeiter einschließlich der Vorstandsmitglieder in der Kantine sozusagen am »gleichen Tisch« ihr Mittagessen einnahmen. Besondere Räume wurden nur reserviert, wenn es wichtige Gremiensitzungen gab. Bald nach Antritt meiner Tätigkeit bei der BA wurde ich von meinem Büro darauf hingewiesen, dass für Vizepräsident und Abteilungsleiter ein gesonderter Raum zum Mittagessen zur Verfügung stehe. Statt Selbstbedienung werde dort das Essen serviert. Beim ersten Besuch befand ich mich dann in dem kleinen Kreis der Abteilungsleiter. Während des Essens gab es belanglose Gespräche mit den üblichen blöden Witzen unter »bedeutenden« Männern. Ein Ausspruch eines Abteilungsleiters prägte sich mir besonders ein: »Mit einer solchen Frau wie Ihnen möchte ich nicht verheiratet sein.« Es war das erste und letzte Mal, dass ich mein Mittagessen in diesem illustren Kreis von Führungskräften eingenommen habe.

Als Nächstes folgte das Gerangel mit dem Präsidenten und seiner Führungsmannschaft über meinen künftigen Aufgabenbereich. Der Präsident war per Gesetz oberster Chef für die gesamte BA. Er hatte somit ein unmittelbares Weisungsrecht gegenüber allen Abteilungen in der Hauptstelle. Die Funktion des Vizepräsidenten war eine reine Abwesenheitsvertretung ohne eigenen Aufgaben- und Einflussbereich. Darunter hatte bereits mein Vorgänger Helmut Minta sehr gelitten. Er war als hoch geachteter Abteilungsleiter für Arbeitsvermittlung in diese Funktion nominiert worden. Als Vizepräsident war er dann für einen Bauchladen verschiedener Referate ohne eigene Profilierungsmöglichkeiten nach innen oder außen verantwortlich gewesen. Neben einem so starken und omnipräsenten Präsidenten wie Josef Stingl wurde er kaum wahrgenommen.

Ich hatte mir vorgenommen, dass mir dies mit dem Präsidenten Heinrich Franke nicht passieren würde. Franke bekundete mir jedoch gleich in einem unserer ersten Gespräche: »Um eines klarzustellen, ich brauche keine Stellvertretung.« Er sei selbst in der Lage, »die Führungsaufgabe über die gesamte BA wahrzunehmen«.

Zu einer Aufteilung der Aufgaben war er nicht bereit. Sein Vorschlag war, ich sollte die Abteilung Arbeitsvermittlung und Arbeitsmarktpolitik übernehmen. Ich sah mich in einem schweren Konflikt. Einerseits hätte ich gern den Aufgabenbereich dieser Abteilung übernommen. Andererseits befürchtete ich, von der Abteilungsleitung zu sehr eingespannt zu werden. Ich entschied mich für die Übernahme der weniger wichtigen Referate meines Vorgängers. Damit hatte ich bereits den ersten Konflikt mit dem Präsidenten. Er befürchtete, dass ich mich zu sehr in seine arbeitsmarktpolitische Machtdomäne einmischen würde.

Ich konnte mich jedoch mit meiner Entscheidung in der Selbstverwaltung durchsetzen, da sie den Arbeitgebern entgegenkam. Sie wären wenig begeistert gewesen, hätte ich die schwergewichtigere Abteilung Arbeitsvermittlung und Arbeitsmarktpolitik übernommen. Sie hätten wohl um ihren Einfluss auf diese Abteilung gefürchtet.

Als ich zum 1. Oktober 1984 den Posten der Vizepräsidentin der BA übernahm – und mich im vierten Stock der Nürnberger Zentrale einrichtete –, hatte ich dort wenig Freunde. Ich vermutete stark, dass bestimmte Dinge vorbesprochen und mir nicht zugänglich gemacht wurden; bei wichtigen Gesprächsrunden mit der Bundesregierung und dem Sachverständigenrat wurde ich ausgeschlossen. Die chauvinistischen älteren Herren mit Präsident Franke an der Spitze waren der Meinung: Eine Frau gehört hier nicht hin.

Auf der anderen Seite gab es aber auch breite Unterstützung und Sympathie von vielen Mitarbeitern der Arbeitsverwaltung. Zwei Lichtgestalten an der Spitze des »Arbeitslosenpalastes« seien an dieser Stelle hervorgehoben: Professor Dieter Mertens, Direktor des Instituts für Arbeitsmarkt und Berufsforschung (IAB), und Manfred Leve, Leiter der Abteilung Berufsbildung. Beide gehörten allerdings nicht zum engeren Machtzirkel um Heinrich Franke. Die beiden Führungskräfte waren mir wohlgesonnen, mit ihnen konnte man sachlich über die anstehenden Probleme reden. Sie bemerkten auch, wie ich isoliert wurde, konnten aber wenig dagegen tun. Mertens hatte schon genug Probleme damit, sein Institut aus der Schusslinie der BA-Spitze zu halten. Und Leve hatte als Gewerkschaftsfreund kaum Zugang zur Runde der mächtigen Männer.

Eine Nürnberger Pendlerfamilie

Es war schon im DGB äußerst schwierig, Familie und Beruf zu vereinbaren. Doch mit dem neuen Amt in Nürnberg wurde es beinahe unmöglich. Und dies, obgleich »Mama Jutta«, unsere Kinderfrau, für die ersten zwei Jahre mit nach Nürnberg übersiedelte und Klaus an Wochenenden, Feiertagen und in den Ferien einen Teil der familiären Lasten übernehmen konnte.

Klaus hatte – nach rund zehn Jahren als Auslandskorrespondent in den USA – zum 1. Januar 1982 in der Düsseldorfer Zentrale den Posten eines »International Correspondent« des *Handelsblatts* übernommen (den er bis Erreichen der Pensionsgrenze am 30. Juni 2001 ausübte). Obwohl diese Aufgabe mit zahlreichen Reisen in alle Welt verbunden war, konnten wir uns gleichwohl als »Pendlerfamilie« zwischen Düsseldorf und Nürnberg arrangieren.

Als Vizepräsidentin bezog ich in Nürnberg ein Haus, das Eigentum der Arbeitsverwaltung war. Es war zentral gelegen, Scharnhorststraße 38. Nach Aufgabe unserer gemeinsamen Wohnung in Düsseldorf mietete sich mein Mann in der Düsseldorfer Altstadt eine kleine möblierte Dachwohnung. Sie lag in der Südstraße, einen Sprung vom *Handelsblatt*-Haus in der Kasernenstraße entfernt. In das Reihenhaus in Düsseldorf-Mettmann, das wir nach Rückkehr meines Mannes aus den USA gekauft hatten, konnten wir nie einziehen. Wir haben es langfristig vermietet und schließlich verkauft.

Mein großes Glück bei der Umsiedlung nach Nürnberg war in der Tat, dass unsere langjährige Kinderfrau mithalf, unseren Kindern die Orientierung im neuen Umfeld zu erleichtern. Sie war inzwischen selbst verheiratet und hieß nun Jutta Kuhlmann. Ihr Mann arbeitete in Düsseldorf. Wir vereinbarten mit ihr eine Heimreise alle zwei Wochen.

Meine beiden Söhne konnten die nahe gelegene Bismarckschule in Nürnberg besuchen. Die ersten beiden Jahre als »Pendlerfamilie« zwischen Nürnberg und Düsseldorf verliefen in geregelten Bahnen. Besonders stolz waren Oliver und Christian, dass sie, als ich frühere Mitarbeiter des DGB in unseren Garten zu einem kleinen Grillfest eingeladen hatte, einen wichtigen Part übernehmen durften.

Unser Haus war noch mit einer Alarmanlage versehen, wohl ein Relikt aus Zeiten des RAF-Terrors mit Anschlägen auf Persönlichkeiten in Wirtschaft und Politik. Wir dachten: »Da sind wir aber gut bewacht.« Doch die Anlage konnte uns auch einen Schrecken einjagen. Ich erinnere mich noch gut daran: Ich war mit den beiden Kindern allein im Haus. Plötzlich wurde ich um

4 Uhr morgens durch Sirenengeheul aus dem Schlaf gerissen. Rund um das Haus erleuchteten die grellen Halogenlampen. Ich saß im Bett und dachte, mein letztes Stündchen habe geschlagen. Nach wenigen Minuten klingelte es stürmisch an der Haustür. Ich nahm allen Mut zusammen. Zitternd öffnete ich die Tür einen kleinen Spalt. Vor mir standen zwei bewaffnete Polizisten. Ein Fehlalarm, vielleicht ausgelöst durch ein Tier, das gegen eines der Kellerfenster gesprungen war. Danach wusste ich jedenfalls, dass die Alarmanlage funktionierte.

Natürlich hätten es meine zahlreichen Gegenspieler in der Arbeitsverwaltung gern gesehen, wenn ich mehr Zeit für die Familie aufgebracht hätte. Mein beruflicher Einsatz nach innen wie nach außen stieß bei manchen auf wenig Begeisterung. Ich sah allerdings keine Alternative zu langen Arbeitstagen. Als Vizepräsidentin hatte ich mir vorgenommen, den Überblick über alle wichtigen Vorgänge in Verwaltung und Selbstverwaltung zu bekommen. Auch erforderten der Aufbau und die laufende Pflege meiner Netzwerke viel Zeit. Die ständigen Auseinandersetzungen mit dem Präsidenten und seiner Garde von Abteilungsleitern forderten starke Nerven und ständige Wachsamkeit. Hinzu kam: Abends und an den Wochenenden war ich häufig bei Veranstaltungen von Gewerkschaften und SPD unterwegs.

Streifzüge im Dschungel einer Mammutbürokratie

Überschattet wurde mein Einstieg in die BA-Spitze durch den »Franke-Erlass«. Der Präsident hatte im Mai 1984 eigenmächtig die Arbeitsämter angewiesen, an unmittelbar vom Streik betroffene Arbeitnehmer kein Kurzarbeitergeld zu zahlen. Der Vorstoß wurde zwar vom Sozialgericht in Frankfurt am Main als mit dem Gesetz nicht vereinbar definiert, wurde dann aber von der Bundesregierung rehabilitiert. Dieser Konflikt um Paragraf 116 des Arbeitsförderungsgesetzes hat in den sechs Jahren meiner Tätigkeit als Vizepräsidentin und Stellvertreterin von Heinrich Franke meinen Widerstandsgeist befördert. Ich war noch entschlossener, von meiner Position aus die Belange der Arbeitnehmer und der Gewerkschaften gegen »Kapital und Kabinett« zu schützen. Nach sechs Jahren Erfahrung in den Selbstverwaltungsgremien nahm ich an, für eine Tätigkeit an der Spitze der Nürnberger Arbeitsverwaltung ausreichend gewappnet zu sein. Doch weit gefehlt: Meine Erfahrungen reichten bei Weitem nicht aus. So gelangte ich schnell zu der Erkenntnis, dass es in den Führungsetagen des DGB im Vergleich zur Hierarchie der Nürnberger BA noch erfrischend unbürokratisch zugegangen war.

Vielleicht lag dies aber nur daran, dass ich von der mittleren Ebene im DGB an die Spitze der BA aufgestiegen war. Vielleicht war der Grund aber auch, dass es in der BA zu viele gab, die sich als Abteilungsleiter für »geborene« Anwärter auf den Vizepräsidentenposten gehalten hatten und nun Stimmung gegen mich als Externe in der Funktion des Vizepräsidenten machten. Es gab allerdings eine für mich überraschende positive Erfahrung. Nachdem ich als Vizepräsidentin der BA bestellt war, konnte ich mich auf die faire Zusammenarbeit mit den Arbeitgebervertretern in der Selbstverwaltung stützen. Mit den »verprellten« Führungskräften begann gleichwohl ein nervenaufreibendes Kräftemessen. Ich hatte zudem den Eindruck, dass Präsident Heinrich Franke die enttäuschten Abteilungsleiter gewähren ließ, sie ermutigte und sich im Stillen die Hände rieb. Der Vorstand hatte jedoch darauf bestanden, dass sämtliche offiziellen Vorgänge in der BA auch mir vorgelegt werden müssen.

Ob Franke dies wollte oder nicht: Ich war per Gesetz seine Vertreterin in Abwesenheit. Wie der Vorstand befand, musste ich zu jeder Zeit in der Lage sein, den Präsidenten zu vertreten. Dazu musste ich auch über alle Vorgänge ausreichend informiert sein. Die Aktenberge einer derart großen und komplexen Behörde sammelten sich daher auch in meinem Büro. Der Präsident zeichnete mit Grün. Ich hatte mit roter Farbe zu ergänzen. Mein Glück war, dass mir eine hervorragende Büroleiterin, Oberamtsrätin Ingeborg Witzig, zur Seite stand. Sie hatte schon in gleicher Funktion meinem Vorgänger Helmut Minta gedient, und sie kannte die Hauptstelle der BA aus jahrzehntelanger Tätigkeit. Wir hatten einiges gemeinsam: Sie war mein Jahrgang und hatte sich ebenfalls ihren Schneid nicht abkaufen lassen. Sie war wie ich »Überzeugungstäterin« für die betroffenen Menschen außerhalb und innerhalb der BA. Und wir gehörten beide zur gewerkschaftlich organisierten »SPD-Diaspora« in der Nürnberger BA-Zentrale.

Eine ihrer Aufgaben war die Durchsicht der Aktenberge. Die große Kunst bestand darin, die politisch brisanten Stellen herauszufinden. Dort durfte dann keinesfalls der rote Haken von mir gesetzt werden. Vielmehr wurden die Fälle mit einem Hinweis zur Korrektur zurückgegeben. Dabei war immer einzukalkulieren: Die zuständigen Mitarbeiter konnten meine Weisungen umgehen und sich zwecks »Absegnung« mit grünem Haken direkt an den Präsidenten wenden.

Wäre dies häufiger passiert, hätte meine Autorität bei den Mitarbeitern gelitten. So verbrachten Frau Witzig und ich meist lange Abendstunden mit dem Durchsprechen der Akten und etwaiger Korrekturen. Sie war nicht nur sachlich bestens informiert, sie hatte auch ausgezeichnete informelle Kontakte in alle Bereiche der Verwaltung.

Mithilfe von Frau Witzig überlebte ich die Gefechte ohne nachhaltige Blessuren. Frau Witzig bewies eine bewundernswerte Balance zwischen der Überlistung der ausufernden Bürokratie und der notwendigen Loyalität gegenüber der Verwaltung. Sie hat mich davor bewahrt, in die zahlreich aufgestellten Fallen zu treten.

Ganz besonders stolz bin ich noch heute darauf, dass es uns einige Male gelungen ist, der Bürokratie ein Schnippchen zu schlagen. Im Gedächtnis geblieben sind mir vor allem Fälle, in denen Frauen mit Kindern um die Umsetzung in eine Teilzeittätigkeit nachsuchten. An der Spitze der Personalabteilung herrschte mit Rückendeckung des Präsidenten die Auffassung vor, Mütter mit kleinen Kindern sollten zu Hause bleiben. Die Bereitschaft, nach einer geeigneten Teilzeitarbeit zu suchen, tendierte gegen null. Mit viel List und Tücke konnten wir häufig helfen, geeignete Teilzeitarbeit verfügbar zu machen. Es freute mich dann immer wieder, wenn sich Mitarbeiterinnen bei meinen Besuchen in den Arbeitsämtern verstohlen für die Unterstützung bedankten.

Mit der Selbstverwaltung stand ich in gutem Einvernehmen, auch mit den Arbeitgebern. Doch Präsident Franke und sein innerer Führungskreis der Abteilungsleiter waren fest entschlossen, mich so klein wie möglich zu halten. Sie kamen mir vor wie »Missionare« für den Erhalt der formalen, von Männern dominierten Hierarchie einer Mammutverwaltung. »Eindringlinge« in die Beamtenapparate – dazu noch weibliche – mussten isoliert werden.

In Nürnberg konnte ich lernen, wie staatliche Behörden mit ihren Beamtenhierarchien funktionieren. Wie sie vom Präsidenten an der Spitze mit seiner Führungsmannschaft bis zum letzten kleinen Arbeitsamt im Land (vermeintlich) geführt werden. Als seine Vize kam ich mir wie eine Expeditionsteilnehmerin in einem undurchdringlichen Dschungel vor, die sich, umringt von unsichtbaren gefährlichen Tieren, mit der Machete Schritt für Schritt den Weg durchs Dickicht schlagen muss.

Ich stellte mich auf die Realitäten in der BA ein. Ich tat nach innen, so viel ich tun konnte. Durch die Arbeit mit der Selbstverwaltung und durch den Ausbau meiner externen Kontakte schaffte ich mir ein zweites Standbein. Als Vizepräsidentin und ausgewiesene Arbeitsmarktexpertin wurde ich zu vielen Veranstaltungen bei den Gewerkschaften, der SPD, aber auch in der Wissenschaft eingeladen. Häufig wurde darüber auch in der Presse berichtet, was wiederum den Präsidenten auf den Plan rief. Er vertrat die Auffassung, dass öffentliche Äußerungen für die BA ausschließlich von ihm kommen dürften. Andere dürften sich nur von seiner Seite autorisiert äußern.

Ich wagte den Dauerstreit mit ihm. Regelmäßig zum Wochenende erhielt ich ein Schreiben des Präsidenten, worin er kritisch darauf hinwies, dass ich wieder in der Presse erschienen sei und dies eine Übertretung der Weisung von ihm als meinem Vorgesetzten darstelle. Anfangs habe ich stundenlang versucht, ein geeignetes Antwortschreiben abzufassen. Dazu habe ich Gesetz, Satzung und Geschäftsordnung durchforstet und mich rechtlich beraten lassen. Am Ende habe ich meine langen Ausführungen in den Papierkorb geworfen und mich auf wenige Zeilen in nichtssagendem Amtsdeutsch beschränkt. Später habe ich überhaupt nicht mehr geantwortet.

Insgesamt war es ein Kampf zwischen David und Goliath. Heinrich Franke kontrollierte als Präsident alle Schalthebel im Bereich Öffentlichkeitsarbeit. Seine Presseabteilung und die gesamte Verwaltung – einschließlich des Instituts für Arbeitsmarkt- und Berufsforschung – waren verpflichtet, ihn inhaltlich und medial zu unterstützen.

Ohne Zweifel hat er mit seiner »Medienmacht« übertrieben. Bei den monatlichen Pressekonferenzen saß ich zwar neben ihm, es gab jedoch keine Gelegenheit, mich offiziell zu äußern. Alle

Verkündungen vor den Fernsehkameras kamen nur aus einem Mund. Dafür durfte ich an der Vorbereitung der monatlichen Verkündung des Präsidenten mitarbeiten. Es kam schon einem revolutionären Akt gleich, wenn ein Journalist es wagte, mir eine Frage zu stellen. Natürlich nutzte ich diese Chance. Dies bewog wiederum den einen oder anderen Medienvertreter, mich außerhalb der offiziellen Pressekonferenzen zu befragen. So gab es gelegentlich Interviews mit mir als Vizepräsidentin zur Arbeitsmarktpolitik. Da dies recht selten geschah, erregte ich jedoch ungleich größere Aufmerksamkeit im Blätterwald.

Allerdings hatte sich der »Maulkorberlass« von Heinrich Franke für seine Stellvertreterin in Journalistenkreisen bald herumgesprochen, und seine medialen Sympathiewerte schwanden mit zunehmender Amtszeit. Dagegen erregte meine Zivilcourage wachsendes öffentliches Interesse. Dies wiederum vertiefte die Gräben zwischen Heinrich Franke beziehungsweise seiner Führungsmannschaft und mir als Vizepräsidentin. Ich ließ mir trotz aller Ermahnungen und Drohungen das Wort nicht verbieten.

Ein »Fenster zu viel«

Begonnen habe ich meine Tätigkeit bei der Bundesanstalt mit dem festen Vorsatz, mich trotz aller Hindernisse nicht unterkriegen zu lassen.

Ich war daher froh, dass mir Heinrich Franke nach unseren Anfangsscharmützeln eines Tages anbot, zu einem Gespräch in mein Büro zu kommen, und freute mich auf bessere Zeiten und mehr Gemeinsamkeit. In diesem Zusammenhang muss gesagt werden: Die klare hierarchische Abstufung vom Präsidenten zum Vizepräsidenten der BA zeigte sich auch in der Lage und Gestaltung des Büroraumes. Der Präsident hatte ein riesiges Büro mit

Vor- und Nebenräumen auf der ersten Etage, direkt neben den Sitzungssälen für die Selbstverwaltung. Der Vizepräsident war auf die vierte Etage verbannt. Das Büro war geräumig, hatte auch einen Nebenraum und ein großes Vorzimmer für zwei Sekretärinnen.

Als ich meinen Dienst antrat, legte mir eine der Sekretärinnen zuallererst einen Katalog mit Büromöbeln vor. Ich sollte eine neue Kombination für mich auswählen. Ich habe dies gleich gestoppt. Zu häufig hatte ich schon miterlebt, wie Kollegen über derartige Statussymbole wie eine neue Büroausstattung gestolpert waren. Ich bat allerdings darum, Teile des Teppichs sowie Schreibtisch und Schreibtischsessel auszutauschen. Sie waren mit schwarzen Löchern von den Zigarettenkippen meines Vorgängers übersät. Der Sessel war für einen gewichtigen Mann geeignet, jedoch nicht für mich.

Auf diese Erneuerungen beim Mobiliar habe ich dann Monate warten müssen. Ebenso schwierig gestaltete sich das Arrangement der Grünpflanze, die mir zustand. Die einzige für Pflanzen geeignete Ecke war so dunkel, dass eine Beleuchtung angebracht werden musste. Ich möchte hier nicht im Einzelnen ausführen, welche Hindernisse bei der Genehmigung dieser Beleuchtung zu überwinden waren. Nach alldem konnte ich mir vorstellen, was passiert wäre, hätte ich tatsächlich eine neue Büroeinrichtung beantragt.

Mein Vorgänger Helmut Minta hatte mir einen höchst umstrittenen Luxus hinterlassen. Als Schwerbehinderter hatte er einen Nebenraum mit Bad und Ruheraum. Ich konnte es zuerst nicht glauben, dass ich diesen allein benutzen konnte. Büromäßig war ich also gut ausgestattet. Als Heinrich Franke zum vereinbarten Termin bei mir erschien, nahm er zuerst mein Büro in Augenschein. Ich kam nicht auf die Idee, er könnte etwas Anstößiges darin finden. Franke muss jedoch im Vorfeld von der Verwaltung informiert worden sein, dass mein Vorzimmer mehr Fensterachsen enthielt, als mir – im Vergleich zu seinem Büro – zustanden. Das muss ihn verärgert haben. Die Zahl der Fensterachsen in Augenschein zu nehmen war offensichtlich sein vordringliches Interesse bei diesem Besuch. Er teilte mir sogleich mit, dass dies nicht so bleiben könne. Ich nahm dies zur Kenntnis, versuchte dann aber rasch, mit ihm über mein gründlich vorbereitetes Anliegen besserer Zusammenarbeit zu sprechen. Das war ihm jedoch gleichgültig. Er verwies darauf, dass wir ja montags Leitungsbesprechungen hätten. Dort könne im großen Kreis der Abteilungsleiter und einiger ausgewählter Unterabteilungsleiter für Statistik und Öffentlichkeitsarbeit alles behandelt werden. Damit war unser Dialog beendet. Die erwartete Veränderung sah ganz anders aus, als ich sie mir erhofft hatte.

Kurze Zeit nach Frankes Besuch erhielt ich ein Schreiben aus der Abteilung Verwaltung, in meinem Vorzimmer befände sich eine Fensterachse zu viel. Es würde daher eine Trennwand eingezogen. Das ist auch zeitnah geschehen, das Vorzimmer der beiden Sekretärinnen hatte somit eine Fensterachse weniger. Der durch die eingezogene Trennwand neu geschaffene Raum mit der Breite eines Fensters konnte lediglich zu Lagerzwecken genutzt werden. Ich habe über diese Groteske herzlich gelacht und sie gern weitererzählt.

Mit meinen anfänglichen Versuchen, die Erlassflut einzudämmen, bin ich nicht weit gekommen. Mehr Erfolg hatte ich bei meinen Außenkontakten: Die Evangelische Kirche in Deutschland berief mich in die Kammer für soziale Ordnung. Dort arbeitete ich maßgeblich an den Stellungnahmen zur Langzeitarbeitslosigkeit mit. Diese aktive Mitgliedschaft besteht bis heute. Von der Universität Bielefeld erhielt ich zweimal einen

Lehrauftrag zur Arbeitsmarktanalyse und Arbeitsmarktpolitik. Besonders stolz war ich auf die Benennung in den Senat der Max-Planck-Gesellschaft, dem ich zwölf Jahre angehörte. 1986 wurde ich, wie bereits erwähnt, vom SPD-Parteitag in Nürnberg in den Parteivorstand der SPD gewählt. Dort bin ich seither mit Wiederwahl alle zwei Jahre Mitglied. Auch ermöglichte mir der DGB, mein Mandat im Wirtschafts- und Sozialausschuss bis zum Ende der Amtsperiode 1986 fortzuführen. In der Internationalen Vereinigung für Soziale Sicherheit (IVSS) wurde ich zur Sprecherin der Arbeitsgruppe für Arbeitslosenversicherung gewählt. Solche Erlebnisse kompensierten meinen Frust.

IT-Technologie in der BA – Eine unendliche Geschichte

Im Gerangel um meine Zuständigkeit als Vizepräsidentin wurde mir auch der Bereich der Software-Koordinierung und -Steuerung zugewiesen. Das kam mir gelegen; hier sah ich große Schwachstellen in der Arbeitsvermittlung und in anderen Tätigkeitsbereichen der Arbeitsämter und ihrer Geschäftsstellen. Die Personalräte der Arbeitsverwaltung hatten mich mehrfach auf die gravierenden Mängel hingewiesen.

Auf eine Anfrage des CDU/CSU-Abgeordneten Kurt Faltlhauser im Deutschen Bundestag zur EDV-Ausstattung in der Bundesanstalt antwortete der parlamentarische Staatssekretär Wolfgang Vogt am 20. Mai 1985: »Die Dienststellen der Bundesanstalt für Arbeit sind derzeit mit 300 sogenannten Bürocomputern und 16 Universalcomputern (insgesamt 5500 Bildschirmarbeitsplätze) ausgestattet. Die Ausstattung aller 146 Arbeitsämter und deren 486 Nebenstellen erfordern mehr als 16 000 Bildschirmarbeitsplätze. Sie wird mindestens drei Jahre in Anspruch nehmen.« Und Vogt fuhr fort: »Derzeit sind 57 Arbeitsämter in die computerunterstützte Arbeitsvermittlung einbezogen. Aus technischen Gründen sind in 33 Arbeitsämtern die Hauptvermittler noch nicht mit Bildschirmen ausgestattet, sondern nur die Mitarbeiter in den Anmelde- und Bearbeitungsstellen.«

Der Ärger der Mitarbeiter in den Arbeitsämtern ist leicht nachzuvollziehen. Bei stark steigender Arbeitslosigkeit standen sie aufgrund unzureichender Arbeitsvermittlung in der Dauerkritik. Vielfach waren noch nicht einmal die Voraussetzungen der EDV-Unterstützung gegeben.

Wie in anderen öffentlichen Institutionen oder Betrieben und der Privatwirtschaft waren auch in der Bundesanstalt als Erstes die Entscheidungen über Auswahl und Kauf von Hardware getroffen worden. Dann erst wurde nach der geeigneten Software gesucht. Die Frage, welcher EDV-Bedarf aufgrund der Arbeitszusammenhänge tatsächlich bestand, wurde häufig zuletzt gestellt.

Die Arbeitsämter waren zu diesem Zeitpunkt mit unterschiedlicher Hardware und der dazugehörigen Software ausgestattet. In den kleinen bis mittleren Arbeitsämtern waren Anlagen der Firma Nixdorf Computer AG installiert, in den großen Arbeitsämtern wurden Anlagen der Siemens AG eingesetzt. Nixdorf-Computer reichten dort nicht aus. Das Problem der Zweigleisigkeit war, dass die beiden Systeme nicht kompatibel waren. Ein weiteres bestand vor allem in der Trennung der Verantwortlichkeiten von Hard- und Software in zwei unterschiedliche Abteilungen.

Ich gewann den Eindruck, dass in der Verwaltung zu sehr auf Anlagen und Software von Nixdorf gesetzt wurde. Nach meiner Auffassung war ein Teil der ständigen Klagen der Mitarbeiter über Defizite im EDV-System auf nicht ausgereifte Anlagen und Verfahren für die komplexen Vorgänge in den größeren Arbeitsämtern zurückzuführen. Ich vertrat deshalb wie meine Fachleute die Auffassung, dass Siemens-Anlagen und Siemens-Software eher dafür geeignet wären. Mit dieser Meinung konnte ich mich gegenüber der für die Hardware zuständigen Abteilung jedoch nicht durchsetzen.

Hilfe kam schließlich von außen. Sowohl der Bundesrechungshof als auch der Haushaltsausschuss des Deutschen Bundestages sahen die steigenden Ausgaben der BA für die EDV mit Argwohn. Durch meine regelmäßigen Kontakte hatte ich die Möglichkeit, meine Sorgen über die Mängel der EDV-Systeme in der Arbeitsverwaltung deutlich zu machen. Ich bin sicher, dass dies mitgeholfen hat, eine konstruktive Lösung in dem Dauerstreit um die EDV zu finden.

Zunächst setzte sich der EDV-Disput in der Arbeitsverwaltung jedoch fort. Es ging um die Frage, wer für die Mängel in der EDV verantwortlich war und für deren Beseitigung einstehen musste. Die mir zugeordneten Fachleute für den Software-Bereich vertraten die Auffassung, dies liege an der mangelnden Kompatibilität der unterschiedlichen Hardware- und Software-Systeme in den Arbeitsämtern. Die Hardware-Fachleute kritisierten hingegen die nicht ausreichend detaillierten Anforderungsprofile für die gesamte EDV aus den Fachbereichen. Sie schoben jegliche Verantwortung von sich.

Nach langen Diskussionen in Verwaltung und Selbstverwaltung einigten wir uns als Hard- und Software-Verantwortliche in der Bundesanstalt auf einen Kompromiss: Nixdorf und Siemens sollten selbst für eine gemeinsame Schnittstelle und die Kompatibilität ihrer Software sorgen. Ansonsten würden sie unsere Aufträge verlieren. Dabei ging es mit einem jährlichen EDV-Budget der Arbeitsverwaltung von etwa 500 Millionen DM um einen der größten EDV-Aufträge, den die öffentliche Hand in der Bundesrepublik in dieser Zeit zu vergeben hatte. Wir führten zahlreiche Gespräche mit den beiden großen EDV-Anbietern – und hatten Erfolg: Siemens und Nixdorf verpflichteten sich auf die Herstellung der notwendigen Kompatibilität zwischen beiden Systemen.

Die Selbstverwaltung hatte sich darauf verständigt, die mit der EDV zusammenhängenden Fragen der Organisation und Ausstattung über Gutachten klären zu lassen. Wir hatten uns für die Unternehmensberatungsfirma Diebold Deutschland GmbH entschieden, die am ehesten Gewähr für eine sachgerechte Überprüfung bot. Mithilfe der Gutachter sowie des Kooperationsverbundes von Nixdorf und Siemens konnten wir endlich beginnen, die EDV für die Mitarbeiter in den Arbeitsämtern zu verbessern.

Als Nächstes galt es, in der Arbeitsverwaltung ein verlässliches Datenbank- und Bürokommunikationssystem zu installieren. Bei der Fülle der Daten in den verschiedenen Leistungsbereichen der BA war dies unbedingt erforderlich. Ebenso wichtig war der Aufbau einer Bürokommunikation mit Verbindung zur bestehenden Hard- und Software. So versuchte Nixdorf, der BA ein neues Datenbank- und Bürokommunikationssystem zu verkaufen. Selbst der Vorstand war dabei, als die Firma in Nürnberg ihr neues System präsentierte. Alle waren von der Präsentation von Nixdorf beeindruckt.

Wir bekamen den Auftrag, am nächsten Tag über die weiteren vertraglichen Details zu verhandeln. Als wir zum vereinbarten Termin erscheinen wollten, musste Nixdorf eingestehen, dass für Verhandlungen keine Grundlage vorhanden sei. Das Datenbank- und Kommunikationssystem sei »überhaupt nicht einsatzbereit«. Wir informierten umgehend den Vorstand. Es wurden danach keine weiteren Versuche mehr unternommen, uns »Potemkinsche Computerwelten« aus dem Hause Nixdorf vorzuführen.

Die Zweifel, die mich plagten, hatten sich mit dem Eklat der fehlgeschlagenen Präsentation bewahrheitet. Nixdorf hatte über Jahre hinweg EDV-Systeme an die Arbeitsverwaltung verkauft, die erst noch entwickelt werden mussten. Kurze Zeit später ging der für die Hardware-Ausstattung zuständige Abteilungsleiter der BA plötzlich in den vorzeitigen Ruhestand.

Im *Manager Magazin* fand ich in dem Artikel »Legende aus der Kellerwerkstatt« vom 23. August 2001 etwas Aufklärung der Hintergründe. Ich zitiere: »1985 erreichte der Umsatz [von Nixdorf] bei 3,9 Milliarden DM seinen Höchststand. Doch der Niedergang war auf dem Höhepunkt schon eingeläutet. Nixdorf hatte nicht nur den Siegeszug des Personal Computers verschlafen, auch eine vernünftige Kostenrechnung existierte in dem Unternehmen nicht, und nur dem Talent der Verkaufstruppe war es zu verdanken, dass man noch 1987 mit dem 1976 entwickelten Rechnersystem 8870 Geld verdienen konnte.«

1990 wurde die Nixdorf Computer AG mit dem Bereich Daten- und Informationstechnik der Siemens AG in der Siemens Nixdorf Informationssysteme AG zusammengefasst. Am 1. Oktober 1998 wurde diese aufgelöst und vollständig in die Siemens AG integriert. Das Insistieren der BA auf Kompatibilität der uns von Nixdorf und Siemens angebotenen Hard-und Software dürfte letztlich den Zusammenschluss von Siemens und Nixdorf befördert haben.

Erst nach der Neuorganisation der BA mit einem Vorstandsmanagement und einem Fachmann für Finanzen und IT ist es gelungen, für die IT-Ausstattung der BA nachhaltige Lösungen auf den Weg zu bringen.

Mit meinem hartnäckigen Drängen auf effiziente und kostengünstigere IT-Systeme musste ich einige Machtbastionen der Nürnberger Arbeitsverwaltung herausgefordert haben. War es

Zufall? War es ein Nachspiel zu der unendlichen IT-Geschichte oder meinem Dauerstreit mit Franke über öffentliche Äußerungen? Ich werde es nie ergründen. Eines Tages bekam mein Fahrer aus der Verwaltung ein Schreiben. Er wurde aufgefordert, für die letzten beiden Jahre alle Fahrten mit Einzelangaben der Fahrtziele und -zeiten zu belegen. Ich kannte natürlich das Spiel, politisch unliebsame Spitzenbeamte über Reisekostenabrechnungen stolpern zu lassen. Aus diesem Grund hatte ich von Anfang an meine Reisekostenabrechnungen erst nach Vorprüfung durch die Verwaltung abgezeichnet. Ich hatte Hinweise aus der Verwaltung bekommen, man versuche mir nachzuweisen, ich nutze den Dienstwagen für die SPD. Zu Sitzungen des SPD-Parteivorstandes und damit zusammenhängenden Terminen aber fuhr ich grundsätzlich mit dem Zug. Trotz des großen psychologischen Drucks auf meinen Fahrer waren keine politischen Fahrten für die SPD nachweisbar.

Frösche, Hasen und sechs Jahre ohne Sommerurlaub

Im Rückblick waren die sechs Nürnberger Jahre für unsere Pendlerfamilie eine stressige Zeit – für mich, für meinen Mann und erst recht für die beiden Söhne. Was damals besonders am Nervenkostüm zerrte und die Stimmung drückte, war der Umstand, dass die Auseinandersetzungen mit der BA-Spitze auch die Familie in Mitleidenschaft zogen. In doppelter Weise: Zum einen wurde meine Zeit – und die nötige innere Ruhe für die Kinder – immer knapper. Zum anderen: Was an mir zehrte, waren die Machtkämpfe nach allen Seiten. Die Kraftproben waren heftiger, als ich sie zuvor erfahren hatte. Sie erzeugten eine Spannung, die sich auch auf meine beiden Kinder übertrug. Ich war in Nürnberg mit widrigen Mächten konfrontiert, die ich vermuten, aber nicht fassen konnte.

Die beiden Jungen waren oft noch wach, wenn ich spätabends nach Hause kam. Unvergessen bleibt, wie sie bei später Rückkehr zuweilen verschlafen am oberen Geländer im Hausflur erschienen und runterriefen: »Uschi, hat der Franke dir heute wieder einen bösen Brief geschrieben?« Ich beruhigte sie dann: »Nein, alles in Ordnung. Heute gab es keinen bösen Brief.«

Wir hatten in Nürnberg auch viele schöne Erlebnisse: Nie wieder sind wir mit der Familie so viel geradelt. Es ging am Wöhrder See und an der Pegnitz entlang. Belustigung löste die politisch nicht so korrekte Herkunft meines etwas schwerfälligen Damenfahrrads aus: Ich hatte es als Toppreis auf einem Nürnberger CSU-Ball gewonnen.

Und auch wir hatten – wie viele Familien – unsere Tiergeschichte. Immer wieder drängten die Kinder. »Wann bekommen wir endlich einen Hund?« Mein Mann gab unter Hinweis auf den Schäferhund »Rex«, für den er in seiner Jugendzeit verantwortlich war, die Losung aus: »Ihr müsst erst einmal zeigen, dass ihr für Tiere Verantwortung übernehmen könnt.« Dass aus diesem Grundsatz eines Tages ein Stall mit 25 Kaninchen werden sollte, hätten wir uns nicht träumen lassen.

Beim Spaziergang am Ostersonntag in der Hersbrucker Schweiz fanden wir einen Frosch. Die Kinder wollten ihn mit nach Hause nehmen, mein Mann setzte sich jedoch dafür ein, den Frosch wieder freizulassen. Er würde bei uns nicht überleben. Dafür versprachen wir, in der Tierhandlung einen Frosch zu kaufen. Unsere Kinderfrau wollte das erledigen und informierte sich in einem Zoogeschäft. Am Telefon sagte sie: »Frösche haben gerade Schonzeit, es gibt keinen Frosch zu kaufen. Kann es eine Schildkröte sein?« Ich stimmte zu und dachte, die Sache sei damit erledigt. Kurze Zeit später kam ein erneuter Anruf: »Die Salatblätter haben wir schon gekauft. Aber es gibt wegen der Schonzeit auch keine Schildkröten. Kann es auch ein Kaninchen sein?« Ich stimmte zu.

Die Familie befand, dass das Kaninchen Gesellschaft brauche. Am Samstag gingen wir erneut in ein Zoogeschäft und entschieden uns für einen besonders kräftigen Hasen mit Schlappohren. Allerdings wunderten wir uns schon bald über die gegenseitige Zuwendung der beiden angeblich männlichen Kaninchen. Es kam, wie es kommen musste. Es dauerte nicht lange, und das Kaninchen mit den Schlappohren, inzwischen auf den Namen Susi getauft, erwartete Nachwuchs.

Sie brachte fünf winzige Kaninchen zur Welt. Da sie wahrscheinlich viel zu jung war, wollte oder konnte sie die Kleinen nicht säugen. Am nächsten Morgen waren alle tot, Susi hatte sie mit ihrem Gewicht erdrückt. Das war ein Schock für die ganze Familie. Die beiden Kaninchen trösteten sich allerdings sehr schnell. Obwohl wir versuchten, sie auseinanderzuhalten, dauerte es nicht lange bis zum zweiten Wurf. Auch dieses Mal kamen fünf Kleine zur Welt. Susi war inzwischen etwas älter und nach unserem anfänglichen Dafürhalten sogar bereit, selbst für das Überleben der Kleinen zu sorgen. Allerdings gab es auch hier einen Unfall. Wir vergaßen, die Stalltür zu schließen. Drei der fünf Kleinen fielen heraus und starben, zwei überlebten.

Nicht viel später kam es dann zum dritten Wurf. Dieses Mal überlebten alle und waren putzmunter. Wir mussten einen größeren Hasenstall anfertigen lassen. Darin war viel Platz für eine ständige Erweiterung unserer Kaninchenzucht. Allerdings hatten wir ein großes Problem. Wenn wir zusammen wegfahren wollten, mussten wir jemanden finden, der die Fütterung besorgte. Ein weiteres Problem waren die Neugier und Fresswut von Susi. Im Sommer hatten wir auf der Wiese ein Terrarium für die Hasen abgezäunt. Susi legte es darauf an, durch den Zaun auszubüchsen und in Nachbars Garten herumzuhoppeln, wo wunderschöne duftende Nelken standen.

Das Nachbargrundstück gehörte dem Besitzer eines Geschäfts für Kindermoden. Eines Nachmittags kam ich früher nach Hause. Am Zaun unseres Nachbarn standen viele Kinder aus der Nachbarschaft. Susi fraß wieder einmal ungeniert die Nelken in Nachbars Garten. Die Nachbarin hörte ich noch schreien: »Wenn ihr euren verdammten Hasen nicht endlich einsperrt, werde ich ihn umbringen.« Dann flogen Steine, und der Hase verschwand augenblicklich durch das Loch im Zaun wieder auf unser Grundstück. Die Kaninchenzucht erweiterte sich trotz alledem auf 25 Tiere.

Besonders im Gedächtnis eingeprägt haben sich die sonntäglichen Familienwanderungen im näheren Umfeld der Stadt. In der BA gab es einen passionierten Wanderer, Peter Faßl von der Personalabteilung. Er organisierte an mehreren Sonntagen im Jahr Wanderungen. Sie dauerten etwas mehr als einen halben Tag. Der Ausgangspunkt war immer mit öffentlichen Verkehrsmitteln zu erreichen. Mittags wurde ein gemütliches Restaurant aufgesucht, und unser Wanderführer achtete darauf, dass der Schweinsbraten nicht teurer als fünf bis sechs DM war. Wer wollte, konnte natürlich sein Picknick selbst mitbringen. Für die Kinder hatte Kollege Faßl einen großen Rucksack mit Süßigkeiten und Spielsachen dabei. Wie ich später erfuhr, testete er die Wanderwege selbst vorher mit der Stoppuhr. Oftmals machte er sich dazu nachts mit einer Taschenlampe auf den Weg durch Berg und Tal. Bei diesen Wanderungen hat sich für uns das reizvolle Umland von Nürnberg erschlossen. Zudem haben wir Kontakte knüpfen können, die noch Jahre hielten.

Nach zwei Jahren entschied sich unsere langjährige Kinderfrau, nach Düsseldorf zurückzukehren. Ihr Weggang war ein großer Einschnitt für uns. Über das Arbeitsamt Nürnberg fand ich in Renate Brickel eine gute Nachfolgerin. Ihr Mann studierte Maschinenbau an der Fachhochschule in Nürnberg. Beide wohnten im Studentenwohnheim in unmittelbarer Nähe unseres Hauses. Es dauerte allerdings längere Zeit, bis unser Familienleben wieder ins Lot geriet. Renate Brickel blieb so lange bei uns, bis sie im März 1988 selbst ein Kind erwartete. Mit einer abermaligen Nachfolgerin hatten wir wenig Glück.

Hinzu kam, dass unsere beiden Söhne in den Nürnberger Schulen einen recht schweren Stand hatten, und so mussten wir eine geeignete Internatslösung für sie finden. Auf Empfehlung des Leiters des Nürnberger Jesuitenseminars entschieden wir uns für das Aloisiuskolleg in Bonn-Bad Godesberg. Diese Lösung hatte den Vorteil, dass sowohl mein Mann in Düsseldorf als auch meine in Neuss lebende Mutter die nötige Unterstützung leisten konnten.

Wir haben in diesen Jahren der Gymnasialzeit über manche Höhen und Tiefen große Hochachtung vor der Bildungsleistung des Aloisiuskollegs gewonnen. Den besonders engagierten Lehrern ist unsere Familie zu großem Dank verpflichtet. Beide Söhne haben dort ihr Abitur gemacht. Beide haben dann nach Ableistung ihres Wehrdienstes ein Studium der Wirtschaftswissenschaften aufgenommen. Nach Auslandspraktika und Auslandssemestern haben beide ihre Studien erfolgreich abgeschlossen. Der ältere Sohn an der Katholischen Universität Eichstätt-Ingolstadt. Der jüngere Sohn an der Universität Passau, an der er dann auch promoviert wurde.

An der BA gab es einen weiteren Missstand, der die Harmonie unseres Familienlebens allerdings stark beeinträchtigte: Der Präsident sagte mir nie im Voraus, wann er abwesend sein würde und wann ich ihn vertreten sollte. Ich musste den Eindruck gewinnen, dass meine gesetzlich geregelte Abwesenheitsvertretung sabotiert werden sollte. Die Konsequenz war: Über die sechs Jahre meiner Vizepräsidentschaft hinweg wagte ich nicht, einen mehrwöchigen Sommerurlaub zu nehmen. Für zwei heranwachsende Jungen sind sechs Jahre – erst recht sechs Sommerferien – ohne die eigene Mutter eine lange, unwiederbringliche Zeit. Statt die eigene Mutter in diesen Jahren des Heranwachsens einmal in den Sommerferien ganz entspannt zu erleben, mussten unsere Söhne damit vorliebnehmen, ihr aus dem Urlaub am Telefon die wichtigen Ereignisse und Impressionen zu berichten.

Mein Mann sorgte für eine halbwegs familienfreundliche Lösung. Wir kamen überein, dass ich Weihnachten und Neujahr definitiv Urlaub nehme und mit der Familie in die Berge fahre. Und dass mein Mann die Sommerferien mit unseren Söhnen verbringt. So wurden schon vom Frühjahr an Pläne für die Sommerferien »zu dritt« geschmiedet. In einem Jahr richteten sie sich auf einige Wochen auf Mallorca ein – nicht nur zum Schwimmen, sondern auch zum Angeln. Mehrere Jahre gehörten einige Wochen an der türkischen Adria auf den »Sommerplan mit Papa«. Hoch im Kurs stand danach Österreich. Dorthin nahm Klaus sie zum jährlichen Forum Alpbach mit, oft kombiniert mit einem Aufenthalt in Altaussee, wo meine Mutter in einem Bauernhaus ihre Sommerferien zu verbringen pflegte. Auf diese Weise holte mein Mann vieles nach, was er als »Papa Amerika« in den ersten Lebensjahren unserer Kinder versäumt hatte.

Maulkörbe und angedrohte Disziplinarverfahren

Seit ich im August 1986 auf dem Parteitag der SPD in Nürnberg zum Mitglied des Parteivorstandes gewählt worden war, verschärften sich die Auseinandersetzungen mit dem CDU-Veteranen Heinrich Franke. Meine öffentlichen Äußerungen schienen für ihn ein immer größeres Ärgernis zu werden. Auch geriet ich als eine der wenigen »Sozis« in einer politisch einflussreichen Führungsposition auf Bundesebene zunehmend ins Fadenkreuz der Bundesregierung in Bonn. Sie wollte verhindern, dass ich die Schönfärberei des Beschäftigungszuwachses am Arbeitsmarkt, die von der Regierung Kohl/Genscher betrieben wurde, aufdeckte. Dies tat ich, wann immer sich mir durch Veröffentlichungen und Vorträge auf Gewerkschaftsveranstaltungen eine Gelegenheit bot. Ich präsentierte meine Analysen und Meinungen plastisch und unverblümt. Ich gab auch zahlreiche Interviews, in denen ich meine Meinung darlegte und sagte, wie die Dinge wirklich aussahen.

Die Warnungen, schriftlichen Abmahnungen und Androhungen von Disziplinarverfahren seitens des Präsidenten versuchte ich kühl und sachlich zu beantworten: Bei Veranstaltungen von SPD, Gewerkschaften oder bei Auftritten vor wissenschaftlichen Gremien spräche ich nicht in dienstlicher Funktion für die Bundesanstalt. Deshalb läge eine Verletzung des Neutralitätsgebots für BA-Beamte nicht vor. Doch sähe ich es als meine Verpflichtung und mein Recht an, als anerkannte Arbeitsmarktexpertin gegenüber mir politisch nahestehenden Fachkreisen meine Bewertungen abzugeben. Dabei sei ich bemüht, mich bewusst maßvoll und ausgewogen zu äußern. Deshalb könne von einer mir vom BA-Präsidenten vorgeworfenen »schrankenlosen und unbegrenzten parteipolitischen Aktivität zugunsten der SPD« keine Rede sein.

Besonders hohe politische Wellen schlug ein Artikel im *Handelsblatt* vom 9. Dezember 1986. Er war überschrieben mit: »Die Kronzeugin der Ankläger – Frankes Stellvertreterin zerpflückt den Beschäftigungsanstieg«. Auf Einladung des DGB hatte ich bei einer Fachkonferenz im Dezember 1986 einen Vortrag zur Situation auf dem Arbeitsmarkt gehalten. Ich hatte mir unter anderem erlaubt, die geringwertige Beschäftigung als »Austreiben des Teufels mit dem Beelzebub« zu kritisieren. Dies wurde vom *Handelsblatt* – ganz im Sinne der Arbeitgeberverbände – als eine »Übertretung des Neutralitätsgebotes meiner Funktion als Vizepräsidentin der BA in den heraufziehenden Tarifauseinandersetzungen« aufgespießt. Ergebnis war eine heftige Debatte im Vorstand der BA. Ich nahm mir das kontroverse Echo meiner Äußerungen zu Herzen. In der Sache brauchte ich keine Abstriche zu machen. In der Darstellung aber musste ich als Vizepräsidentin künftig mehr diplomatisches Gespür entwickeln. In der Folgezeit beschränkte ich mich auf ausgewogene Darstellungen vor allem der ansteigenden Langzeitarbeitslosigkeit, der beruflichen Weiterbildung und der Gleichstellung auf dem Arbeitsmarkt.

Beim Thema Gleichstellung hatte ich relativ freie Bahn. Das Thema war kein Anliegen von Präsident Franke. Im Gegenteil: Bei einer der monatlichen Pressekonferenzen brachten Journalisten die Gleichstellung zur Sprache. Die Antwort des Präsidenten werde ich nicht vergessen. Er sagte sinngemäß, die Männer müssten sich in der Familienpolitik mehr anstrengen, womit er meinte, dass sie mehr Kinder zeugen sollten. Dann gäbe es kein Problem der Gleichstellung auf dem Arbeitsmarkt. Sollte dies ein Scherz gewesen sein, so ist mir das Lachen jedenfalls gründlich vergangen.

Treffend hat die Journalistin Kerstin Möller in den *Nürnberger Nachrichten* vom 23. April 1988 die spannungsgeladene Situation an der BA-Spitze beschrieben: »In der Bundesanstalt für Arbeit hängt der Haussegen schief. Auf dem Olymp der Mammutbehörde geht es zu wie im richtigen Leben. Alleinherrscher Zeus duldet keine Götter neben sich; er grantelt mit Athene. Die Göttin ist aufmüpfig. Sie will nicht im Schatten stehen und ihr Licht unter den Scheffel stellen – sie will mitregieren. Aber Zeus sind gebildete, emanzipierte Frauen ein Gräuel.«

Besonders heftige und verärgerte Reaktionen bis zu Bundeskanzler Helmut Kohl und seinem Kanzleramtsminister Wolfgang Schäuble löste ich mit einem Interview aus, das in der *Hamburger Morgenpost* vom 25. Oktober 1987 erschien. Dort kritisierte ich die geplante Steuerreform der Bundesregierung. Zudem wies ich auf die zunehmende finanzielle Klemme der Kommunen infolge der steigenden Ausgaben für die Langzeitarbeitslosigkeit hin. Wie mir zugetragen wurde, war daraufhin der Staatssekretär Wolfgang Vogt von ganz oben aufgefordert worden, über den Präsidenten der Bundesanstalt dafür zu sorgen, dass die »parteipolitische Agitation« der Vizepräsidentin gegen die Politik der Bundesregierung gestoppt würde. Franke wies mich auf die Paragrafen 52 und 53 des Bundesbeamtengesetzes (BBG) hin, in dem es hieß: »Jeder Beamte dient dem ganzen Volke, nicht einer Partei. Er hat seine Aufgaben unparteiisch und gerecht zu erfüllen und bei seiner Amtsführung auf das Wohl der Allgemeinheit Bedacht zu nehmen. Für seine politische Betätigung bedeutet dies, dass er diejenige Mäßigung und Zurückhaltung zu wahren hat, die sich aus seiner Stellung gegenüber der Gesamtheit und aus Rücksicht auf sein Amt ergeben.« Darauf erwiderte ich nur, dass meine Äußerungen keine Verletzung dieser Gebote des BBG darstellten.

Meine Äußerungen zur beruflichen Integration von Übersiedlern nahmen Wolfgang Vogt und der beamtete Staatssekretär Werner Tegtmeier zum Anlass, über das *Handelsblatt* zurückzuschlagen: Frau Engelen-Kefer leiste einen unrühmlichen Beitrag für eine Politik der Einmauerung von Bürgern, wenn sie von der

DDR als Zeugin genutzt werden könne. Natürlich hatte ich mit meinen Äußerungen alles andere im Sinn, als der DDR einen Gefallen zu tun. Deshalb war in meinen Augen diese Kritik völlig abwegig.

Dann kam im November 1989 der Fall der Berliner Mauer. Die Grenzen zwischen Ost und West öffneten sich. Die Menschen erlebten den Zusammenbruch des real existierenden Sozialismus und das Ende des Kalten Krieges. Die epochale Wende versetzte die Menschen auf beiden Seiten Deutschlands in einen euphorischen Zustand. Es wäre zu erwarten gewesen, dass auch in der Arbeitsverwaltung alte Scharmützel begraben würden. Schließlich sah sich die Bundesanstalt angesichts der deutschen Einheit vor gewaltige neue Aufgaben gestellt. In den neuen Bundesländern musste die Arbeitsverwaltung neu aufgebaut werden. Aber weit gefehlt. Die »Überzeugungstäter« gegen meine aktive Ausfüllung der Vizepräsidentenfunktion behielten weiter die Oberhand. Nur wenige von ihnen – das sei festgehalten – übernahmen neue Aufgaben beim Aufbau der Arbeitsverwaltung im Osten Deutschlands. Die meisten blieben lieber im Glaspalast an der Regensburger Straße.

Dann warf die für den 2. Dezember 1990 angesetzte Bundestagswahl, die ganz im Zeichen der deutschen Wiedervereinigung stand, politisch ihre Schatten voraus. Jede meiner öffentlichen Äußerungen wurde mit Argusaugen von Präsidentenbüro und Bundesregierung seziert. Immer wieder kamen seitens des Präsidenten Ermahnungen, mit Blick auf den kommenden Wahlkampf keine politischen Äußerungen abzugeben. Entsprechend wurde auch die Teilnahme an öffentlichen Veranstaltungen untersagt. Das sollte bis in die untersten Ebenen durchgesetzt werden. So untersagte mir Präsident Franke beispielsweise die Teilnahme an einer Fachkonferenz der IG Metall.

Seine Begründung war: Dies könne eine Verletzung des Neutralitätsgebotes für die BA darstellen. Wie ich später erfuhr, hatte der Verband der Metallarbeitgeber in Baden-Württemberg bei Präsident Franke interveniert. Ich nahm Urlaub und fuhr trotzdem zu dieser Tagung nach Leinfelden-Echterdingen.

Es ist wohl kaum verwunderlich, dass ich in der Nacht vor meinem Auftritt kaum schlafen konnte. Morgens nahm ich einen frühen Zug nach Stuttgart. Die ganze Fahrt über feilte ich noch an meinem Referat. In Leinfelden-Echterdingen wurde ich von den Kollegen der IG Metall freundlich empfangen. Ich hielt eine gut ausgearbeitete, sachlich fundierte Rede. Zur Konferenz war sowohl regionale wie überregionale Presse erschienen. Von dem anwesenden Fernsehteam der ARD wurde ich zu einigen O-Tönen gebeten.

Nach der Veranstaltung fuhr ich wieder mit dem Zug nach Nürnberg zurück. Es war ein aufregender und anstrengender Tag gewesen. Aber ich war mir sicher, mich mit meinen Formulierungen voll im Rahmen des »Neutralitätsgebotes« bewegt zu haben. Als ich die *Tagesthemen* ansah, traute ich meinen Augen und Ohren nicht. An prominenter Stelle brachte der Moderator, Hanns Joachim Friedrichs, über meinen Auftritt bei der IG-Metall-Fachkonferenz einen umfangreichen Nachrichtenbeitrag. Bemerkenswert war die ironische Umrahmung meines nicht offiziell genehmigten Auftritts durch den Moderator. Er nahm BA-Präsident Franke aufs Korn und hielt mit großem Sarkasmus fest, dass Franke die Teilnahme seiner Stellvertreterin an der Fachkonferenz der IG Metall verboten hatte. Und dass ich deshalb einen Tag Urlaub hatte nehmen müssen, um meine Zusage gegenüber den Gewerkschaftskollegen einhalten zu können.

Nach dem Fernsehbericht waren die Sympathien verständlicherweise nicht aufseiten des BA-Präsidenten. In der Selbstverwaltung gelang es ihm nicht, Widerstand gegen mich zu mobilisieren. Auch die Arbeitgeber konnten nach dieser öffentlichen Vorführung zur besten ARD-Sendezeit ihren Vorwurf einer Neutralitätsverletzung nicht mehr aufrechterhalten.

So begann hinter den Kulissen der Versuch, den Hebel eines Disziplinarverfahrens gegen mich anzusetzen. Die Begründung war folgende: Da ich der Weisung meines Dienstvorgesetzten nicht gefolgt sei, hätte ich ein Dienstvergehen begangen, das mit der Eröffnung eines Disziplinarverfahren zu ahnden sei. Aus dem Mittelbau der Arbeitsverwaltung war ich über die Vorgänge bestens informiert. Seine Drohung, mich vor das Verwaltungsgericht Ansbach zu bringen, hat mein Nürnberger Dienstvorgesetzter jedoch – gottlob – nie wahr machen können.

6

Wie ich in der Ära von Kohl und Blüm für den Sozialstaat eintrat

Meine Rückkehr zum DGB

Im Juni 1989 war ich als Vizepräsidentin der BA für die Internationale Vereinigung der Sozialen Sicherheit (IVSS) zur Jahreskonferenz der IAO nach Genf geflogen. An einem späten Nachmittag traf ich bei der Rückkehr ins Hotel meinen früheren Chef, Gerd Muhr. Sichtlich ergriffen erzählte er mir, er habe gerade die Nachricht erhalten, dass die Ärzte bei seinem Vorstandssekretär und Abteilungsleiter Sozialpolitik, Alfred Schmidt, eine tödliche Krankheit im fortgeschrittenen Stadium festgestellt hätten. Dann erläuterte mir Muhr, seine Pläne, Alfred Schmidt als seinen Nachfolger vorzuschlagen, hätten sich damit zerschlagen. »Jetzt wird meine Nachfolge wahrscheinlich auf dich hinauslaufen. Mach dich darauf gefasst«, sagte er.

Ich war erschrocken und überrascht zugleich. Es dauerte nicht lange, da lud mich das Büro des damaligen Ersten Vorsitzenden der IG Metall, Franz Steinkühler, zu einem Gespräch ein. Wie heute weiß ich noch, dass es ein besonders gewittrig-stürmischer Sommertag war. Ich flog mit Bangen in Genf los und war froh, als ich wieder heil in Frankfurt gelandet war. Franz Steinkühler empfing mich freundlich, kam schnell zur Sache und fragte mich, ob ich mir vorstellen könne, die Nachfolge von Gerd Muhr zu übernehmen. Ich bejahte. Voll Zuversicht und stiller Freude flog ich wieder zurück nach Genf.

Nach fast sechs Jahren als Vizepräsidentin der Bundesanstalt für Arbeit schien 1990 mein Schicksalsjahr zu werden. Je stärker mir in der Bundesanstalt die Brocken um die Ohren flogen, umso tröstlicher war für mich die neue berufliche Perspektive. Sie gab mir neue Kraft und Gelassenheit. Ich sah es als die Chance meines Lebens an, meinem »Lehrmeister« Gerd Muhr zu folgen.

Aber auch dieses Mal gab es genügend Gegenwind. Der mächtige Vorsitzende der IG Chemie, Papier, Keramik, Hermann Rappe, war beispielsweise wenig begeistert von meiner Kandidatur. Während meiner Zeit im DGB war ich mit ihm in Anhörungen im Bundestag häufiger aneinandergeraten, weil er bemüht war, die sozialen Einschnitte des damaligen SPD-Kanzlers Helmut Schmidt zu rechtfertigen. Die grundsätzliche Kontroverse über den sozialpolitischen Kurs des DGB musste ich auch mit seinem Nachfolger Hubertus Schmoldt fortführen.

Natürlich verfolgten Freund und Feind die Auseinandersetzung um meine Nominierung für die Muhr-Nachfolge. Im Vorstand und im Verwaltungsrat der BA waren die Mitglieder aller drei Gruppen ebenfalls gespannt. Schließlich war damit zu rechnen, dass ich als Nachfolgerin von Gerd Muhr den alternierenden Vorsitz im Vorstand der BA übernehmen würde. Damit würde ich in einer stärkeren Funktion auf längere Sicht mit Heinrich Franke und seiner Führungsmannschaft zu tun haben.

Mit der Wahl auf dem Hamburger DGB-Bundeskongress konnte ich schließlich mehr als zufrieden sein. Mit 88,97 Prozent erzielte ich den größten Stimmenanteil der Delegierten. Ich wurde in Hamburg in ein Amt gewählt, das ich 16 Jahre halten und dann auf dem DGB-Bundeskongress am 23. Mai 2006 in einer Kampfabstimmung knapp verlieren sollte.

Mein aktiver Part begann am Dienstag, den 23. Mai 1990. In einer »Einführungsrede« hatten sich alle neuen Kandidatinnen und Kandidaten des DGB-Bundesvorstandes den Delegierten vorzustellen. Dabei war ich offensichtlich in der Lage, den Kopf und die Herzen vieler Delegierten zu erreichen. Noch unter dem Datum des 23. Mai 1990 bat ich brieflich um die sofortige Entlassung aus dem Beamtenverhältnis bei der BA. Das Schreiben schickte ich an Heinrich Franke mit der Bitte um Weiterleitung an Arbeitsminister Norbert Blüm. Durch die angenommene Wahl zur stellvertretenden Vorsitzenden des DGB hatte ich von diesem Tag an meine neue Funktion zu erfüllen. Damit waren auch die Weichen gestellt, als Gerd Muhrs Nachfolgerin noch auf Jahre hinaus der Bundesanstalt eng verbunden zu bleiben.

Ein Problem nach der Wahl bestand in der Verteilung der Aufgaben zwischen dem CDU-Mann Ulf Fink und mir. Er wollte wie ich die Zuständigkeit für die Sozialpolitik im DGB. Aus parteipolitischen Gesichtspunkten einer Einheitsgewerkschaft erwarteten die Gewerkschaftsvorsitzenden eine einvernehmliche Lösung. Nach einigem Gerangel verständigten wir uns auf folgende Arbeitsteilung: Die Verantwortung für die gesetzliche Renten- und Krankenversicherung sowie die Arbeitsmarktpolitik sollte bei mir bleiben, Ulf Fink erhielt die Zuständigkeit für die Bereiche präventive Gesundheitspolitik, Arbeits- und Gesundheitsschutz (ehemals mein Referat) und innergewerkschaftliche Bildung. Zuletzt wurde mir der Bereich Frauen- und Gleichstellungspolitik übertragen.

Mit der Nachfolge von Gerd Muhr konnte ich auch meine Arbeit in der internationalen Sozialpolitik fortsetzen. Dabei stand ich jetzt in der ersten Reihe. Durch das Wirken von Gerd Muhr hatte der DGB über zwei Jahrzehnte nicht nur in der Internationalen Arbeitsorganisation, sondern auch in der internationalen Gewerkschaftspolitik erheblich an Ansehen gewonnen.

Meine Arbeit erforderte den vollen Einsatz. Ich musste meine strategische Ausrichtung selbst entwickeln, das konnte mir niemand abnehmen. Außerdem galt es, Verbündete zu finden, die Inhalte meiner Arbeit plausibel zu machen und sie gegenüber den richtigen Personen und Institutionen darzustellen. Es war wichtig, präsent zu sein und Entwicklungen auch hinter den Kulissen mitzubekommen. Auch Selbstkritik gehörte natürlich dazu. »Was habe ich falsch gemacht?«, fragte ich mich und war bemüht, aus Fehlschlägen zu lernen.

Deutsche Einheit – Test gewerkschaftlicher Solidarität

Die Übernahme der Verantwortung als stellvertretende Vorsitzende des DGB fiel aufgrund der deutschen Einheit in eine Zeit dramatischer wirtschaftlicher, sozialer und politischer Umbrüche. In den ersten beiden Jahren schien der DGB dank allgemeiner Euphorie eine gewisse »Schonzeit« zu haben. Doch es tickten bereits einige Zeitbomben.

In den neuen Bundesländern wollten die Menschen Jahrzehnte erzwungenen Konsumverzichts so schnell wie möglich nachholen. Bei vielen bestand zunehmend Misstrauen gegenüber dem aus der DDR bekannten Warenangebot. Noch nicht einmal das lokal hergestellte Mineralwasser wollte man mehr trinken. Es gab daher für Westprodukte im Osten Deutschlands einen großen Nachfrageschub. Die negativen Folgen für die Unternehmen und Arbeitnehmer ließen nicht lange auf sich warten. Immer mehr Betriebe mussten schließen. Hinzu kam der Zusammenbruch der östlichen Exportmärkte in Russland und anderen Ländern des früheren Ostblocks. Es wurden zunächst in der Produktion und dann auch bei den privaten und öffentlichen Dienstleistungen in den neuen Bundesländern massenhaft Arbeitsplätze vernichtet.

Die Arbeitslosigkeit stieg ab 1993 drastisch an. Ebenso eskalierten die staatlichen Ausgaben; hohe Steuersubventionen, mit der Gießkanne verteilt, flossen in überdimensionierte, überteuerte Wohn- und Bürohäuser, in Einkaufspassagen und Einkaufszentren, in Videotheken und Sonnenstudios. Anstatt die Kosten der sozialen Einheit als eine gesamtgesellschaftliche Aufgabe anzusehen und sie über höhere Steuern zu finanzieren, wählte der »Kanzler der Einheit« den politisch bequemeren Weg: Ein erheblicher Teil der Einheitsfinanzierung wurde unter Belastung der Sozialkassen über west-östliche Transferleistungen in Gang gesetzt.

Die Ausgaben für die Arbeitslosenversicherung und die Arbeitsmarktpolitik, dann aber auch für die Renten- und Krankenversicherung, stiegen folglich dramatisch an. Und das Versprechen von Bundeskanzler Helmut Kohl und seinem Finanzminister Theo Waigel, wonach die deutsche Einheit aus den Einkünften höheren Wachstums finanziert werden könne, erwies sich schon bald als Fata Morgana. Trotz des Solidaritätszuschlags und milliardenschwerer Sonderschuldenfonds wurden immer größere Löcher sowohl in die öffentlichen Haushalte als auch in die Sozialversicherungssysteme gerissen.

Damals brachten wir vorsichtig den Gedanken zur Sprache, ob man nicht einen Teil der zusätzlichen Nachfrage zur Verlagerung von Produktion und Arbeitsplätzen in die neuen Bundesländer leiten sollte. Wir regten dazu Initiativen der Betriebsräte in den westdeutschen Unternehmen an. Dies aber bedeutete, dass weniger im Westen investiert würde. Dafür ernteten wir nur entsetztes Schweigen im Bundesvorstand.

Selten habe ich die Gewerkschaftsvorsitzenden so zugeknöpft gesehen. Unser Vorstoß zur »Solidarität der Betriebsräte West/Ost« verlief im Sand. Dasselbe galt für den Vorschlag von Heinz-Werner Meyer, Vorsitzender des DGB, den 1. Mai 1992 unter das Motto zu stellen: »Teilen verbindet«. Auch damit haben wir Schiffbruch erlitten.

Zu meinen Verantwortlichkeiten gehörte damals der gewerkschaftlichte Rechtsschutz mit etwa 1000 Beschäftigten. Die Ausweitung des gewerkschaftlichen Rechtsschutzes in den neuen Bundesländer war eine Pionierleistung. Im Februar und März 1990 war ich zu diesem Zweck in den neuen Bundesländern unterwegs. Es gab weder ausreichend Räumlichkeiten, um unsere Rechtsschutzbüros einzurichten, noch gab es geeigneten Wohnraum für die Rechtsschutzkollegen. Die Kollegen arbeiteten und wohnten, wenn sie Glück hatten, in Plattenbauten, die die Bürger der ehemaligen DDR in Richtung Bundesrepublik verlassen hatten. Ansonsten mussten sie in Baracken oder leer stehenden Sommerhäusern kampieren. Fließendes warmes Wasser war häufig ein nicht erreichbarer Luxus. An Telefonverbindungen war erst gar nicht zu denken. So fuhren wir mit riesigen tragbaren Funktelefonen und mobiler Büroausstattung durch die ostdeutschen Lande.

Trotz dieser Widrigkeiten gelang es in kürzester Zeit, einen funktionierenden Rechtsschutz in den neuen Bundesländern aufzubauen. Dies war auch dringend nötig. Denn nach dem Zusammenbruch der kommunistischen Planwirtschaft agierten Unternehmer in Ostdeutschland teilweise in kapitalistischer Wildwestmanier. Manche nutzten die Unerfahrenheit der Bürger in der ehemaligen DDR schamlos aus. Sie bezahlten Hungerlöhne oder weigerten sich, Löhne überhaupt auszuzahlen. Sie übertraten die Arbeitszeitregelungen oder verletzten den Arbeits- und Gesundheitsschutz. Die Rechtsschutzexperten des DGB hatten bis über beide Ohren zu tun. Mit der bald einsetzenden Entlassungswelle explodierte in den ostdeutschen Betrieben die Nachfrage nach Hilfe um Rechtsschutz. Unsere dafür zuständigen Sekretäre hatten einen schweren Stand, wenn sie verzweifelten Betriebsräten und Gewerkschaftsfunktionären bei Massenentlassungen beistehen mussten.

Gewerkschaften stützen die Sozialunion

Als Gewerkschaften mussten wir schon frühzeitig realisieren, dass wir beim Aufbau einer Sozialunion vonseiten der marktradikalen Kräfte keine Schonzeit erhielten. Alte und »neugeborene« Kapitalisten sahen im Zusammenbruch der kommunistischen Wirtschaftssysteme eine Legitimation für freie Märkte und für die Rückführung des Sozialstaates. Sie interpretierten den Zusammenbruch der kommunistischen Zentralverwaltungswirtschaften als Himmelsgeschenk für private Unternehmer. Ihr Schlachtruf lautete: »Der reale Sozialismus ist tot, es lebe der Kapitalismus«. Der ungeliebte teure »Sozialklimbim« einer »sozialen Marktwirtschaft mit Nachkriegssozialromantik« müsse endlich über Bord geworfen werden, meinten sie.

Zunächst profitierte die Wirtschaft im Westen vom »Einigungsboom«. Von 1990 bis 1992 stieg das Bruttoinlandsprodukt real insgesamt um etwa zehn Prozent, die Zahl der Beschäftigten nahm um etwa eine Million zu. Die Kehrseite dieses Wachstumsschubs war der jähe Absturz der Produktion im Osten. Das ostdeutsche Bruttoinlandsprodukt fiel um etwa 20 Prozent, die Zahl der Arbeitslosen im Osten schnellte auf über 1,1 Millionen hoch.

Am 3. Oktober 1990 wurde schließlich mit dem Beitritt der auf dem Territorium der ehemaligen DDR gegründeten Länder zum

Geltungsbereich des Grundgesetzes der Bundesrepublik Deutschland die Wiedervereinigung Deutschlands vollzogen. Durch den Beschluss der eigenen Volksvertretung hörte die DDR auf zu bestehen.

Auf dieser vertraglichen Grundlage galt es nun, die Mitwirkung der Gewerkschaften bei der Gestaltung der Sozialunion zu sichern. Bei der Umsetzung derselben fiel mir eine Schlüsselrolle zu. Das war mir recht, weil ich etwas neu gestalten konnte. Das schien mir besser, als gegen den Sozialabbau anzugehen. Ich hatte viele seriöse und engagierte Mitarbeiter, die helfen wollten und etwas aufbauen konnten. Mein hauptsächlicher Kontrahent auf der Seite des Bundesverbandes deutscher Arbeitgeberverbände (BDA) war Fritz-Heinz Himmelreich.

Ich kannte ihn seit 1978 aus meiner Tätigkeit im Vorstand der Arbeitsverwaltung und dann als Vizepräsidentin der BA. Himmelreich gehörte zu den Tarif- bzw. Sozialpartnern, vor denen ich besonders großen Respekt hatte. Sein Vater war Theologe und Studienrat in Essen. Er kam also wie mein Vater aus der Krupp-Stadt, dem Herzen des Ruhrgebiets. Während seines Studiums hatte er sich seinen Lebensunterhalt als Zinkofenschmelzer und Bergmann unter Tage verdient. Zeit seines Berufslebens hat er die Arbeitgeber in gesellschaftspolitischen Fragen besonders wirksam vertreten. So wie ich hatten viele meiner Kollegen den Eindruck, dass Himmelreich auch an der Spitze der BDA nie vergessen hatte, unter welchen Bedingungen Millionen Menschen arbeiten und leben müssen.

Nie werde ich vergessen: In den turbulenten Zeiten der Vereinigung wiederholte Himmelreich mehrfach die Warnung, die er schon in den ersten Jahren meiner Tätigkeit im Vorstand mit Blick auf die Bundesanstalt geäußert hatte: »Die Auseinandersetzungen in den Sozialversicherungen und zwischen den Tarifparteien werden härter werden, wenn unsere Generation abtritt.« Ohne die Vergangenheit verklären zu wollen: Immer wieder konnte ich über die Jahre feststellen, wie recht er hatte.

Soziale Sicherung für 17 Millionen Menschen in der ehemaligen DDR

Es gab eine große Bereitschaft bei allen politisch Verantwortlichen und den Sozialpartnern, die etwa 17 Millionen Menschen der ehemaligen DDR möglichst zügig in die Solidarität der sozialen Sicherungssysteme aufzunehmen, die bis dahin im westlichen Teil Deutschlands in Jahrzehnten aufgebaut worden waren.

Die Rentenversicherungsträger nahmen sofort die Auszahlungen der Renten im Osten Deutschlands auf. Es bestand Einigkeit, dass gerade den Rentnern im Osten möglichst schnell existenzsichernde Einkommen gewährt werden müssten. Dabei galt es, »Neiddebatten« – Rentner aus dem Westen gegen Rentner aus dem Osten – zu verhindern.

Auch konnte die gesetzliche Krankenversicherung die Betreuung und Versorgung der Bevölkerung in den neuen Bundesländern in kürzester Zeit sicherstellen. Wir hatten uns als Gewerkschaften dafür eingesetzt, dass die Polikliniken der DDR erhalten bleiben. Wir sahen darin ein gutes Konzept: Die Patienten konnten verschiedene notwendige Gesundheitsleistungen »an einem Ort« in Anspruch nehmen. Leider haben wir uns nicht durchsetzen können. Die Kliniken wurden zu Unrecht als »sozialistisches Relikt« verteufelt und damit aus rein ideologischen Gründen geschlossen.

Trotz dieser »Unebenheiten« bei der Umsetzung einer sozialen Einheit konnten wir als Gewerkschaften konstruktive Aufbauarbeit leisten. Dies gab nach den Jahren des fortschreitenden Sozialabbaus auch der gewerkschaftlichen Sozial- und Arbeitsmarktpolitik wieder Auftrieb.

Die Bundesanstalt für Arbeit stand 1990 vor ihrer größten Herausforderung in der Nachkriegsgeschichte. Mit der Währungs-, Wirtschafts- und Sozialunion errichtete sie noch in der DDR – also vor deren Beitritt zur Bundesrepublik Deutschland – eine zentrale Arbeitsverwaltung mit 38 Arbeitsämtern. Sie schaffte die Voraussetzungen für die Zahlung von Arbeitslosenunterstützung sowie den Einsatz arbeitsmarktpolitischer Instrumente.

Dies alles geschah weitgehend unbürokratisch, geräuschlos und mit großem Engagement der Mitarbeiter. Ohne diese enormen Leistungen aller Beteiligten wäre die Entwicklung in Ostdeutschland kaum so ruhig verlaufen. Der soziale Friede konnte trotz der Halbierung der Beschäftigung binnen weniger Jahre stets gewahrt werden.

Eine höchst problematische Rolle bei der Bewältigung der massiven Umbrüche in den Wirtschaftsstrukturen der neuen Bundesländer spielte die 1990 geschaffene öffentlich-rechtliche Treuhandanstalt. Ihre Aufgabe bestand vor allem darin, die volkseigenen Betriebe der ehemaligen DDR zu privatisieren oder abzuwickeln. Bei ihrer Auflösung 1994 hatte das »Unternehmen Treuhand« 15 000 Betriebe an private Investoren verkauft. Dies war von einer gigantischen Vernichtung von Arbeitsplätzen begleitet worden. Aus der abschließenden Bilanz der Nachfolgegesellschaft, der Bundesanstalt für vereinigungsbedingte Sonderaufgaben (BvS), ging hervor: Die Privatisierung der Betriebe der ehemaligen DDR hat das deutsche Steuersystem mit 230 Milliarden DM belastet.

Aufbau der Arbeitsverwaltung im Rekordtempo

Dass die Arbeitslosigkeit vor allem im Osten Deutschlands nicht noch mehr eskalierte, war dem breiten und innovativen Einsatz der Arbeitsmarktinstrumente zu verdanken. Diese aktive Arbeitsmarktpolitik wurde von 38 Arbeitsämtern mit 158 Nebenstellen organisatorisch möglich gemacht. Die Vorruhestandsregelung der DDR sowie das bis Ende 1992 befristete Altersübergangsgeld mit Herabsetzung der Altersgrenze auf 55 Jahre wurde 1991 von 520 000 und 1992 von über 800 000 Personen in Anspruch genommen. 1992 traten 605 500 Arbeitslose in Vollzeitmaßnahmen der Fortbildung und Umschulung ein. Hunderttausende Arbeitnehmer wurden durch großzügige Regelungen der Zahlung von Kurzarbeitergeld und Arbeitsbeschaffungsprojekten vor Arbeitslosigkeit bewahrt. Überall entstanden Beschäftigungsgesellschaften, die Tausende von Arbeitnehmern auffingen, deren Arbeitsplätze im Zuge der drastischen Umstrukturierung vernichtet wurden. Häufig erfolgte hierbei eine Kombination verschiedener Maßnahmen, darunter Kurzarbeit, Arbeitsbeschaffung und berufliche Weiterbildung.

Der enorme Anstieg der Ausgaben der Arbeitsverwaltung und die Ausweitung ihrer Defizite gingen im Vorstand und im Verwaltungsrat der Bundesanstalt nicht ohne heftige Auseinandersetzungen ab. Diese eskalierten zu einem Grundsatzstreit über das Ausmaß arbeitsmarktpolitischer Maßnahmen im Vereinigungsprozess. Dabei befanden wir uns als Gewerkschaften in einem schwerwiegenden Dilemma. Jede Einschränkung der Arbeitsmarktpolitik hätte unweigerlich zu noch höherer Arbeitslosigkeit geführt.

Dennoch mussten wir die gesetzlichen Bedingungen verschärfen und wir hatten sicherzustellen, dass diese Verschärfung auch in der Vergabepraxis der Arbeitsämter umgesetzt wurde.

Die Diskreditierung der Arbeitsämter und der Arbeitsmarktpolitik seitens Politik, Wirtschaft und der überregionalen Medien nahm wieder zu. Man versuchte, öffentliche Empörung zu erzeugen, um weiteren Sozialabbau zu legitimieren. Immer lauter wurden die Forderungen. Die Konflikte zwischen der Bundesregierung und Arbeitgebern auf der einen sowie Gewerkschaften und Arbeitslosenverbänden auf der anderen Seite wurden heftiger. Letztere knüpften in ihren Protesten gegen Betriebsschließungen und Privatisierung mit immer höherer Arbeitslosigkeit an die Montagsdemonstrationen vor der Wende an.

Meine deutliche Kritik an der falschen Finanzierung der deutschen Einheit teilte auch die in der BDA vertretene Arbeitgeberseite. In der Ausgabe der *Wirtschaftswoche* vom 30. Oktober 1992 lautet der Titel eines Streitgesprächs zwischen BDA-Hauptgeschäftsführer Himmelreich und mir wie folgt: »Bonn überhört die Signale«. In dem Interview haben wir beide deutlich auf die falsche Finanzierung der deutschen Einheit hingewiesen, weil sie vorwiegend über Sozialversicherungsbeiträge erfolgte.

Wir waren ebenfalls darüber einig, dass die deutsche Einheit als gesamtgesellschaftliche Aufgabe auch über allgemeine Steuern hätte finanziert werden müssen. Es wäre Aufgabe der Bundesregierung gewesen, mit den Arbeitgebern und Gewerkschaften nach einem gemeinsamen Weg der Steuerfinanzierung zu suchen. Himmelreich: »Der im Wiedervereinigungsvertrag eingeschlagene Finanzierungsweg der Sozialunion war aus heutiger Sicht falsch.« Dem kann ich nur zustimmen.

Wie wenig letztendlich bei der Finanzierung der deutschen Einheit an den falschen Weichenstellungen der Politik geändert wurde und in welch hohem Maße die Sozialkassen und damit die Beitragszahler in die Pflicht genommen wurden, geht aus der vom Deutschen Institut für Wirtschaftsforschung (DIW) im

Herbst 1997 gezogenen Zwischenbilanz hervor. Ein Bericht im *Handelsblatt* vom 2. Oktober 1997 wirft ein Schlaglicht auf die Problematik. »Durch die Verlagerung von Teilen der finanziellen Folgen der deutschen Vereinigung in die Sozialversicherung wurde das System der solidarischen Absicherung über Gebühr beansprucht und damit in Misskredit gebracht.« Die Wirtschaftszeitung zitiert den DIW-Wochenbericht weiter mit dem sarkastischen Hinweis, »in keiner Versicherung sei es möglich, nach Eintritt des Schadens Mitglied der Schadensgemeinschaft zu werden«. Genau das sei aber der Sozialversicherung nach der Vereinigung zugemutet worden und habe sie in finanzielle Engpässe gebracht. Das System der sozialen Absicherung im vereinten Deutschland deshalb infrage zu stellen, stellt für die Experten des DIW »den Sachverhalt auf den Kopf«.

In der Regierung Kohl/Genscher waren Kräfte am Werk, die bemüht waren, jegliche Kritik an dieser falschen Finanzierung vom Tisch zu wischen. Von breiten Schichten der politischen Elite wurde – auch mithilfe der Medien – das Thema der falschen Finanzierung der deutschen Einheit tabuisiert. Auch in den Gewerkschaften war keine ausreichende Gegenmacht zu organisieren. In der SPD war nach der Niederlage des Kanzlerkandidaten Oskar Lafontaine im Herbst 1990 – er hatte im Wahlkampf auf die Probleme der Kosten und Finanzierung der deutschen Einheit hingewiesen und sich dabei nicht sehr beliebt gemacht – das Interesse an dieser Problematik eher schwach ausgeprägt. Die Kritik wurde in den folgenden Jahren immer stärker ausgeblendet oder sogar als »unpatriotisch« diskreditiert.

Damals begannen bereits die gehässigen Angriffe auf die Sozialpolitiker aus Kreisen der Wirtschaft, den Wirtschaftsflügeln in CDU/CSU und FDP sowie der Medien. Als die für Sozialpolitik und für Arbeitsmarktpolitik zuständige Spitzengewerkschafterin wurde ich systematisch in die linke Ecke der »Gewerkschaftstraditionalisten«, »Besitzstandswahrer« und »Betonköpfe« gestellt. Dabei habe ich lediglich in der Auseinandersetzung mit mächtigen Interessengruppen aus Politik und Wirtschaft meine Plattform genutzt, um auf die schädlichen Konsequenzen bestimmter politischer Entscheidungen für Arbeitnehmer, Arbeitslose und Rentner hinzuweisen. Je bekannter ich wurde, desto zahlreicher wurden auch die Gegner in den eigenen Reihen. Dabei gab es meistens keine sachlichen Argumente: Ich war auf schwierige Zeiten vorbereitet. Die Lehre, wonach Sozialpolitiker in den Gewerkschaften einen schweren Stand haben, hat mir mein Vorgänger Gerd Muhr immer wieder ins Strategiebuch geschrieben. Zu seinen Lehren gehörte auch, dass man als Sozialpolitiker immer im Fadenkreuz mächtiger Interessengruppen steht.

Bereits wenige Monate nach dem Fall der Mauer erfolgte ein scharfer Angriff vom Bundesvorsitzenden der FDP, Otto Graf Lambsdorff. Er schlug vor, die arbeitsrechtlichen Schutzgesetze in den neuen Bundesländern abzuschaffen. Er propagierte insbesondere die Streichung von Rationalisierungsschutzabkommen und die Verkürzung von Kündigungsfristen. Sein Argument war, dass auch in der Bundesrepublik nach der Währungsreform die sozialen Errungenschaften erst nach dem Wirtschaftsaufschwung verwirklicht worden seien.

Diesen Angriff haben wir als Gewerkschaften entschieden zurückgewiesen. Ein derartiger Vorschlag hätte die Abwanderung aus dem Osten nur noch weiter gefördert. Allein 1990 und 1991 waren bereits zwei Millionen Ostdeutsche auf der Suche nach Arbeit in die alten Bundesländer übergesiedelt.

Nach diesem Angriff der FDP-Spitze auf das Arbeitsrecht folgte der Großangriff auf die Tarifpolitik. Damit eskalierte die Auseinandersetzung über die Gestaltung der deutschen Einheit. Umgehungen der Tarifpolitik und des Arbeitsrechts waren in den neuen Bundesländern an der Tagesordnung. Arbeitgeber traten aus tariffähigen Arbeitgeberverbänden aus oder erst gar nicht ein. Arbeitgeberverbände im Osten entledigten sich teilweise der Verpflichtung zu Tarifverträgen. Selbst da, wo tarifvertragliche Vereinbarungen galten, wurden sie in der Praxis nicht eingehalten. Ebenfalls gab es häufige Verstöße gegen arbeitsrechtlichen Schutz.

Arbeitnehmer wagten kaum, sich dagegen zu wehren. Die Strategie bestand darin, die Unterminierung von Tarifpolitik und arbeitsrechtlichem Schutz im Osten zu erproben und dann auf den Westen zu übertragen. Bis heute reißen die Versuche nicht ab, die Flächentarife aufzuweichen. Das Zauberwort heißt »Flexibilität«.

Querschüsse kamen nicht nur von den bekannten Gegenspielern, sondern auch von vermeintlichen Mitstreitern für die Sache der sozialen Gerechtigkeit. Mit den Worten »Wenn man solche Freunde hat, wozu braucht man dann noch Feinde?« musste ich am 13. Oktober 1993 in der *Frankfurter Rundschau* Kritik an den Vorhaltungen üben, die den Gewerkschaften bezüglich der Tarifpolitik ausgerechnet von der Spitze der SPD gemacht wurden. »Warnung an Freund Oskar« hieß der Titel meines Kommentars.

Der stellvertretende SPD-Parteivorsitzende Oskar Lafontaine hatte den unrühmlichen Vorschlag gemacht, die Anpassung von Löhnen und Renten im Osten zu verzögern. Ich fand dies politisch und sachlich gleichermaßen untragbar, hätte es doch den Vertrauensverlust in die Politik verstärkt und den Radikalen von rechts und links in die Hände gespielt.

Neue Erfahrungen mit der »gläsernen Decke«

Die Mandate für Vorstände in den Gewerkschaften werden alle vier Jahre neu vergeben. Dies gilt auch für den geschäftsführenden Vorstand des DGB. Die Vorbereitungsarbeiten erstrecken sich auf das gesamte Jahr vor den jeweiligen DGB-Bundeskongressen. Der Personalpoker um die Verteilung der Spitzenplätze in den Gewerkschaftshierarchien setzt jedoch meist schon früher ein.

Der im Juni 1994 in Berlin stattfindende 15. DGB-Bundeskongress war der erste, den ich in politischer Verantwortung mit vorzubereiten und zu gestalten hatte. Im Vorfeld dazu gab es einschneidende Ereignisse und Entwicklungen: Am 25. Mai 1993 trat der Vorsitzende der IG Metall, Franz Steinkühler, aufgrund des Verdachtes, seine Position als Aufsichtsratsmitglied der Daimler-Benz AG für Insidergeschäfte ausgenutzt zu haben, zurück. Zu seinem Nachfolger wurde der für die Tarifpolitik verantwortliche Zweite Vorsitzende der IG Metall, Klaus Zwickel, bestellt.

Es war der erste DGB-Bundeskongress nach der deutschen Einheit. Die Mitgliedsgewerkschaften und der DGB hatten ihre Organisation in die neuen Bundesländer ausgeweitet. Den ehemaligen Mitgliedern des Freien Deutschen Gewerkschaftsbundes (FDGB) war die Aufnahme in die Mitgliedsgewerkschaften des DGB angeboten worden.

Der am 7. Februar 1992 im niederländischen Maastricht vom Europäischen Rat unterzeichnete Vertrag über die Europäische Union und der 1993 eingeführte Europäische Binnenmarkt für den »freien Verkehr« von Personen, Waren, Dienstleistungen und Kapital waren für die Gewerkschaften mit neuen Anforderungen an die soziale Gestaltung der EU verbunden. Die Flankierung der Währungs- und Wirtschaftsunion durch das Protokoll zur

Sozialunion war dabei ein wichtiger, jedoch kein ausreichender Schritt.

Am 28. Januar 1993 war der Präsident der Bundesanstalt, Heinrich Franke, nach Erreichen des 65. Lebensjahres in den Ruhstand verabschiedet worden. Sein Nachfolger wurde der parlamentarische Staatssekretär im Bundesministerium für Arbeit und Sozialordnung, Bernhard Jagoda. Damit war die Chance für eine weniger belastete Zusammenarbeit in der BA gegeben. Der Wechsel erleichterte meine Tätigkeit im Vorstand der Arbeitsverwaltung und die Koordinierungsarbeit in den Gewerkschaften.

Der Personalpoker um den neu zu wählenden geschäftsführenden Vorstand des DGB kam bereits Mitte 1993 in Gang. In den Gewerkschaften wurden Bedenken gegen eine Wiederwahl von Heinz-Werner Meyer laut. Zunächst blieben diese Unmutsäußerungen hinter der vorgehaltenen Hand und in den Hinterzimmern. Doch je näher der Bundeskongress rückte, umso mehr wurden die Bedenken publik gemacht. Gleichzeitig war aber zu lesen, die Chancen für Heinz-Werner Meyer stünden nicht schlecht, da mögliche alternative Kandidaten an der Spitze der Gewerkschaften bereits abgewunken hätten. Sie seien nicht bereit, den Vorsitz des DGB zu übernehmen, bevor nicht klar sei, wohin die Reformen gehen sollten.

Über mich selbst konnte ich lesen, ich sei zwar fachlich kompetent, aber zu ehrgeizig und profilierungssüchtig. Damit hatte ich nicht nur Freunde in den Gewerkschaftsspitzen. Ich konnte aus den Medien entnehmen, der Vorsitzende der IG Chemie, Papier, Keramik, Hermann Rappe, und namentlich nicht genannte Vertreter der IG Metall sprächen mir »Integrationsfähigkeit« ab. Zudem wurden in anonymen Gewerkschaftskreisen meine Röcke als zu kurz und meine Ohrringe als zu groß deklariert. Andere Argumente hatten sie offenbar nicht, was mich sehr amüsierte.

Meine Zeit beim DGB hatte mich gelehrt, realistisch zu sein. Als Frau und Quereinsteigerin würde ich kaum den DGB-Vorsitz erreichen können. Bei dem offiziellen »Findungsgespräch« habe ich klar und deutlich gesagt: »Ich erhebe keinen Anspruch auf den Vorsitz. Ich möchte wieder für den stellvertretenden Vorsitz des DGB kandidieren.« Bei der traditionellen Klausurtagung des Bundesvorstandes im Januar 1994 wurde dies von den Vorsitzenden der Mitgliedsgewerkschaften auch so beschlossen. Im März 1994 fiel Heinz-Werner Meyer krankheitsbedingt aus, und ich musste die Vertretung für ihn übernehmen. In dieser Zeit fanden hochrangige Gesprächsrunden zum »Aufbau Ost« statt. Die Bundesregierung war durch Helmut Kohl höchstpersönlich vertreten. Ich war dadurch noch präsenter in den Medien als sonst.

Am 8. Mai erhielt ich einen Anruf von Günther Horzetzky, Bundesvorstandssekretär im DGB. Er sagte mir, Heinz-Werner Meyer habe im Krankenhaus einen Herzinfarkt erlitten. Er werde längere Zeit ausfallen und ich müsse die Vertretung übernehmen. Am 9. Mai rief er mich erneut an und teilte mir den Tod von Heinz-Werner Meyer mit. Es gab wenig Zusammenarbeit zwischen uns, seinen plötzlichen Tod bedauerte ich jedoch zutiefst. Als ich die vielen offiziellen Beileidsbekundungen hörte, dachte ich, es wäre besser gewesen, wenn Heinz-Werner Meyer als DGB-Vorsitzender mehr Unterstützung an der Spitze der Gewerkschaften gehabt hätte.

Bis zum Beginn des Bundeskongresses am 13. Juni und der Neuwahl eines neuen DGB-Vorsitzenden am 15. Juni musste ich die Geschäfte des DGB-Vorsitzes führen. Dies war besonders zeitaufwendig und nervenaufreibend, und ich bin mir sicher, dass ich in das eine oder andere Fettnäpfchen getreten bin. Größere Ausrutscher sind mir meines Wissens jedoch glücklicherweise erspart geblieben.

Kurz nach dem Begräbnis von Heinz-Werner Meyer las ich in der Presse, dass die IG Metall ihr Vorstandsmitglied Dieter Schulte als Nachfolger vorschlug. Dies werde durch Hermann Rappe, den Vorsitzenden der Findungskommission, öffentlich bekannt gegeben. Dieter Schulte hatte den nötigen »Stallgeruch«. Er stammte aus einer Arbeiterfamilie in Duisburg und war vom Maurer bis zum Vorstandsmitglied der IG Metall aufgestiegen. Ich kannte ihn gut aus dem Aufsichtsrat der Saarstahl AG. Damals ist mir keineswegs in den Sinn gekommen, dass er schon kurze Zeit später den Vorsitz des DGB übernehmen könnte.

Einige Gewerkschaften waren jedoch über den Überraschungscoup der Benennung von Dieter Schulte verärgert. Detlef Hensche, Vorsitzender der IG Medien, fragte mich, ob ich bereit wäre, für den Vorsitz zu kandidieren. Nach den Erlebnissen männlicher Machtdemonstration habe ich meine Bereitschaft zur Kandidatur für den Vorsitz erklärt. Gleichzeitig habe ich deutlich gemacht, ich würde nur dann für den Vorsitz kandidieren, wenn mich die Vorsitzenden vorschlagen würden. Sonst würde ich mich weiter um den stellvertretenden Vorsitz bewerben. Dieter Schulte soll sich ähnlich gegenüber den Gewerkschaftsvorsitzenden geäußert haben.

Die Mehrheit der Gewerkschaften hatte sich bereits für Dieter Schulte entschieden. Ich bekam immerhin die Unterstützung von fünf Gewerkschaften, so auch von meiner damaligen Gewerkschaft Handel, Banken, Versicherungen (HBV) mit ihrer Vorsitzenden Margret Mönig-Raane, heute stellvertretende Vorsitzende von Verdi. Danach bekräftigte ich meine Kandidatur für den stellvertretenden Vorsitz des DGB, für den mich die Gewerkschaften bereits im Januar vorgeschlagen hatten.

Damit hatte ich die »gläserne Decke« der beruflichen Aufstiegsmöglichkeiten für Frauen fast berührt. Ich hatte mir allerdings nie Illusionen gemacht, sie mit dem DGB-Vorsitz durchstoßen zu können. So viel Realismus hatte ich mir in meiner Zeit beim DGB über die Jahre hinweg bewahrt. Aber ich wollte meinen Weg weitergehen und ließ mich am Ende nicht beirren.

Mir war bereits damals deutlich, dass die »mächtigen« Spitzenfunktionäre in den Gewerkschaften mein sozialpolitisches Engagement für die weniger Privilegierten mit Skepsis betrachteten. Sie waren in erster Linie den Mitgliedern der eigenen Gewerkschaft verpflichtet. Ich musste mir des Öfteren aus den eigenen Reihen den Satz anhören: »Der DGB ist keine Organisation für die Entrechteten, Mühseligen und Beladenen.«

Bei den Dienstleistungsgewerkschaften und vielen unserer Mitglieder an der sogenannten Basis stieß ich jedoch auf positive Resonanz. Das hat mich ermutigt, unsere sozialpolitischen Vorstellungen weiterhin auch im Streit mit Arbeitgebern und den Regierenden zu vertreten. Ich fand damit in der Öffentlichkeit verstärkt Beachtung. Dies trug allerdings nicht dazu bei, meine Sympathiewerte in den Spitzen der Gewerkschaften zu erhöhen.

DGB-Sozialpolitiker – Im Schussfeld der »Modernisierer«

Am 15. Juni 1994 begann meine zweite Mandatsperiode als stellvertretende Vorsitzende des DGB. Ich behielt meine Verantwortung für die Sozial- und Arbeitsmarktpolitik, das Arbeits- und Sozialrecht einschließlich des Rechtsschutzes und die Frauenpolitik. Die in der vorherigen Mandatsperiode an Ulf Fink abgegebenen Bereiche Arbeits- und Gesundheitsschutz wurden wieder in meine Abteilung Sozialpolitik eingegliedert.

Überschattet wurde meine zweite Mandatsperiode durch die Eintrübung der sozialen Großwetterlage. Die Arbeitslosigkeit stieg auf mehr als vier Millionen registrierte Arbeitslose. Zu berücksichtigen waren weitere Hunderttausende Arbeitnehmer in Umschulungs- und Arbeitsbeschäftigungsmaßnahmen. Unter der Regierung Kohl/Genscher verschärfte sich der Sozialabbau merklich.

Mit meiner sozialpolitischen Verantwortung war ich zunehmend ins Fadenkreuz der gesellschaftlichen und der divergierenden gewerkschaftlichen Kräfte gerückt. Zum einen wurden die Angriffe der Regierenden und der Wirtschaft auf Sozialstaat und soziale Sicherung breiter Bevölkerungsschichten immer schärfer. Zum anderen zeigten die Reaktionen aufseiten der Gewerkschaften, dass sie bei den Lösungsansätzen für die anstehenden wirtschafts- und sozialpolitischen Bedrohungen je nach Interessenlage gespalten waren.

Warum ich zunehmend im Fadenkreuz stand, dafür fand ich bei Peter Bofinger, einem der fünf »Wirtschaftsweisen«, eine treffende Erklärung. Unter der Überschrift »Erst geschröpft und dann beschimpft« schrieb er in seinem Buch *Wir sind besser, als wir glauben*: »Im Ganzen wurden die sozialen Sicherungssysteme seit 1990 in doppelter Hinsicht misshandelt. Zuerst wurden sie für die Finanzierung der deutschen Einheit herangezogen, obwohl für eine solche gesamtstaatliche Aufgabe eindeutig das Steuersystem zuständig gewesen wäre. Zugleich wurde daraus resultierenden Klagen der Arbeitgeber über zu hohe Lohnnebenkosten willig nachgegeben, indem man ihnen die Umgehungsmöglichkeiten der Minijobs und der Scheinselbstständigkeit eröffnete. Dadurch ging die Zahl der Vollzeitversicherten weiter zurück, sodass man wieder höhere Beitragssätze benötigte, was als Ausdruck einer überzogenen sozialen Sicherung interpretiert wurde. Im Lauf der Jahre ist so in den Medien und der Politik ein demagogisches Meisterstück gelungen: Der in den Neunzigerjahren von der Politik übel missbrauchte Sozialstaat wurde zum

Schurken des Gaunerstücks erklärt: Auf der Anklagebank sitzen nicht die Politiker, die die Besserverdienenden nach 1990 vor Steuererhöhungen schützten, sondern die geschröpften Arbeitnehmer, denen ein ›Mangel an Eigenverantwortung‹ vorgeworfen wurde.«

Vor diesem Hintergrund wurde es immer schwerer, mit sozialpolitischer Interessenvertretung in der Tagespolitik Erfolge zu erzielen. Ich werde nie die Lehren von Gerd Muhr vergessen, der mir aufgrund seiner Erfahrungen immer deutlich gemacht hatte: »Für unsere Mitglieder kommt es nicht darauf an, ob wir lautstarke Forderungen erheben. Sie werden uns letztlich daran messen, was wir tatsächlich durchsetzen.«

Für mich war zudem problematisch, dass in den Gewerkschaften die Folgen und Gestaltungsmöglichkeiten der Europäischen Wirtschafts- und Währungsunion nicht ausreichend abgeklärt wurden. Als Sozialpolitikerin sah ich den von deutscher Seite erzwungenen »Stabilitätspakt« als eine Zwangsjacke an, in der sich die deutsche Fiskalpolitik nicht mehr bewegen konnte. Die deutsche Politik würde in Zeiten von Rezession, hoher Arbeitslosigkeit und steigenden Ansprüchen an den Sozialstaat praktisch ihren Handlungsspielraum verlieren. Nach den Gesetzen der innerstaatlichen Machtstrukturen – mit der Landwirtschaft, der Energiewirtschaft, der Exportindustrie und dem Finanzsektor an den besonders langen politischen Hebeln – würden Ausgabenkürzungen in den öffentlichen Haushalten in erster Linie zu Lasten breiter Schichten der Arbeitnehmer sowie der sozialen Sicherung gehen.

Meine Fragen hierzu wurden von den Vertretern der exportabhängigen Industriegewerkschaften mit großem Argwohn betrachtet. Ich wurde daran erinnert, mich auf die in meiner Verantwortung stehende Sozialpolitik zu konzentrieren und nicht in der Wirtschafts- und Finanzpolitik zu »wildern«.

Eine solche Beschränkung konnte ich mir jedoch nicht auferlegen lassen. Ich wiederholte immer wieder meine Forderung: Die Gewerkschaften müssen auch die politischen Festlegungen auf europäischer Ebene mit Blick auf die Folgen für die soziale Sicherung ihrer Mitglieder stärker ins Visier nehmen. Doch fehlte in den Gewerkschaften zu jener Zeit die dafür notwendige Sensibilisierung.

Vom »Bündnis für Arbeit« zur »Großdemo« in Bonn

In einer inhaltlichen und organisatorischen »Findungsphase« des DGB sorgte der Erste Vorsitzende der IG Metall, Klaus Zwickel, für einen Paukenschlag. Auf dem 18. IG-Metall-Kongress, der vom 29. Oktober bis 4. November 1995 in Berlin stattfand, schlug Zwickel ein »Bündnis für Arbeit« vor. Zielsetzung sollte die Schaffung von Arbeitsplätzen sein. Dazu bot er einen politischen Tausch an: Lohnzurückhaltung der Gewerkschaften gegen die verbindliche und konkrete Verpflichtung der Arbeitgeber zur Schaffung von Arbeitsplätzen (100 000 im Jahr 1996). Die Bundesregierung sollte den Abbau sozialpolitischer Leistungen beenden. Zwickel wollte damit Wirtschaft und Bundesregierung beim Wort nehmen, dass »durch Lohnverzicht die Beschäftigung steigen würde«.

Dieser überraschende Richtungswechsel in der Gewerkschaftspolitik stieß auf ein breites Echo in Politik und Öffentlichkeit. Auch die Bundesregierung und die Arbeitgeber reagierten aufgeschlossen. Allerdings gab es in den Gewerkschaften wegen dieses Vorschlags erheblichen Aufruhr. Nach einigen internen Auseinandersetzungen gelang es Zwickel jedoch, die IG Metall und die übrigen Gewerkschaften im DGB für seine Vorstellungen zu gewinnen. Im Januar 1996 verabredeten Bundesregierung, Wirtschaft und Gewerkschaften ein »Bündnis für Arbeit und Standortsicherung«. Die Zahl der Arbeitslosen sollte bis zum Jahr 2000 halbiert werden. Die Steuern sollten gesenkt und die Sozialversicherungsbeiträge auf 40 Prozent reduziert werden. Die Gewerkschaften sagten Lohnzurückhaltung zu.

Drei Monate nach seinem Beginn platzte das »Bündnis« wieder. Die Bundesregierung legte am 28. April 1996 ein »Programm für Wachstum und Beschäftigung« vor, in dem sie alle bisher beachteten Tabus beim Sozialabbau brach. Mit den Vorschlägen zur Einschränkung der Lohnfortzahlung im Krankheitsfall sowie der Aushöhlung des Kündigungsschutzes hatte die Regierungskoalition die »Schmerzgrenze« für die Gewerkschaften überschritten.

Dem Schock des Sparprogramms und dem Scheitern des Bündnisses für Arbeit folgte ein atmosphärischer Klimasturz im Verhältnis von Bundesregierung und Gewerkschaften. Es reifte der Entschluss der Gewerkschaften, gegen das Sparpaket der Regierung Kohl eine Großdemonstration von bisher nicht gekannten Ausmaßen zu mobilisieren. Noch nie hatte ich bis dahin ein so hohes Maß an Entschlossenheit und Einigkeit in allen Bereichen der Gewerkschaften erfahren, nie wieder danach habe ich für die sozial- und arbeitsmarktpolitischen Bereiche, für die ich zuständig war, ein vergleichbares Maß an gewerkschaftlicher Solidarität erlebt. Monate waren wir mit der Vorbereitung der Bonner »Großdemo« befasst. Wir konnten die Unterstützung der Kirchen gewinnen. Es wurde ein Samstag gewählt, um möglichst vielen Arbeitnehmern und ihren Familien die Teilnahme zu ermöglichen. Unter der Woche hätten sie Probleme mit ihren Arbeitgebern bekommen, der Gewerkschaftsprotest wäre schnell in die Ecke eines illegalen Generalstreiks gerückt worden, und die Regierung Kohl wäre mit solchen zugkräftigen Vorwürfen gegen die Gewerkschaften schnell bei der Hand gewesen. Es mussten realistische Schätzungen vorgenommen werden, welcher Landesbezirk und welche Gewerkschaften wie viele Mitglieder mobilisieren konnte.

Auf dieser Basis wurde dann die Planung und Organisation der Transportmittel organisiert. Für diesen »Marsch auf Bonn« am 15. Juni 1996 wurden eingesetzt: 74 Sonderzüge, 5400 Busse und drei Schiffe. Es kamen mit 350 000 Menschen weit mehr als erwartet.

Die meisten Kommentatoren nannten dies die »größte Demonstration der Gewerkschaften nach Kriegsende«. Mit dem bissigen Kommentar »Riesenpicknick« befand sich die Berliner *tageszeitung* in der Minderheit. Der Vorsitzende der CDU/CSU-Bundestagsfraktion, Wolfgang Schäuble, heizte die Proteststimmung unter den Arbeitnehmern noch an. Er hatte im Vorfeld des »Marsches auf Bonn« wissen lassen: »Die Zahl der Teilnehmer überzeugt mich nicht. Wir werden dem Druck der Straße nicht nachgeben.«

»Pustekuchen«, schrieb der *Vorwärts* nach der eindrucksvollen Kundgebung: »Der Widerstand gegen den Bonner Kahlschlag wurde zum Volksbegehren.« Der Bonner *General-Anzeiger* blieb jedoch der Kohl/Schäuble-Linie treu, mit folgender Schlagzeile auf Seite 1 der Montagsausgabe: »Kohl von Großdemonstration unbeeindruckt«.

Als Führung des DGB waren wir schon am Abend zuvor nach Bonn gereist. Zum einen hatten wir vor der Demo noch eine letzte Abstimmungssitzung, zum anderen waren wir gewarnt worden, dass wir am nächsten Morgen nicht mehr zum Veranstaltungsplatz gelangen würden. Der 15. Juni war ein sonniger Frühsommertag. Bereits in den Morgenstunden füllten sich Straßen und Parkplätze mit Demonstranten. Was mir beim ersten Streifzug durch die Bonner Innenstadt auffiel: Zahlreiche Familien mit Kindern waren unterwegs. Nach der internen Abstimmung bat mich unser Vorsitzender Dieter Schulte zu einem dringenden Gespräch. Er eröffnete mir, dass er sich nach der Kundgebung umgehend ins Krankenhaus begeben müsse. Er habe eine schwierige Operation vor sich. Er werde für längere Zeit ausfallen, ich müsse seine Vertretung übernehmen. Mithilfe seines Arztes könne er gerade noch den Tag der Demonstration überstehen. Er bat mich, die gesamten Begleitaktionen zu koordinieren und zu führen.

Ich ging an die Arbeit. Zuerst musste ich die Spitze der SPD in einem Protestmarsch zur Kundgebung im Hofgarten schleusen – ein heikles Unterfangen. Angeführt von Oskar Lafontaine waren die Führungsmannschaft der SPD sowie die Vorsitzenden der Gewerkschaften im Bonner Büro des DGB versammelt. Natürlich war es für die SPD – die seit 14 Jahren in der Opposition schmachtete – wichtig, beim Aufmarsch zur Großdemonstration günstig vor den Kameras positioniert zu werden. Ich habe noch nie ein solches Gedränge um die ersten beiden Reihen vor den Fernsehkameras erlebt wie an diesem 15. Juni. Ich musste immer wieder energisch meine Ellenbogen einsetzen, um nicht von der marschierenden Prominenz ins Abseits geschoben zu werden.

Die Hauptrede auf der Kundgebung hielt Dieter Schulte. Besonders prägnant war seine Aussage zur Einschränkung der Lohnfortzahlung im Krankheitsfall: »Diese Nieten in Nadelstreifen schädigen die Volkswirtschaft an einem Tag mehr als alle Blaumacher in den vergangenen zehn Jahren.« Noch während des Verlaufs der Kundgebung wurde ich gebeten, das Schlusswort zu sprechen. Ich muss gestehen: Obwohl ich Erfahrungen auf großen öffentlichen Kundgebungen gemacht hatte, war ich dieses Mal doch besonders ergriffen. Ich konzentrierte mich auf die Botschaft, die Gewerkschaften würden, sofern die Regierung nicht einlenkte, weiterdemonstrieren.

Die Bischöfin Maria Jepsen forderte, dass »nach dem Wirtschaftswunder nun ein Sozialwunder die Nöte der Armen lindern« müsse. Doch erst als zum Ende der Kundgebung Sonja Riedemann, eine junge Studentin vom AStA Bochum, ausrief: »Das Sparpaket der Bundesregierung muss fallen. Und der nächste Schritt ist: Dieser Kanzler muss weg. Das wäre doch schon mal was«, da sprang der Funke über, und die Masse der aus allen Teilen der Republik angereisten Protestler skandierte minutenlang: »Kohl muss weg«.

Ich war ein wenig stolz, dass ich bei dieser historischen Protestveranstaltung des DGB einen aktiven Part übernehmen konnte. Gleichwohl machte ich mir keine Illusionen, was die Wirkung unserer »Großdemo« auf die Regierenden anging. Bundeskanzler Kohl blieb bei seiner kompromisslosen Haltung. In den folgenden Wochen und Monaten kam aus Bonn immer wieder die offizielle Erklärung, der Kanzler werde sich dem Druck der Straße nicht beugen. Wir erreichten in dieser ersten großen Kraftprobe mit der Bundesregierung nur geringfügige Korrekturen bei der geplanten Heraufsetzung des Rentenalters für Frauen.

Die Gewerkschaften beschlossen dann für den 9. September 1996 – eine Woche vor den Abstimmungen im Bundestag – weitere Demonstrationen gegen die Sparpakete. Ich musste für die inhaltliche und organisatorische Koordinierung die Verantwortung übernehmen. Je weniger die Bundesregierung bereit war, einzulenken, desto schwieriger wurde die weitere Mobilisierung des Widerstandes in den Gewerkschaften. Auf der einen Seite wurde gesagt: »Das hat ja doch alles keinen Zweck. Wir erreichen nicht die erforderlichen Veränderungen in der Politik.« Auf der anderen Seite wurde uns vorgeworfen: »Ihr seid viel zu zögerlich. Ihr müsst einen Generalstreik organisieren.« Hinzu kam ein weiterer Anstieg der Arbeitslosigkeit. Dies verringerte die Bereitschaft, für die eigenen Belange auch gegen die Arbeitgeber offen einzutreten. Trotzdem ist es uns gelungen, am 9. September noch einmal 250 000 Menschen gegen den Sozialabbau der Bundesregierung zu mobilisieren. Allerdings hatten wir dies auf sechs Städte – Berlin, Hamburg, Leipzig, Dortmund, Ludwigshafen und Stuttgart – verteilt, um mit einer zweiten Großdemonstration keinen Schiffbruch zu erleiden. Ich selbst war Hauptrednerin bei unserer Kundgebung am Brandenburger Tor in Berlin mit etwa 50 000 Teilnehmern. Es ist uns zwar nicht gelungen, den Sozialabbau der Regierung Kohl einzudämmen, doch ist es nicht übertrieben, festzustellen: Wir haben als Gewerkschaften einen Achtungserfolg nach innen und außen erreicht. Diejenigen, die den gewerkschaftlichen Dachverband DGB gern als »Papiertiger« herabsetzten, wurden eines Besseren belehrt. So schrieb die Journalistin Dagmar Deckstein am 9. September in der *Süddeutschen Zeitung*: »Bemerkenswert ist vor allem der Umstand, dass die Gewerkschaften nun schon zum zweiten Mal in diesem Jahr etwas geschafft haben, wovon sie in den zurückliegenden Jahren nur träumen konnten: Sie haben Hunderttausende von Menschen mobilisiert ... Die Gewerkschaften scheinen sich nach langer Krise langsam zu erholen und an Einfluss zuzulegen.«

Am Rande des Reformkongresses in Dresden im November 1996 wurde eine für mich besonders heikle Frage angesprochen: die Reform des DGB-Rechtsschutzes, der zu meinem Aufgabenbereich gehörte. Wir haben uns darauf verständigt, die Ausgaben für den Rechtsschutz auf grundsätzlich 40 Prozent des Haushaltes des DGB festzulegen. Überschreitungen sollten nur in Ausnahmefällen möglich sein. Außerdem sollte der DGB seinen Rechtsschutz für den öffentlichen Dienst ausbauen, ihn neu organisieren und in die Form einer gemeinnützigen GmbH überführen. Der Aufsichtsrat sollte mit den Vorsitzenden der Mitgliedsgewerkschaften unter Leitung des DGB-Vorsitzenden besetzt werden. Im Klartext bedeutete dies, dass die organisatorische Verantwortung für den Rechtsschutz nicht mehr bei mir lag, ich aber nach wie vor für die fachlich-inhaltliche Unterstützung unseres Rechtsschutzes und die Vertretung vor dem Bundesarbeits- und Sozialgericht verantwortlich war. Damit wurde eine schwere Last von meinen Schultern genommen.

Allerdings gab es auch innergewerkschaftliche Kritik, Häme und Drohungen. Ich sei nicht in der Lage gewesen, die organisatorischen Probleme des Rechtsschutzes zu lösen. Die Quittung dafür würde ich beim nächsten Gewerkschaftskongress 1998 erhalten. Deshalb machte ich mir wegen des 16. DGB-Bundeskongresses Mitte Juni 1998 in Düsseldorf einige Sorgen. Umso größer waren Erleichterung und Freude, als ich mit gutem Ergebnis wiedergewählt wurde.

Von den Massendemonstrationen der Gewerkschaften gegen den Sozialabbau und vom Dresdner Reformkongress blieb das gemeinsame Fazit: Reformen zwischen Modernisierung und Klassenkampf. Weder die Anstrengungen der »Modernisierer« noch die Proteste der Gewerkschaften zeigten bei den Regierenden Wirkung: Im Jahr 1997 holte die CDU/CSU/FDP-Koalition mit dem Vorschlag, die gesetzliche Altersrente abzusenken, zu einem weiteren Schlag gegen Arbeitnehmer und Gewerkschaften aus. Wiederum befand ich mich als Sozialpolitikerin des DGB mitten im Kampfgetümmel.

Als Gewerkschaften unternahmen wir damals große Anstrengungen, um zu verhindern, dass die gesetzliche Altersrente in den Wahlkampf 1998 einbezogen wurde. Die SPD hingegen sah in den Rentenkürzungen ein zugkräftiges Wahlkampfthema, das den größten Teil der Bundesbürger betraf. Unsere Gespräche mit Norbert Blüm, um eine Kompromisslösung zu sondieren, waren leider erfolglos. So blieb den Gewerkschaften keine andere Wahl, als auf einen Politikwechsel nach den Bundestagswahlen zum 14. Deutschen Bundestag am 27. September 1998 zu hoffen.

Auf dem Leipziger Parteitag im Frühjahr 1998 versprach die SPD in ihrem Wahlprogramm, dass sie im Fall der Regierungsübernahme ein »Bündnis für Arbeit, Innovation und Gerechtigkeit« anstreben werde. Schließlich wolle man dieses Mal mit den Stimmen von Millionen bitter enttäuschter Arbeitnehmer die Wahlen gewinnen. Ganz auf der Linie, die Gewerkschaften als »Wahlverwandte« stärker einzubinden, wurde dann auch der Zweite Vorsitzende der IG Metall, Walter Riester, als künftiger Bundesarbeitsminister in das Schattenkabinett des SPD-Kanzlerkandidaten Gerhard Schröder berufen.

In dieser Zeit der atmosphärischen Klimastürze zwischen Gewerkschaften und Bundesregierung gab es für mich gleichwohl entspannte und besinnliche Momente. Am 15. Dezember 1997 wurden die langjährigen alternierenden Vorsitzenden der BA, Josef Siegers und ich, mit dem »Verdienstkreuz 1. Klasse des Verdienstordens der Bundesrepublik Deutschland« ausgezeichnet. In den offiziellen Würdigungen wurde besonders das Engagement hervorgehoben, das Siegers als Vertreter der BDA und ich als Vertreterin des DGB beim Aufbau der Arbeitsverwaltung in den neuen Ländern gezeigt hätten. »Ihre profunde Sachkenntnis und ihre aus den unterschiedlichen Aufgabenbereichen resultierenden reichhaltigen Erfahrungen haben den Vorstand der BA als Ganzes mit in die Lage versetzt, sozial- und gesellschaftspolitisch notwendige Entwicklungen in der Arbeitsmarktpolitik immer wieder rechtzeitig voranzubringen und Fehlentwicklungen zu verhindern«, heißt es in meiner Ordensbegründung.

Natürlich freut man sich über eine derartige öffentliche Ehrung. Doch was mir diese Stunden im Rückblick besonders wertvoll machte, war: Meine Familie, vor allem auch meine Mutter und meine Söhne, konnten sie miterleben.

Flagge zeigen auf dem Davoser Weltwirtschaftsforum

Seit Übernahme des stellvertretenden Vorsitzes des DGB dienten mir nicht nur die Genfer Arbeitsorganisation und der Brüsseler Wirtschafts- und Sozialausschuss als wichtige internationale Plattformen. Über rund ein Jahrzehnt nutzte ich auch das Davoser Weltwirtschaftsforum, um im »Olymp der Globalisierer« die Sicht der deutschen Gewerkschaften zu artikulieren.

Zu einem Eklat kam es, als der in Deutschland geborene, inzwischen verstorbene Rüdiger Dornbusch, Professor am Massachusetts Institute of Technology (MIT) in Boston, die deutschen Gewerkschaften mit der Feststellung diffamierte, sie seien »kommunistisch unterwandert« und müssten deshalb bekämpft werden.

Die Episode hat unter dem Titel »German-Hating-German – Bad Mouthing Rudi« in der Zeitschrift *International Economy* sogar publizistischen Niederschlag gefunden. Durch die engagierte Verteidigung der deutschen und europäischen Sozialstaatsidee und meinen Dauerstreit mit einigen marktradikalen US-Ökonomen in Davos muss ich wohl den Kollegen des *Economist* als besonders scharfe Kritikerin des »American Way of Life« und der im reichsten Land der Welt immer noch herrschenden sozialen Missstände aufgefallen sein. In der Kolumne »Face Value« vom 19. Oktober 1996 wurde ich unter der Überschrift »Ursula and her unAmerican Ways« als führende europäische Gewerkschafterin porträtiert, die nicht müde wird, ihre Hände in Amerikas sozial blutende Wunden zu legen. »Kann Deutschland etwas von den Vereinigten Staaten lernen?«, fragt der *Economist*. »Nicht viel, so die führende Gewerkschafterin des Landes«, lautet die Antwort. »In den Vereinigten Staaten schafft ihr eine Million neuer Arbeitsplätze, jedoch um den Preis wachsender Armut und der Zerrüttung ziviler Lebensverhältnisse«, so mein Hinweis.

Die aktuelle, vom Zusammenbruch des Finanzsektors ausgehende schwerste Weltwirtschaftskrise der Nachkriegszeit bringt natürlich auch Erinnerungen an vergebliche Davoser Gewerkschaftsappelle, mit denen Politik und Wirtschaft aufgefordert wurden, aus Krisen die notwendigen Lehren zu ziehen. So standen Anfang 1998 die aus allen Teilen der Welt angereisten Teilnehmer des Davoser Weltkonklaves unter dem Schock der Asienkrise. Die Asienkrise werde durch eine neue Importflut asiatischer Billigwaren in den USA eine Million Arbeitsplätze kosten, warnte John J. Sweeney, der Präsident des US-Gewerkschaftsverbandes AFL-CIO.

Die internationalen Gewerkschaften legten als Beitrag zur Krisenbewältigung einen Katalog von Reformmaßnahmen unter dem Titel »Prioritäten des 21. Jahrhunderts« vor. Er umfasste nicht nur die bekannten Forderungen nach Einhaltung von Sozialstandards im Handel und Beachtung der Menschenrechte. Ganz auf der Höhe der Zeit, verlangten die Gewerkschaften auch »mehr Aufsicht und Transparenz auf zu stark von Spekulanten dominierten und zu weitgehend deregulierten internationalen Finanzmärkten«.

Einige unserer gewerkschaftlichen Forderungen sind immer noch brandaktuell. Etwa die Forderung an die Politik und die zuständigen nationalen wie internationalen Behörden, für eine faire Verteilung der Krisenlasten zu sorgen. »Banken, Fonds und andere Spekulanten müssen einen angemessenen Anteil an den hohen Verlusten übernehmen, die sie verursacht haben«, hieß es in dem Katalog. Dass die Frage einer fairen Lastenteilung für die gigantischen Schäden der aktuellen Krise und einer anteiligen Heranziehung von Banken, Fonds und anderen Spekulanten überhaupt nicht diskutiert wird, zeigt, wie fest und weitblickend wir als Gewerkschaften schon vor mehr als einem Jahrzehnt die Risiken der Globalisierung im Blick hatten. Auch das von den Gewerkschaftsführern auf dem Davoser Weltwirtschaftsforum 2000 vorgelegte »Aktionsprogramm zur Abfederung der Globalisierung« hat nichts an seiner Brisanz und Orientierungskraft verloren. Darin warnten wir aufgrund der Deregulierung und Globalisierung vor zunehmenden Risiken »sozial verheerender Finanzkrisen«. Wir kritisierten, dass viele auf dem Weltwirtschaftsforum auftretende Chefs der international operierenden Konzerne und Banken im Zeichen von Globalisierung und einer beängstigenden Welle von Unternehmensfusionen sozial reden, aber brutal handeln, wenn es um die Behandlung der Beschäftigten und die Durchsetzung weltweiter Arbeitsstandards geht.

Das Aktionsprogramm brachte zudem ein erheblich größeres Medienecho als die Streitschriften in den Jahren davor. Die Appelle der Gewerkschafter erhielten durch die Reden von US-Präsident Bill Clinton und dem britischen Premier Tony Blair Rückenwind. Beide hatten konzediert, dass der Fehlschlag der Welthandelskonferenz in Seattle »einen Rückschlag in der Akzeptanz einer weiteren Handelsliberalisierung markiere«.

Ich hatte damals vor der Presse gefordert, dass »international tätige Konzerne durch die Umsetzung der in der IAO verabschiedeten Arbeitsstandards einen kritischen Beitrag leisten können«. Bei diesen Standards handelt es sich »keinesfalls um ehrgeizige Lohnstandards oder Ähnliches, sondern um elementare Menschenrechte wie das Verbot von Kinderarbeit, das Verbot von Zwangsarbeit und die Sicherung der gewerkschaftlichen Organisierungsmöglichkeiten«.

Wenn sich die mächtigsten Männer aus der Welt der Politik und des Kapitals zum »Gipfel der Gipfel« versammeln, ist man da als Frau und als Gewerkschafterin nicht gleich doppelt in der Minderheit? Und kommt eine Gewerkschafterin sich da nicht wie in der Höhle des Löwen vor? Mit diesen Fragen stieg die *Davoser Zeitung* in ein Interview ein, dessen Tenor dem »Herrscher im Davoser Olymp«, Klaus Schwab, nicht sonderlich gefallen sollte. »Das Forum ist zu einseitig besetzt – die deutsche Gewerkschafterin Ursula Engelen-Kefer hat in Davos einen schweren Stand« – »Die USA sind kein Vorbild« – »Engelen-Kefer setzt auf die soziale Marktwirtschaft«, so lauteten die Überschriften.

Für Eheleute, die beide in unterschiedlichen Funktionen am Weltwirtschaftsforum teilnahmen, hielten dessen Organisatoren eine Überraschung bereit. Sie ordneten einige von ihnen als »power couple« ein. Die Ehepaare wurden zu einem gesonderten Abendessen eingeladen, wobei die »power couples« voneinander getrennt an unterschiedlichen Tischen saßen. Zweck der Veranstaltung war, den in verschiedenen Berufen tätigen Ehepartnern die Möglichkeit zu geben, sich über ihre Erfahrungen am jeweiligen Tisch auszutauschen. Einige der an den Tischen »erarbeiteten« Erkenntnisse und Impressionen sollten dann an die gesamte Dinnerparty weitergegeben werden. Als ich zum Weltwirtschaftsforum stieß, gehörte mein Mann als renommierter Journalist bereits zu den Konferenzveteranen. Er war mir behilflich, mich im oft tief verschneiten Davoser Winterzirkus zurechtzufinden. Er suchte Empfänge und Abendessen aus, die für uns beide nützlich schienen.

Einige Jahre nahmen wir auch meine hochbetagte, jedoch noch rüstige Mutter in unser Stammhotel, das Sunstar Park, mit. Sie bekam regelmäßig ein zur Südseite gelegenes Zimmer mit Balkon und einem herrlichen Blick auf das prächtige Alpenpanorama. Jeden Morgen zelebrierte sie länger als alle anderen Gäste das vorzügliche Schweizer Frühstück. Dann las sie im großzügigen Hotelfoyer – ohne sich vom Kommen und Gehen der Gäste stören zu lassen – die ausliegenden Zeitungen. Sie genoss es, dass in jenen Jahren Russlands Elite aus Politik, Wirtschaft und Finanz das Sunstar zu ihrem informellen Hauptquartier machte. In Prag aufgewachsen, sprach sie nicht nur Tschechisch, sondern konnte sich auch auf Russisch verständigen. Auf diese Weise lernte sie beispielsweise Viktor Tschernomyrdin, den russischen Ministerpräsidenten von 1992 bis 1998, kennen.

7 Wie ich unter Rot-Grün für die soziale Sicherung stritt – und im Fadenkreuz der Marktradikalen stand

Politikwechsel, aber wohin?

Den Countdown der Bundestagswahl 1998 erlebte ich in der Commerzbank-Plaza-Zentrale in der Frankfurter Innenstadt. Dorthin hatte mich das *Handelsblatt* eingeladen. Ich sollte der für den Sonntagabend geplanten Podiumsdiskussion als »Sozi-Promi« ein paar rötliche Farbtupfer geben. Das *Handelsblatt* hatte die Veranstaltung als »erste große unabhängige Wahlparty in der Finanzmetropole« angekündigt; eine Podiumsdiskussion – eine »Bullen- und Bärenrunde« – sollte die Konsequenzen der Wahlergebnisse erläutern. Ich nutzte meinen Auftritt in dieser Runde, um auf dreierlei hinzuweisen: dass die Deutschen in dieser Bundestagswahl die hohe Arbeitslosigkeit und die Angst vor dem Verlust des Arbeitsplatzes als das wichtigste Problem angesehen und sich entsprechend entschieden hätten; dass wir als Gewerkschaften durch unsere Massenproteste gegen die Verschlechterung von Arbeitnehmerschutzrechten und den Abbau sozialer Sicherung vieler Arbeitnehmer für den Politikwechsel hätten mobilisieren können und dass wir als Gewerkschaften nun der SPD beim Regieren auf die Finger schauen würden, ob sie ihre Wahlversprechen uns gegenüber auch einlöste.

Die politische Lebensleistung des ehemaligen Bundeskanzlers Helmut Kohl – insbesondere seine Rolle bei der deutschen Einheit – wird ihre gebührende Würdigung finden. Aber es ist nicht übertrieben, zu sagen: Nach 16 Jahren unter seiner Regentschaft atmete das Land auf. Die Mehrheit der Bevölkerung hatte sich klar für einen Politikwechsel entschieden. Und daran hatten die Gewerkschaften maßgeblich mitgewirkt.

Nach der Bundestagswahl wurden auch die Gewerkschafter von der allgemeinen Aufbruchstimmung und neuer Zuversicht gepackt. Die wirtschaftliche Großwetterlage schien sich aufzuhellen – mit einer sinkenden Arbeitslosigkeit. Auch ging die von Gerhard Schröder als Kanzler geführte rot-grüne Koalition umgehend daran, ihre Wahlversprechen gegenüber den Gewerkschaften einzulösen und die schlimmsten Maßnahmen des Sozialabbaus der Regierung Kohl rückgängig zu machen. Dies galt für die Einschränkungen bei der Lohnfortzahlung im Krankheitsfall, beim Kündigungsschutz und der Verschlechterung bei der Renten- und Krankenversicherung.

Als Gerhard Schröder im Mai 1998 vor der Wahl sein Schattenkabinett präsentierte, schien die Welt noch in Ordnung. Mit neun Politikern, davon fünf Abgeordneten der SPD-Fraktion, einem Drittel Frauen und dem bereits zuvor ausgewählten Gewerkschafter Walter Riester, trat er mit einer austarierten Mannschaft an die Öffentlichkeit. Seinen Mangel an Respekt für Frauen und frauenpolitische Anliegen demonstrierte Schröder jedoch bei der Vorstellung von Christine Bergmann als neue Bundesministerin für Familie, Senioren, Frauen und Jugend. Seine Einführung der Senatorin im Berliner Senat vor der Fraktion als Ministerin »für Frauen und das andere Gedöns« wirkt als Beispiel für die Herabsetzung von Frauen durch mächtige Männer bis heute nach.

Befriedigend war, dass Jost Stollmann, Computerunternehmer, der über alle Kanäle und im gesamten Blätterwald seine Reformideen für ein neues Deutschland propagierte und dabei drohte, »heilige sozialdemokratische Kühe niederzumetzeln«, seinen Posten als Bundeswirtschaftsminister nicht antrat. Da er auch vor Angriffen auf gewerkschaftliche Tabus – gesetzliche Rentenversicherung, Kündigungsschutz, Mitbestimmung und Flächentarifverträge – nicht zurückschreckte, stand ich mit ihm des Öfteren im Clinch. Das wiederum ärgerte Gerhard Schröder und seinen Führungszirkel. Wichtig für uns als Gewerkschafter war auch, dass wir uns bei der Abwehr der von Stollmann in vielen Interviews propagierten marktradikalen Reformen auf die Unterstützung des SPD-Vorsitzenden und designierten Finanzministers, Oskar Lafontaine, verlassen konnten. Schröder holte daraufhin den parteilosen Werner Müller als Bundesminister für Wirtschaft und Technologie ins Kabinett.

Damals war für mich und viele andere in den Gewerkschaften noch nicht erkennbar, mit welcher Kompromisslosigkeit Schröder seinen Weg in die »neue Mitte« verfolgen würde. Doch auch wenn wir Schröders Durchmarschstrategie früher durchschaut hätten, wäre diese kaum zu verhindern gewesen. Denn schon damals gab es keine Geschlossenheit bei den Gewerkschaften. Nach dem Regierungswechsel zu Rot-Grün bröckelte die Einigkeit noch mehr. Dabei bestätigte sich die bittere historische Erfahrung: Einigkeit bei den Gewerkschaften gibt es eher in der Ablehnung des Sozialabbaus als in der Gestaltung der Zukunft des Sozialstaates. Dies hat die Arbeit der Sozialpolitiker im DGB in den folgenden Jahren sehr erschwert.

Leider hielt der Gewerkschafter Walter Riester nur die erste Legislaturperiode als Bundesarbeitsminister durch. Mit ihm konnte Gerhard Schröder wichtige Etappen auf seinem Weg in die »neue Mitte« bei der Rentenpolitik durchsetzen. Riesters Stern sank mit zunehmender Entfremdung von der sozialpolitisch orientierten Mehrheit in den Gewerkschaften. Er musste nach vier Jahren seinen Hut nehmen. Danach begann mit Wolfgang Clement als »Superminister« eine noch härtere Etappe in der Sozialpolitik der SPD.

Als Gerhard Schröder am 27. Oktober 1998 an der Spitze seines Kabinetts vereidigt wurde, hätten sich Gewerkschafter und auch viele seiner Wähler aus der Arbeitnehmerschaft eines nicht vorstellen können: Unter Rot-Grün sollten die Einschnitte in den Sozialstaat und die soziale Sicherung schärfer werden als je zuvor in der Geschichte der Bundesrepublik.

Wir hatten vor allem die Erwartung, dass Oskar Lafontaine als Parteivorsitzender der SPD und Finanzminister im Kabinett ein Gegengewicht zu Schröder darstellen würde. Er vertrat die SPD eher als Partei der sozialen Gerechtigkeit und der Zukunft des Sozialstaates. Er hatte für die SPD im Mai 1996 die Leitung der Kommission »Fortschritt 2000« übernommen. Darin arbeitete ich als SPD-Vorstandsmitglied und DGB-Sozialpolitikerin mit. Gerhard Schröder verkörperte als wirtschaftspolitischer Sprecher die SPD der »Innovation« und der »neuen Mitte«.

In der letzten Vorwahlkampfrunde war Schröder ein geschickter Schachzug gelungen. Er gab das klare Signal aus: Seinen Anspruch auf die Kanzlerkandidatur 1998 mache er davon abhängig, ob er bei den anstehenden Wahlen in Niedersachsen einen überzeugenden Zuwachs an Wählerstimmen erreichen würde. Wie nicht anders zu erwarten, erhielt Schröder bei den Landtagswahlen im März 1998 ein überzeugendes Wahlergebnis. Zu jenem Zeitpunkt gehörte übrigens Frank-Walter Steinmeier, der 1991 als Medienreferent in die niedersächsische Staatskanzlei eingetreten war, zu Schröders engsten Beratern. Und Carsten

Maschmeyer, Gründer und Vorsitzender des Finanzdienstleistungsunternehmens AWD, setzte erhebliche Finanzmittel ein, um Gerhard Schröder den Weg zur Kanzlerkandidatur zu ebnen. Oskar Lafontaine reagierte als guter Verlierer. Öffentlichkeitswirksam gratulierte er Schröder zu seinem hervorragenden Wahlergebnis in Niedersachsen. Danach bestand kein Zweifel: Gerhard Schröder würde Kanzlerkandidat der SPD.

Als stellvertretende Vorsitzende des DGB, verantwortlich für die Sozial- und Arbeitsmarktpolitik und Mitglied im Parteivorstand der SPD, stand ich mitten in diesen Richtungskämpfen. Ich kann wohl sagen, die Mehrheit in den Gewerkschaften war der Auffassung, die Kombination aus »Innovation und sozialer Gerechtigkeit« sei ein gangbarer Weg. Dies konnten wir bis in das Wahlprogramm der SPD und die Koalitionsvereinbarung einbringen.

Ein böses Erwachen

Am Donnerstag, dem 11. März 1999, wurden wir im DGB mit der Nachricht konfrontiert, dass Oskar Lafontaine mit sofortiger Wirkung seine Ämter als Bundesfinanzminister und Parteivorsitzender der SPD niedergelegt habe. Dies war besonders für uns Gewerkschaften ein Schock. Als Sozial- und Arbeitsmarktpolitikerin hatte ich meistens mit Lafontaines Unterstützung rechnen können. Beeindruckt hat mich bereits zu seiner Zeit als Oberbürgermeister von Saarbrücken seine Anteilnahme an den Problemen der Langzeitarbeitslosen. Auch als Ministerpräsident des Saarlandes konnten wir uns als Arbeitnehmer und Gewerkschaften auf ihn verlassen.

Als Bundesfinanzminister hatte er sich allerdings bei den Gewerkschaftsvorsitzenden nicht nur Freunde gemacht. Seine ständigen Belehrungen zur Tarif- und Lohnpolitik erregten in den Gewerkschaften zuweilen Verärgerung. Es gefiel ihnen auch nicht, dass sich der Finanzminister in die Tarifpolitik einmischte.

Dennoch sahen die Spitzen der Gewerkschaften in seinem Eintreten für eine Nachfragepolitik und gegen die Schröder'sche angebotsorientierte Sparpolitik ein unerlässliches Gegengewicht. Dies brach durch seinen Rücktritt von allen Ämtern von einem Tag auf den anderen ohne Alternative weg. Als Gewerkschaften sahen wir darin einen tiefen Einschnitt in die soziale Entwicklung der Bundesrepublik. Unergründet bleiben die Ursachen dieses Rücktritts bis heute. Die Mutmaßungen reichen von einer Verschwörung im Kanzleramt, um ihn in der Öffentlichkeit zu demontieren, bis zu heftigen Zusammenstößen mit Gerhard Schröder.

Nachfolger im Amt des Bundesfinanzministers wurde Hans Eichel, zuvor Ministerpräsident in Hessen. Den Parteivorsitz übernahm Gerhard Schröder.

Von Düsseldorf nach Berlin – Auf mein Team war Verlass

Im Hans-Böckler-Haus in Düsseldorf galt die »sechste Etage« als der effizienteste Vorstandsbereich. Hier waren die Abteilungen unter der Verantwortung von Gerd Muhr untergebracht. Ich bin stolz, hier im Jahr 1974 meine gewerkschaftspolitische Arbeit begonnen zu haben. Je länger ich selbst tätig war, desto mehr konnte ich die Wertschätzung des Vorstandsbereichs von Gerd Muhr aus eigener Erfahrung bestätigen. Im Rückblick muss ich heute, nach 35 Jahren, feststellen: Ich hatte das große Glück, mit einem Chef und Kollegen zusammenzuarbeiten, denen es tatsächlich um die gewerkschaftspolitischen Inhalte ihrer Arbeit ging und nicht um Macht und Prestige. Nach meinen Erfahrungen vieler Höhen und

Tiefen gewerkschafts- und sozialpolitischer Tätigkeit ist dies alles andere als eine Selbstverständlichkeit.

Als ich 1990 zum DGB zurückkam, versuchte ich nicht nur, die sozialpolitische Arbeit von Gerd Muhr konsequent fortzusetzen. Vielmehr habe ich auch die Kontinuität in der personellen Besetzung weitgehend durchhalten können. Besonders wichtig war für mich in meiner neuen DGB-Funktion und damit auch als alternierende Vorsitzende des Vorstandes der BA der damalige Leiter der Abteilung Arbeitsmarktpolitik, Otto Semmler, seit 1958 der Fachmann der Gewerkschaften für Berufliche Bildung und Arbeitsmarktpolitik. Mit Otto Semmler sind mir zwei personalpolitische »Kunststücke« gelungen. Ich konnte ihn 1995 gegenüber der Bundesregierung und den Arbeitgebern als Präsidenten des Landesarbeitsamtes Rheinland-Pfalz/Saarland und drei Jahre später sogar als Vizepräsidenten der BA durchsetzen. Otto Semmler hatte sich stets nicht nur den Respekt der Gewerkschaften, sondern auch der jeweiligen Bundes- und Landesregierungen sowie der Arbeitgeber erworben.

Eine Zäsur in der Arbeit beim DGB war der Umzug nach Berlin im September 1999. Im damaligen DGB-Vorstand unter dem Vorsitz von Dieter Schulte hatte ich mich für einen zügigen Umzug nach Berlin ausgesprochen. Nach der deutschen Einheit 1990 gab es im DGB eine langwierige politische Auseinandersetzung über den künftigen Regierungssitz der Bundesregierung. Nachdem eine denkbar knappe Mehrheit im Deutschen Bundestag für Berlin votiert hatte, mussten auch wir als DGB entscheiden, ob wir ebenfalls nach Berlin umziehen – also der Exekutive und Legislative folgen.

Für mich stand das niemals infrage. Wenn wir als gewerkschaftlicher Dachverband unsere Vertretungsaufgaben für die Mitgliedsgewerkschaften wirksam erfüllen wollten, mussten wir am Sitz von Bundesregierung und Bundesrat präsent sein. Und das hieß: Auf nach Berlin! Dies war auch die klare Auffassung von Dieter Schulte und den übrigen Mitgliedern im DGB-Bundesvorstand. Nach der Satzung des DGB entscheidet allerdings der Bundeskongress über den Sitz des DGB.

Wir hatten daher für den 16. Ordentlichen DGB-Bundeskongress vom 4. bis 8. Juni 1998 in Düsseldorf entsprechende Vorbereitungen getroffen. Aber auch unser Betriebsrat hatte sich vorbereitet, allerdings mit dem Ziel der Verhinderung unseres Umzugs nach Berlin. Die Mehrzahl unserer Beschäftigten in den administrativen Tätigkeitsbereichen war entschlossen, in Düsseldorf zu bleiben. Für sie waren die persönlichen Gründe wichtiger als die politische Zukunft des DGB. Es war das erste Mal, dass ich in ernsthafte Auseinandersetzungen mit unseren Betriebsräten geraten bin. Dies war für mich besonders prekär, da der Betriebsratsvorsitzende und einige Betriebsratsmitglieder aus meinem Vorstandsbereich kamen. Dies war traditionell im DGB so geregelt, da mein Verantwortungsbereich die Abteilung Arbeits- und Sozialrecht umfasste. Aus dieser Abteilung wurde von den Beschäftigten im DGB häufig ihre Betriebsratsvertretung rekrutiert. In den Monaten zwischen unserem Beschluss des Umzugs nach Berlin im DGB-Vorstand und dem DGB-Bundeskongress war die Zusammenarbeit weniger gedeihlich. Auf dem DGB-Bundeskongress 1998 auf dem Gelände der Düsseldorfer Messe kam es bei der Behandlung des Umzugs nach Berlin zu einem Eklat.

Der Betriebsratsvorsitzende aus meinem Vorstandsbereich konnte eine Mehrheit der Delegierten des Kongresses für die Ablehnung des Antrags zum Umzug nach Berlin mobilisieren. Nach Krisengesprächen hinter den Kulissen waren wir als DGB-Spitze mithilfe der Vorstände in den Mitgliedsgewerkschaften in der Lage, diese Entscheidung zu revidieren. Am Ende gelang uns die Durchsetzung eines weiteren Kongressbeschlusses für den Umzug nach Berlin. Ich werde nie die Protestaktionen unserer Mitarbeiter während des Kongresses vergessen. Allen voran marschierten mit Trillerpfeifen Mitarbeiter und Mitarbeiterinnen aus meinem Vorstandsbereich. Dies hat zu einer empfindlichen Störung der weiteren Zusammenarbeit in den Folgemonaten geführt. Ich konnte zwar verstehen, dass persönliche und familiäre Gründe der Kollegen und Kolleginnen gegen einen Umzug nach Berlin ins Feld geführt wurden. Als Mitarbeiter in einem gewerkschaftspolitischen Dachverband mussten sie jedoch die gewerkschaftspolitische Notwendigkeit eines solchen Umzugs erkennen. Probleme brachte der Umzug auch innerhalb meiner Familie. Mein Mann war zu diesem Zeitpunkt Korrespondent beim *Handelsblatt* in Düsseldorf. Nach Jahrzehnten der berufsbedingten Trennung hatten wir erst seit 1990 wieder als Familie zusammen in Düsseldorf leben können. Der Umzug nach Berlin bedeutete also eine erneute Trennung und das Pendeln zu der zunächst in Düsseldorf wohnhaft bleibenden Familie. Dazu gehörte auch meine in Neuss lebende Mutter, die mit ihren fast 85 Jahren auf unsere Hilfe angewiesen war. Trotz alledem blieb ich bei der Ansicht: Der DGB musste aus politischen Gründen ohne größere Verzögerung mit der Bundesregierung in Berlin präsent sein.

Im DGB begannen langwierige Verhandlungen mit unserem Betriebsrat über einen Sozialplan für die Beschäftigten, sowohl im Falle des Umzugs wie auch des Verbleibs in Düsseldorf. Ich bin überzeugt, dass in anderen Verbänden kaum derart großzügige Sozialplanregelungen vereinbart wurden wie im DGB. Über zwei Jahre gab es einen ausreichenden finanziellen Ausgleich für eine Pendelwohnung in Berlin und Heimfahrten alle

14 Tage. Bei einem Verbleib in Düsseldorf wurde der Prozess des Ausscheidens auf drei Jahre gestreckt. In dieser Zeit wurden alle Anstrengungen von unserer Seite unternommen, nach alternativen Arbeitsplätzen für die in Düsseldorf verbleibenden Mitarbeiter zu suchen. In diesen drei Jahren konnten die Beschäftigten in Düsseldorf an ihren alten Arbeitsplätzen weiterarbeiten, was für diejenigen, die bereit waren, nach Berlin zu gehen, eine große Belastung war. Infolge der knappen finanziellen und personellen Ressourcen mussten die »Berliner« erheblich mehr Arbeit leisten als die in Düsseldorf Verbliebenen. Dies galt auch für meine Sekretärin Doris Loetz. Meine vorherige langjährige Sekretärin hatte entschieden, nicht mit nach Berlin umzuziehen. Ich hatte mich daher bereits in Düsseldorf nach einer Nachfolgerin umgesehen. Dabei ist mir Doris Loetz durch ihre engagierte Arbeit und ihr gewerkschaftspolitisches Interesse aufgefallen. Und ich war erleichtert, als sie ihre Bereitschaft bekundete, in Berlin für mich zu arbeiten. So fingen wir beide am 1. September 1999 in unserem neuen Berliner DGB-Gebäude – wieder in einer sechsten Etage – am Hackeschen Markt an. Daraus wurde eine siebenjährige hervorragende und vertrauensvolle Zusammenarbeit über so manche turbulenten Zeiten hinweg. Ich kann heute im Rückblick sagen: Es war eine alternativlose Entscheidung für uns als gewerkschaftlicher Dachverband, sich in der deutschen Hauptstadt zu etablieren.

Diejenigen Mitarbeiter und Mitarbeiterinnen, die mit nach Berlin gekommen waren, taten dies aus Überzeugung und mit großem Engagement. Nennen möchte ich vor allem Erich Standfest. Er war nach dem tragischen frühen Tod von Alfred Schmidt, dem Leiter der Abteilung Sozialpolitik, der sozialpolitische Fachmann des DGB. Wir konnten von 1990 bis 2002 zusammenarbeiten. Er ist leider viel zu früh, wenig später nach seinem 66. Geburtstag, am 15. April 2009 gestorben. Sein Nachfolger, Heinz Stapf-Finé, hat mir bei der Entwicklung und Durchsetzung unseres Konzepts zur Bürgerversicherung in der gesetzlichen Krankenversicherung sehr geholfen. Ohne seine Hilfe hätte ich das nervenaufreibende Tauziehen in der Rürup-Kommission kaum ohne Blessuren überstanden. Die längste und intensivste Zusammenarbeit verbindet mich mit Wilhelm Adamy, Leiter der Abteilung Arbeitsmarktpolitik beim DGB. Ohne seine tatkräftige Unterstützung hätte ich die Höhen und Tiefen in der Selbstverwaltung der Bundesanstalt für Arbeit kaum durchgestanden. Bis heute ist er der Arbeitsmarktexperte des DGB und auch im Verwaltungsrat der Bundesagentur für Arbeit hoch geschätzt.

Eine besonders enge Zusammenarbeit konnte ich in Berlin mit der Leiterin der Abteilung Arbeits- und Sozialrecht, Helga Nielebock, aufbauen. Sie ist nicht nur eine hervorragende und anerkannte Arbeitsrechtlerin, sondern auch eine ausgezeichnete Strategin. Bereits in den letzten Jahren in Düsseldorf hatte ich das Privileg eines persönlichen Büroleiters. Horst Palik hat mir noch in Düsseldorf und dann zu Beginn auch in Berlin geholfen, nicht im Haifischbecken der Sozial- und Gewerkschaftspolitik unterzugehen. Heute vertritt er das Berufsfortbildungswerk des DGB in Berlin und ist Gewerkschaftsführer des Bundesverbandes der Träger berufliche Bildung. Als Paliks Nachfolger konnte ich Oliver Suchy gewinnen, der aus der Bundestagsverwaltung kam. Mit seinem außergewöhnlichen politischen Fingerspitzengefühl hat er mir viele Fettnäpfchen erspart. Seine kreative, medienwirksame Formulierungskraft hat mit dazu beigetragen, dass wir unsere sozialpolitischen Vorstellungen wirksam in die Öffentlichkeit bringen konnten.

In der Leitung meiner Abteilung Frauen- und Gleichstellungspolitik konnte ich nicht die personelle Kontinuität herstellen wie in anderen Fachbereichen. Selbstkritisch muss ich eingestehen: In den dreieinhalb Jahrzehnten meiner Gewerkschaftsarbeit ist es mir nicht gelungen, die »gläserne Decke« für Frauen auch bei den Gewerkschaften zu durchbrechen. Ich habe vielmehr den Eindruck, es gibt eine Bewegung zurück.

Frohnau – Loerke-Haus mit Schäferhund Timmy

Das Pendeln zwischen Düsseldorf und Berlin wurde für die Familie auf Dauer zur Belastung, besonders für meinen Mann. Aber sowohl den Aufbau meines neuen Umfeldes in der deutschen Hauptstadt wie auch die privaten Entdeckungsreisen in einem Berlin ohne Mauer empfanden wir zunehmend als Bereicherung.

Schon nach kurzer Zeit hatte ich Berlin-Mitte weitgehend »erlaufen«. Spaziergänge waren für mich die schönste Entspannung abends und an freien Wochenenden: vom Hackeschen Markt zum Kollwitzplatz am Prenzlauer Berg, zum Checkpoint Charly bis nach Kreuzberg oder zum historischen Dorotheenstädtischen Friedhof bis zur Grenze nach Wedding und zum Tiergarten und Kurfürstendamm. In Berlin-Mitte kannte ich bald »Stock und Stein«: die Museumsinsel, den Park Monbijou, die Hackeschen Höfe, die Gipshöfe und die Heckmann-Höfe, den Dom, den Alexanderplatz und das Nikolaiviertel. Besonders schätzte ich den Gang an der Spree von der Janowitzbrücke bis zum Regierungsviertel – vorbei am Bahnhof Friedrichstraße, am Reichstag und an den Abgeordnetenhäusern. Im Frühjahr und Sommer leistete ich mir an den freien Wochenenden in Berlin ein ganz besonderes Vergnügen. Ich fuhr mit der S-Bahn vom Bahnhof Friedrichstraße nach Wannsee. Dort bestieg ich eines der Passagierboote und machte alle Seentouren, die angeboten wurden. Einmal genehmigte ich mir sogar einen Bootsausflug zur Baumblüte nach Werder. Im Rucksack hatte ich die übers Wochenende zu bearbeitenden Unterlagen dabei, und auf den Schiffsdecks konnte ich immer ein ruhiges Plätzchen finden. Zwischendurch nutzte ich die Gelegenheit, auf den Inseln auszusteigen und auf Entdeckungsreise zu gehen. So habe ich die Pfaueninsel kennengelernt. Sie war von den Bootsanlegestellen mit einer Fähre zu erreichen. Es gibt auf dieser Insel herrlich weitläufige Wiesen und Rosengärten. Mit einem Minimum an organisatorischem und finanziellem Aufwand habe ich herrliche Sonnentage auf Berlins Gewässern und Inseln verbracht und gleichzeitig mein Lesepensum erledigt. Am Abend genoss ich in den Kneipen vor der Türe meiner Wohnung am Hackeschen Markt ein Weizenbier und eine Gemüselasagne. Dann war die Welt wieder in Ordnung, und ich konnte den Strapazen der neuen Woche gestärkt entgegensehen.

Allmählich reifte in mir der Entschluss, Berlin nicht nur als zeitweilige Episode zu erleben, sondern als dauerhaften Wohnsitz für den nächsten Lebensabschnitt zu wählen. Ich hätte mir nie träumen lassen, dass es in Berlin – selbst im innerstädtischen Bereich – so viel Raum zum Leben, Luft zum atmen, Wasserstraßen und Parks zum Erholen geben würde. Das war für mich ebenso wichtig wie die vielfältigen kulturellen Angebote und vor allem das bunte Leben auf den Straßen.

So begann ich bei meinen Erkundungstouren durch Berlin zu überlegen, welches Umfeld für uns infrage kommen könnte. Der Hackesche Markt mit seinen komfortablen Wohngebäuden ist sofort ausgeschieden. Mein Mann brauchte als Journalist im »unruhigen Ruhestand« nach einer langen Karriere viel Platz für seine Unterlagen und seine technische Ausrüstung. Auch ich habe immer großen Wert auf einen eigenen und ausreichend großen Arbeitsbereich gelegt. Wir haben uns beide das Recht auf

Ordnung oder eben Unordnung für unsere Arbeitsbereiche zugestanden. Darüber hinaus wollte ich immer genügend Raum haben, damit uns unsere Kinder besuchen konnten. Sie hatten inzwischen beide das Studium der Wirtschaftswissenschaften aufgenommen und waren von der Stadt gleichermaßen angezogen. Die berufliche Ausrichtung ließ sich kaum vermeiden, drehten sich die Gespräche und die oft kontroversen Debatten in unserer Familie doch von ihrer Jugend an um das Thema Wirtschaft. Es war vor allem ein Steckenpferd meines Mannes, dass er sie zur Erweiterung ihres Horizontes zu Jahrestagungen des Internationalen Währungsfonds oder der regionalen Entwicklungsbanken mitnahm.

Doch dem Projekt eines dauerhaften Wechsels vom Rhein an die Spree standen die Sorgen um meine Mutter entgegen. Sie war eine besonders wichtige Bezugs- und Autoritätsperson, auch für unsere Kinder, und gehörte mit zur Familie. Bei einer dauerhaften Umsiedlung nach Berlin galt es also, für meine Mutter mitzuplanen.

Eher erschwinglich als die Wohnungen am Hackeschen Markt waren die Altbauwohnungen etwa am Prenzlauer Berg, für die ich mich sehr interessierte. Doch mich reizte auch die herrliche Umgebung von Berlin mit den vielen Seen- und Waldgebieten. So fuhr ich an den Wochenenden kreuz und quer durch den Großraum Berlin und sah mir Hausprojekte an. An einem Sonntag legte ich dafür mehr als 300 Kilometer zurück. Mein Interesse konzentrierte sich auf den Norden Berlins. Der Süden mit Wannsee und Potsdam war zwar aufgrund der wunderschönen Seenlandschaft außerordentlich reizvoll, doch im Sommer schien er mir zu überlaufen. Außerdem waren die Preise dort sehr hoch.

Als ich eines Tages meinem Kontrahenten im Vorstand der Bundesanstalt für Arbeit, Christoph Kannengießer, von meiner

Wohnungssuche berichtete, machte er den Vorschlag: »Versuchen Sie es doch einmal mit Frohnau. Dort bin ich mit meiner Familie hingezogen, und es gefällt uns sehr gut.«

Also brach ich am nächsten Wochenende nach Frohnau auf. Zur Einstimmung hatte ich mir am Hackeschen Markt ein Buch gekauft, in dem ich ein Kapitel über die »Gartenstadt Frohnau« entdeckte.

Ich war sofort begeistert vom Stadtteil im Grünen. Die Maklerin eröffnete mir bald, sie habe ein Haus in Frohnau, das aber noch nicht auf dem Markt sei. Es bedürfe noch weiterer Klärungsprozesse der Eigentümer über den möglichen Verkauf. Doch der Kauf wurde rasch Wirklichkeit.

Als ich das Haus betrat, war es Liebe auf den ersten Blick. Es ist ein Haus, das Geschichte atmet. Oskar Loerke, Lyriker, Essayist und Lektor des Berliner S. Fischer Verlags, ließ es 1930 bauen und bewohnte es bis 1941. Es ist nie modernisiert, sondern immer nur saniert worden. Es hat noch die alten Doppelfenster, die stabilen Holztüren mit den alten Türklinken sowie die unverwüstlichen Dielenbalken von vor bald 80 Jahren. Die Bäume rings um unser Haus haben eine mindestens hundertjährige Geschichte. Was sie wohl alles an Schönem und Schrecklichem erlebt haben, denke ich mir oft. Den Zweiten Weltkrieg hat Frohnau weitgehend unbeschädigt überstanden. »Die Bomber sind immer über uns hinweggeflogen«, erklärte uns eine Nachbarin, die schon während des Krieges in ihrem Haus in unserer Straße lebte.

Heute, nach neun Jahren, kann ich festhalten: Die Liebe auf den ersten Blick hat trotz mancher Ausbesserungen und Reparaturen bis in die Gegenwart gehalten. Ich genieße es – wie am ersten Tag –, aus der Innenstadt Berlins in diese grüne Oase der Ruhe und Beschaulichkeit zu kommen. Hier ist nichts von kalter

Anonymität zu spüren, in den Geschäften und Restaurants ist sehr schnell ein persönlicher Kontakt entstanden.

Die früheren Eigentümer des »Loerke-Hauses« überließen uns nicht nur ein Wandbild von Emil Orlik, sondern auch ein Exemplar von Oskar Loerkes Tagebüchern, herausgegeben von Hermann Kasack. Dort fand ich unter Sonnabend, 12. Juli 1930, folgende Eintragung: »Freitag, Richtfest in Frohnau. Der Bau sehr stattlich. 16 Handwerker, Maurer und Zimmerleute. Die Krone mit gelben und roten Bändern. Schöner Reimspruch des Zimmerpoliers vom Dachabsatz. Auf unserem Hügel gelagert. Bier in Flaschen. Zigarren mitgebracht. Cognac holen lassen. Jedem ein Fünfmarkstück. Große Zufriedenheit.« Und unter dem Datum Freitag, 2. Januar 1931, findet sich der Eintrag: »Dienstag, 16. Dezember, ist eine neue Lebenszeit angebrochen. Wir zogen nach Frohnau um. Das Grundgefühl: trotz Unruhe und manchmal körperlicher Beeinträchtigung ist Glück. Wunderbares Schlafen. Herrliches Glück, hier in der Stille und in guter Luft eine Weile zu wandern. Merkwürdig, dass ich gar keine Sehnsucht zurück nach der alten Wohnung habe, in der ich fast zwanzig Jahre gelebt habe. Ich habe in meinem hellen Zimmer hier die meisten Dinge um mich, die mich früher umgaben, nur bedarf es noch der Gewöhnung.«

Das Hausobjekt hatte ich. Die schwierigere Hürde bestand nun darin, meinen Mann zu überzeugen, unsere Zelte in Düsseldorf abzubrechen und in Berlin-Frohnau neu aufzubauen. Doch als er sah, dass in diesem Haus sein angesammeltes Archivmaterial gut unterzubringen ist, war seine Unterstützung zu drei Vierteln gewonnen. Als er das angenehme Wohnumfeld mit unmittelbarer Nähe zur S-Bahn und den hervorragenden Einkaufsmöglichkeiten kennenlernte, war er gänzlich überzeugt.

Zuletzt musste ich meine Mutter davon überzeugen, dass in diesem Haus auch für sie genügend Platz sein würde. Und das war keineswegs einfach. In Neuss hatte sie eine große Wohnung. Sie legte außerordentlichen Wert darauf, alle ihre Möbel, die sie seit Jahrzehnten penibel pflegte, mitzubringen. So weit war alles geplant. Dann zog sie im letzten Augenblick die Reißleine und entschied, vorerst doch in Neuss zu bleiben.

Bei der Suche und Auswahl des Hausobjektes hatte ich einen Hintergedanken. Ich war zeit meines Lebens ein Hundefan. Als Jugendliche hatten wir zu Hause einen Cockerspaniel. Er hieß Dingo, hatte ein ausgeprägtes Selbstbewusstsein und verteidigte seinen Lebens- und Versorgungsbereich ohne Ansehen der Person mit »Zehen und Klauen« sowie in Einzelfällen auch mit außerordentlicher »Bissfreudigkeit«. Er ist 15 Jahre alt geworden. Dingo kannte beinahe jeden Baum und Strauch im Grafenberger Wald in Düsseldorf.

Ich überlegte daher wochenlang, wie ich es anstellen könnte, einen Hund anzuschaffen, obwohl ich weiterhin kaum freie Zeit hatte.

Über die Karnevalstage Mitte Februar 2001 zog es mich an einem sonnigen, kalten Wintertag in ein Tierheim in Berlin-Lankwitz. Dort wollte ich mir nur einmal die Hunde ansehen. Es war wieder Liebe auf den ersten Blick: Hinter dem Drahtzaun sah ich den großen Kopf einer bräunlich schwarzen Schäferhundmischung mit einem besonders sympathischen Gesichtsausdruck und wunderschönen Augen. Ebenfalls fiel mir auf, dass er nicht so hysterisch wie viele seiner Artgenossen am Zaun entlangsprang, sondern ruhig abwartete. Ich bat darum, mir den Hund näher ansehen zu dürfen. Das wurde jedoch abgelehnt mit der Begründung: Entweder Sie nehmen den Hund, oder Sie lassen es bleiben! Also entschied ich, den Hund zu nehmen. Doch hatte ich weder Geld noch Leine. So ging ich zum nächsten Geldautomaten, um die geforderten 300 DM an das Tierheim zahlen zu können.

Von dem Hund war nichts weiter bekannt, als dass er am vorangegangenen Weihnachten ausgesetzt worden war und im Tierheim den Namen »Dammi« erhalten hatte. Als mir der Hund übergeben wurde, sah ich erst, wie groß und gut gewachsen er war. Wie mir die Tierärztin sagte, wurde er auf fünf Jahre geschätzt. Wenn er auf den Hinterbeinen stand, war er einen Kopf größer als ich. Und er hatte in etwa mein Gewicht. Ich hatte daher großen Respekt vor ihm und ging zunächst sehr behutsam zu Werke. Denn ich wusste nicht, ob er auf meine Anweisungen überhaupt friedlich reagieren würde. Doch sein Bestreben war von Anfang an, alles zu meiner Zufriedenheit zu tun. Ich glaube, er war überglücklich, dem Zwinger entkommen zu sein. Es war nach beinahe zwei Monaten das erste Mal, dass er sich wieder draußen bewegen konnte. Als Erstes gab ich ihm einen anderen Namen: Damit er sich nicht zu sehr umgewöhnen musste, nannte ich ihn Tim oder Timmy.

Dann musste ich meinem Mann beibringen, dass wir nicht nur ein Haus in Frohnau beziehen, sondern auch einen braunen Schäferhund haben würden. Als wir am Sonntag nach dem Neuerwerb von Timmy miteinander telefonierten, bellte der Hund. Mein Mann am anderen Ende der Telefonleitung war etwas irritiert. Ich erklärte ihm, dass ich mir leihweise einen Hund zum Wandern geholt hätte. Als er dann am nächsten Wochenende nach Berlin kam, musste ich ihm die Wahrheit beichten. Doch Klaus war leicht zu überzeugen. Timmy wurde ordentliches Mitglied unserer Familie.

Gleichwohl stellte mich meine spontane Adoption von Timmy vor erhebliche logistische Probleme. Von Mitte Februar bis zu

Ursula Engelen-Kefer bei ihrer Amtseinführung als Vizepräsidentin der BA 1984 im Gespräch mit Gerd Muhr (links), stellvertretender Vorsitzender des DGB. Rechts im Bild Heinrich Franke, Präsident der BA

Der SPD-Kandidat für das Amt des Ministerpräsidenten in Schleswig-Holstein, Björn Engholm (4. v. r.), stellte im Februar 1983 in Kiel seine Mannschaft für die Landtagswahlen vor, darunter Ursula Engelen-Kefer in der Mitte.

Der Präsident der Bundesanstalt für Arbeit, Heinrich Franke, bei der Bekanntgabe der Arbeitslosenzahlen im Januar 1989 *(picture-alliance, Frankfurt am Main/dpa)*

Mit Bernhard Jagoda, von 1993 bis 2002 Präsident der Bundesanstalt für Arbeit, an der Theke der Bundespressekonferenz im Juli 2001 *(Jochen Eckel/ddp, Berlin)*

Der Vorstand und die alternierenden Vorsitzenden des Verwaltungsrats der Bundesanstalt für Arbeit (v. l. n. r.): Florian Gerster, Vorstandsvorsitzender, Christoph Kannengießer, Vorsitzender des Verwaltungsrats, Ursula Engelen-Kefer, alternierende Vorsitzende des Verwaltungsrats, Frank-Jürgen Weise und Jürgen Alt, Mitglieder des Vorstandes *(Bundesagentur für Arbeit, Nürnberg)*

Mit Fritz-Heinz Himmelreich bei seiner Verabschiedung aus dem Vorstand der BA im Jahr 1990 *(Bundesagentur für Arbeit, Nürnberg)*

Wahl von Dieter Schulte zum Vorsitzenden und Wiederwahl von Ursula Engelen-Kefer zur stellvertretenden Vorsitzenden auf dem 15. DGB-Bundeskongress 1994 in Berlin *(argus Fotoarchiv, Hamburg)*

350 000 Menschen demonstrieren am 15. Juni 1996 in Bonn gegen Sozialabbau und für soziale Gerechtigkeit. In der vordersten Reihe unter anderem Ursula Engelen-Kefer, Heidemarie Wieczorek-Zeul, Klaus Zwickel und Oskar Lafontaine *(Marc Darchinger, Bonn)*

Mit Franz Müntefering und Bundeskanzler Gerhard Schröder (*Johannes Eisele/ddp, Berlin*)

Mit Bundeswirtschaftsminister Wolfgang Clement im April 2003 in Berlin. Die Spitze der Sozialdemokraten kam zu Beratungen über die umstrittene Reformstrategie zusammen. (*picture-alliance, Frankfurt am Main/dpa*)

Bundesarbeitsminister Walter Riester im Gespräch mit der stellvertretenden DGB-Vorsitzenden in Düsseldorf am Rande der Eröffnungsveranstaltung zur Messe für Arbeitsschutz und Arbeitsmedizin »A + A 99« (*picture-alliance, Frankfurt am Main/dpa*)

Ursula Engelen-Kefer und der Rentenexperte Bert Rürup im Februar 2002 anlässlich der ersten Sitzung der Arbeitsgruppe Gesundheit der Rürup-Kommission in Berlin (*picture-alliance, Frankfurt am Main/dpa*)

Die alternierenden Vorsitzenden des Vorstandes der BA, Josef Siegers und Ursula Engelen-Kefer, werden 1997 mit dem »Verdienstkreuz 1. Klasse des Verdienstordens der Bundesrepublik Deutschland« ausgezeichnet. In der Mitte Norbert Blüm (*Presse- und Informationsamt der Bundesregierung, Bundesbildstelle, Berlin*)

Ursula Engelen-Kefer und Angela Merkel auf dem DGB-Bundeskongress 2006; rechts im Bild Michael Sommer, Bundesvorsitzender des DGB (*José Giribás, Berlin*)

Eine Karikatur zum Ausscheiden von Ursula Engelen-Kefer aus dem DGB im Jahr 2006, veröffentlicht in der *Süddeutschen Zeitung* (Heinz Birg, München)

Eine Aktion des Berliner DGB-Landesbezirks zur Reform des Betriebsverfassungsgesetzes im Jahr 2001: Vor dem Reichstagsgebäude wurde ein Fußballfeld aufgebaut, ein Treffer ins Tor symbolisierte die notwendigen Verbesserungen im Gesetz. Alle vorbeigehenden Abgeordneten mussten sich an einem Schuss versuchen. (Reuters, Berlin/Fabrizio Bensch)

Ursula Engelen-Kefer am Ufer der Spree, mit kritischem Blick auf die Vergangenheit und mit Zuversicht in die Zukunft *(Christian Tauer, Lenting)*

unserem Umzug nach Frohnau Ende Mai 2001 musste ich mich mit Timmy in meiner Pendlerwohnung am Hackeschen Markt arrangieren. Unter der Woche hatte ich praktisch keine Zeit. Es galt, die Betreuung von Timmy fürs Erste weitgehend zu delegieren. Zu diesem Zweck hatte mir das Tierheim eine Liste mit 60 potenziellen Betreuungspersonen in die Hand gedrückt. Für einen Tag Hundebetreuung wurden 20 DM verlangt.

Gleich am Karnevalsdienstag hatte ich einen auswärtigen Termin. Ich musste also noch am Rosenmontag eine Betreuungsperson finden. Nach Irrungen und Wirrungen fand ich Rüdiger Schuhl, einen älteren Arbeitslosen, der sich beim Tierheim für Hundebetreuung gemeldet hatte. Schuhl erwies sich für Timmy und mich, ja für die ganze Familie, als Glücksfall. Die Zusammenarbeit währte fünf Jahre, und in dieser Zeit konnte Schuhl seine Verrentung erreichen.

Seit Timmy unser Haus in Frohnau bewacht, ist sein Selbstvertrauen gestiegen. Nicht nur die Familie hat ihn ins Herz geschlossen. Auch für die Nachbarschaft und in manchen Geschäften und Restaurants ist Timmy mit seiner inzwischen silbergrauen Schnauze ein Sympathieträger geworden, der meist ein »Leckerchen« erwarten darf. In Frohnau ist er als »der Gewerkschaftshund« ein vertrauter Mitbewohner.

Meine Mutter haben wir schließlich im Alter von 88 Jahren von Neuss in unser Haus nach Berlin-Frohnau geholt. »Es ist nicht einfach, einen alten Baum zu verpflanzen«, pflegte sie zu sagen. Mit diesen Worten begründete sie ihre Weigerung, uns schon früher nach Berlin zu folgen. Bevor sie einwilligte, stellte sie einige Bedingungen: Praktisch alle ihre Möbel mussten im ersten Stock unseres Hauses untergebracht werden. Auch für die bestens gepflegte Chippendale-Einrichtung des Neusser Zimmers ihrer Mutter musste Platz gefunden werden. Ferner galt es, für ihren Honda Akkord, Baujahr 1993, eine nahe Garage zu finden. Den Wagen hat sie bis zu ihrem 90. Geburtstag gefahren. So weit ihre Kräfte reichten, haben wir sie am kulturellen Leben Berlins – Philharmonie, Deutsche Oper und auch mal das Kabarett »Distel« am Bahnhof Friedrichstraße – teilnehmen lassen.

Bis zuletzt rechnete sie es meiner Schwester und mir hoch an, dass wir sie nach ihrem 50. Lebensjahr nochmals in die Berufstätigkeit gedrängt hatten. Sie nahm die Stelle einer Sachbearbeiterin beim Verband Deutscher Ingenieure (VDI) in Düsseldorf an, und sie wäre liebend gern noch über ihren 65. Geburtstag hinaus tätig geblieben, wenn das möglich gewesen wäre. Ebenfalls im Alter von 50 Jahren fing sie wieder an, alpinen Ski zu fahren. Gemeinsam haben wir zu diesem Zweck einen Skikurs für Fortgeschrittene in Seefeld in Tirol besucht. Später sattelte sie dann auf Langlaufski um.

Wir sind froh, dass sie die letzten Jahre ihres Lebens mit uns in Berlin verbrachte, in jener Stadt, in der sie kurz vor Ausbruch des Zweiten Weltkrieges Musik und Gesang studiert und noch große Träume vom Leben gehabt hatte.

Steuerreform Rot-Grün – Ein Mega-Geschenk für Konzerne

Mit Oskar Lafontaine waren auch seine mir seit Jahren gut bekannten Staatssekretäre gegangen: Heiner Flassbeck und Claus Noé, beides verlässliche Ansprechpartner. Die rot-grüne Koalition war nun in der Lage, ohne Störfeuer von Lafontaine und seinen Experten mit einer »stromlinienförmigen« Mannschaft die öffentliche Sparpolitik zu forcieren. Keine Stärkung der Binnenkaufkraft mehr, kein sozialer Ausgleich mehr. Die Verringerung der Staatsschulden zu Lasten der sozialen Leistungen war das

Patentrezept für eine wirksame Bekämpfung der Arbeitslosigkeit. Die Medien, gefüttert von den Wirtschaftsverbänden und Lobbyisten, lobten Hans Eichel für seine Sparpolitik, die jedoch zu Lasten breiter Schichten der Bevölkerung ging. Dann folgte der 11. September 2001, der Angriff der Al-Qaida-Terroristen auf das World Trade Center. Dieser änderte nicht nur mit einem Schlag die geopolitische Großwetterlage. Auch die Weltwirtschaft wurde durch die zusammenbrechende New Economy und den Angriff einem Klimasturz unterzogen. Die USA begannen ihren Feldzug gegen den weltweiten Terrorismus, der 2003 mit dem Krieg gegen den Irak einen Höhepunkt erreichte.

Bei Eichels finanzpolitischer Neuausrichtung waren Konflikte mit den Gewerkschaften vorprogrammiert. Der von mir sehr geschätzte Chefredakteur des *Handelsblatts*, Hans Mundorf, machte eine Voraussage, die uns sehr beunruhigte: »Bisher hat noch jede neue Bundesregierung ihre Steuerreformen an der Rampe des Bundesverbandes der Deutschen Industrie (BDI) abgeholt. Das wird auch bei einer von Sozialdemokraten geführten Koalition nicht anders sein.« Im Dezember 1999 feierte Kanzler Schröder »das größte und weitreichendste Steuerreformpaket in der Geschichte der Bundesrepublik«, das eine sozialdemokratische Handschrift zu tragen schien.

Doch leider behielt Mundorf mit seiner skeptischen Einschätzung recht. Was dann unter Eichel & Co in einer Überrumpelungsaktion den Unternehmen an Steuergeschenken zugeschoben wurde, überstieg nicht nur das Vorstellungsvermögen der Gewerkschaften. Eichels Coup sah so aus, dass Kapitalgesellschaften künftig keine Steuern auf Gewinne zahlen sollten, die sie beim Verkauf von Aktienpaketen oder ganzen Tochterunternehmen erzielten. Durch die steuerliche Entlastung konnten sie milliardenschwere Ansprüche für die vergangenen Jahre an den

Staat stellen, konnten Verluste aus der Vergangenheit mit Gewinnen verrechnen und rückwirkend steuerliche Entlastungen in Milliardenhöhe geltend machen.

Aus Sicht der Gewerkschaften, vor allem für uns Sozialpolitiker, war es unfassbar, dass eine von der SPD geführte Bundesregierung auf diese Weise mit den Einnahmen des Staatshaushalts Roulette spielte. Und wie die bittere Erfahrung zeigte, folgten nun weitere Konsolidierungsrunden in den öffentlichen Haushalten. Gleichzeitig stiegen die Belastungen für die Arbeitnehmer.

Von positiven Impulsen für die Wirtschaft konnte keine Rede sein. Im Gegenteil. Die Ausfälle an Körperschaftssteuer in Eichels »Weihnachtsgeschenk« betrugen schätzungsweise zwischen 60 und 70 Milliarden Euro. Dadurch wurden Riesenlöcher in die öffentlichen Haushalte gerissen. Die Unternehmen machten dank der beispiellosen Steuergeschenke hohe Gewinne, ohne die von Rot-Grün in Aussicht gestellten neuen Arbeitsplätze sowie den Wachstumsschub zu schaffen.

Den anschließenden drastischen Sozialabbau durch Rot-Grün verfolgte ich oft mit geballter Faust in der Tasche. Arbeitnehmer, Arbeitslose, Kranke und Rentner zahlten die Zeche für die milliardenschweren Steuergeschenke an die großen Konzerne.

Für den Sozialstaat Deutschland bedeutete das Gesetz zur Reform der gesetzlichen Rentenversicherung und zur Förderung eines kapitalgedeckten Altersvorsorgevermögens vom 29. Juni 2001 (Riester-Reform) einen folgenschweren Paradigmenwechsel in der Renten- und Sozialpolitik. Erstmalig wurden die Beitragssätze nach oben gedeckelt und eine untere Grenze für das Rentenniveau gesetzlich festgelegt. Entsprechend wurden die Rentenleistungen erheblich abgesenkt und als Ersatz die öffentlich geförderte private Altersvorsorge ausgeweitet. Damit wurden die

Arbeitgeber von den Beiträgen zur gesetzlichen Rentenversicherung entlastet. Da viele Menschen keine private Zusatzvorsorge aufbauen können, haben sie im Alter erhebliche Abstriche bei ihren Renteneinkommen bis zur Altersarmut zu erwarten. Immerhin gelang es uns als Sozialpolitiker, in den Gewerkschaften die Unterstützung der Vorsitzenden von IG Metall und Verdi, Klaus Zwickel und Frank Bsirske, zu mobilisieren, um noch drastischere Absenkungen des Rentenniveaus zu verhindern. Eine Gesundheitsreform jagte die andere. Im Vordergrund standen vor allem die Erhöhung der Zuzahlungen für Gesundheitsleistungen und Medikamente sowie einseitige Erhöhungen der Beiträge für die Arbeitnehmer. Die Hartz-Gesetze waren mit erheblichen Kürzungen beim Arbeitslosengeld, bei der Arbeitslosenhilfe und in der Arbeitsmarktpolitik verbunden.

Trotz dieser massiven Einsparungen zu Lasten der Arbeitnehmer und ihrer sozialen Sicherung stieg die Arbeitslosigkeit weiter an. Darüber hinaus konnte der große Nachholbedarf bei Bildung, Erziehung, Betreuung, Pflege, Wissenschaft und Forschung nicht erfüllt werden. Bis heute habe ich nicht nachvollziehen können, dass wir als Gewerkschaften nicht rechtzeitig und massiv gegen diesen milliardenschweren »Betriebsunfall« bei der Körperschaftssteuer einer von Sozialdemokraten geführten Koalition vorgegangen sind. Es gab Zeiten, da durfte ich so etwas noch nicht einmal laut sagen, um nicht die Befindlichkeit der Privilegierten auf allen Seiten zu stören. In Talkshows wurde mir regelmäßig entgegengehalten, ich solle doch nicht »die Schlachten von gestern schlagen«. Ich bin bis heute überzeugt: Die wirtschaftliche Erholung und die Verringerung der Arbeitslosigkeit hätten ohne diese bedingungslosen Steuergeschenke an die großen Konzerne schneller erfolgen können. Millionen Arbeitnehmern wären drastische Einschnitte bei der Renten-, Kranken-

und Arbeitslosenversicherung zumindest teilweise erspart geblieben. Dies hätte auch zur Stabilisierung der Binnenkonjunktur beigetragen, die Gefährdung durch die derzeitige Wirtschaftskrise hätte verringert werden können.

Weg in die Altersarmut für Millionen

Kein Wunder, dass die Altersvorsorge weiterhin ganz oben auf der politischen und sozialen Agenda steht. Inzwischen haben sowohl der Deutsche Rentenversicherung Bund wie die Bundesregierung in verschiedenen Berichten auf die in den nächsten Jahrzehnten drohende Altersarmut hingewiesen. Als Reaktion auf derartige Armutsperspektiven hat die Große Koalition die öffentliche Förderung für die Inanspruchnahme der Riesterrente für Geringverdiener, Familien und Alleinerziehende noch einmal kräftig erhöht. In den letzten Jahren haben die Abschlüsse von Riesterverträgen erheblich zugenommen. Aber damit ist das grundlegende Problem der künftigen Alterssicherung in der Bundesrepublik noch längst nicht gelöst.

Es bleibt eine wichtige politische Aufgabe, die gesetzlichen Altersrenten auch für die nächsten Jahrzehnte im Leistungsniveau zu stabilisieren. Die Angst vor Armut im Alter ist in der deutschen Bevölkerung nicht ohne Grund stark gestiegen und muss von der Politik ernst genommen werden. Bei Riesters Rentenreform können wir als Gewerkschaften für uns in Anspruch nehmen, für Millionen von Arbeitnehmern und Rentnern eine untere Auffanglinie durchgesetzt zu haben. So haben die Gewerkschaften entscheidend mitgeholfen, dass Anbieter von Altersvorsorgeprodukten zur Rückzahlung der eingezahlten Beträge verpflichtet werden. So konnten den Rentnern ähnlich drastische Verluste erspart werden, wie sie viele ältere Menschen beispielsweise in Großbritannien, Irland und den USA getroffen haben.

Ein Lichtblick war auch die Reform des Betriebsverfassungsgesetzes: Dabei ging es vor allem um die Erhöhung der Anzahl von Betriebsräten insgesamt und um ihre Freistellung in den Unternehmen sowie um die Entbürokratisierung der Wahlverfahren. Besondere Mühe verwandten wir auf die Erweiterung der inhaltlichen Aufgaben der Betriebsräte in den Bereichen Beschäftigungssicherung, Qualifizierung, Frauenförderung, Vereinbarkeit von Familie und Beruf, Gesundheits- und Umweltschutz sowie Integration ausländischer Arbeitnehmer.

Anstelle großer Demonstrationen für ein verbessertes Betriebsverfassungsgesetz beschränkten wir uns auf kleine, dafür aber kreative Aktionen. Unser Berliner DGB-Landesbezirk hatte einen besonders originellen Vorschlag. Wir bauten vor dem Reichstagsgebäude ein Fußballfeld auf. Das Tor symbolisierte die Treffer für die unserer Auffassung nach notwendigen Verbesserungen im Gesetz. Alle vorbeigehenden Abgeordneten forderten wir auf, den Ball ins Tor zu schießen. Mit von der Partie war zur Gaudi der Zuschauer auch Bundesarbeitsminister Walter Riester. Die Aktion hat uns viele Sympathien bei den Abgeordneten, den Zuschauern und in den Medien gebracht. Entsprechend erfolgreich waren auch unsere Ergebnisse. Selbst in den Auseinandersetzungen mit Bundeswirtschaftsminister Werner Müller konnten wir unsere Gewerkschaftslinie durchhalten. Der Wirtschaftsminister hatte große Sorge, dass die Novellierung des Gesetzes eine weitere Belastung der Wirtschaft bedeuten würde. Vordergründig war das auch nicht von der Hand zu weisen, denn eine größere Anzahl von Betriebsräten und deren Freistellung würde mehr Kosten für die Arbeitgeber verursachen. Andererseits standen den höheren Kosten auch entsprechende Leistungen gegenüber. Gerade bei den tief greifenden Umstrukturierungen mit teilweise erheblich negativen Auswirkungen auf die Arbeitnehmer bekam die Arbeit der Betriebsräte auch für Betrieb und Unternehmen einen immer größeren Stellenwert. Betriebsräte können erheblich zur Reduzierung sozialer Konflikte beitragen sowie Motivation und Kreativität der Arbeitnehmer befördern.

Wasser in den Wein wurde allerdings bei den neuen Regelungen zur Gleichstellung und Frauenförderung gegossen. Hier wurden wir Frauen im DGB geradezu ausgetrickst. Wir hatten konkrete Vorschläge zur Verbesserung der Mitbestimmungsrechte der Betriebsräte bei der Frauenförderung vorgelegt. Walter Riester empfahl, davon Abstand zu nehmen. Dies solle besser in dem von uns ebenfalls politisch bereits vorbereiteten neuen Gleichstellungsgesetz für die private Wirtschaft verankert werden. Wir haben uns mehr oder weniger murrend auf diesen Deal eingelassen. Allerdings hatten wir weder die ungeteilte Unterstützung der männlich dominierten Gewerkschaftsspitzen, noch war Bundeskanzler Gerhard Schröder bereit, uns als Gewerkschaftsfrauen bei der Einführung eines Gleichstellungsgesetzes für die private Wirtschaft entgegenzukommen. Die Wirtschaft schrie bereits Zeter und Mordio und beschwor den »Untergang des Abendlandes«, wenn sie gesetzlich gezwungen würde, die Frauenförderung voranzutreiben. Die Verabredung zwischen den Arbeitgeberverbänden und der Bundesregierung von 2001 zur Frauenförderung im Betrieb kann als halbherzige Ausweichlösung gebrandmarkt werden. Bis heute ist der Fortschritt in der betrieblichen Frauenpolitik noch langsamer als eine Schnecke.

Vielleicht hätten wir bei der Novellierung des Betriebsverfassungsgesetzes 2001 hartnäckiger auf bessere Mitbestimmungsregelungen für die Gleichstellung und Frauenförderung bestehen sollen. Allerdings bleibt fraglich, ob wir hierfür überhaupt die notwendige Rückendeckung durch die männlich dominierten Spitzen von Betriebsräten und Gewerkschaften bekommen hätten. Sicher wäre dies leichter gewesen, als sie für ein neues Gleichstellungsgesetz in der privaten Wirtschaft zu gewinnen. Bis heute ist dies den Gewerkschaftsfrauen nicht gelungen.

Wir haben zwar seit 2005 eine Kanzlerin, aber auch mit einer Frau an der Spitze der Bundesregierung haben wir es bisher nicht geschafft, bei der Gleichstellung von Frauen im Erwerbsleben mit anderen EU-Ländern gleichzuziehen. Im Gegenteil: Erst kürzlich schlug EU-Kommissar Vladimir Spidla Alarm. Frauen verdienen in Deutschland im Schnitt 23 Prozent weniger als Männer. Damit liegt die größte Volkswirtschaft Europas am unteren Ende im europäischen Vergleich. Vier Millionen Frauen sind nur noch geringfügig beschäftigt. Sie arbeiten mit einem Einkommen bis zu 400 Euro im Monat und völlig unzureichender sozialer Absicherung.

VW-Manager Peter Hartz und Schröders fingierter BA-Skandal

Mit dem Anstieg der Arbeitslosigkeit Ende des Jahres 2001 geriet Bundeskanzler Gerhard Schröder zunehmend unter Druck. Zu Beginn seiner Amtszeit hatte er erklärt, er lasse sich am Rückgang der Erwerbslosen messen. Ansonsten hätte er es nicht verdient, wiedergewählt zu werden. Er musste folglich die Verantwortung für die abermals steigende Arbeitslosigkeit von sich weisen. Ein Schuldiger war schnell ausgemacht: die Bundesanstalt für Arbeit in Nürnberg.

Die politische Inszenierung eines öffentlichen Skandals um die Statistik der Arbeitsvermittlung nahm ihren Lauf. Leider bot die Arbeitsvermittlung in den Arbeitsämtern seit Jahren zu viele Einfallstore für Kritiker. Reformen waren seit Langem überfällig.

Bei der Klausurtagung des DGB-Bundesvorstandes Ende Januar im Bildungszentrum der Industriegewerkschaft Bergbau, Chemie, Energie (IG BCE) im nahe bei Berlin gelegenen Kagel, nicht weit von der polnischen Grenze, gab es bei der Verständigung auf einen neuen Vorsitzenden keine Überraschungen. Michael Sommer wurde als Nachfolger von Dieter Schulte benannt, ich selbst wieder als stellvertretende Vorsitzende. In den Medien wurde zwar über eine Kandidatur für den DGB-Vorsitz meinerseits spekuliert, aber ich habe die Diskussionen selbst umgehend beendet. Nach den Erfahrungen der letzten Wahl 1994 wollte ich mir eine weitere derartige Achterbahnfahrt mit negativem Ausgang ersparen. Kaum war diese Klippe der Benennung des DGB-Vorsitzenden sowie seiner Stellvertreterin und der übrigen drei Vorstandsmitglieder überwunden, begann das Politdrama um die Bundesanstalt für Arbeit. Die Inszenierung vollzog sich in mehreren Akten.

Erster Akt: Bei der monatlichen Bundesvorstandssitzung mit den Vorsitzenden der Gewerkschaften am 5. Februar 2002 wunderte ich mich über eine Frage aus dem Kreis der Vorsitzenden. Sie wurde allerdings mehr beiläufig, am Rande der Tagesordnung gestellt: »Was ist eigentlich mit der Statistik der Arbeitsvermittlung los?« Mir war zu diesem Zeitpunkt bekannt, dass es Rangeleien zwischen dem Revisor des Landesarbeitsamtes Rheinland-Pfalz/Saarland, Erwin Bixler, und Präsident Jagoda über die Statistik der Arbeitsvermittlungen gab. Dabei war für uns im Vorstand der BA zunächst keine dramatische Entwicklung zu erkennen. Ich sicherte dem DGB-Bundesvorstand zu, dem aufgeworfenen Problem nachzugehen und darüber ordnungsgemäß zu berichten. Ich sah zu diesem Zeitpunkt keine Veranlassung zur Dramatik.

Ich wunderte mich daher umso mehr, als ich einen Tag später einen Zeitungsartikel entdeckte, in dem das Statistikproblem der BA mit meinem Namen verbunden wurde. Es war völlig unüblich, solche wenig spektakulären Anfragen im DGB-Bundesvorstand an die Presse zu geben.

Zweiter Akt: Wenige Tage später war mir klar, was gespielt wurde. Der Revisor Bixler hatte sich in einem Brief vom 24. Dezember 2001 an den Staatsminister des Bundeskanzleramtes, Hans Martin Bury, gewandt und behauptet, dass die offizielle Statistik der Arbeitsvermittlung in der Bundesanstalt für Arbeit »getürkt« sei. Es würden statistisch viel mehr Vermittlungen nachgewiesen, als tatsächlich durchgeführt worden seien. Diese Bombe explodierte in den Medien als »Skandal der Republik«. Verschärft wurde sie durch ein Gutachten des Bundesrechnungshofes (BRH). Im Klartext bedeutete dies: Die Bundesanstalt für Arbeit betrügt die Öffentlichkeit.

Ohne Zweifel war auch uns aufgefallen, dass Präsident Bernhard Jagoda in öffentlichen Darstellungen übermäßig häufig die außergewöhnlich hohe Zahl von Millionen Vermittlungen seiner Arbeitsämter betonte. Dies berichtete er uns auch immer in den Sitzungen des Vorstandes, auf denen wir permanent die öffentliche Kritik an der Vermittlungstätigkeit der Arbeitsämter behandeln mussten. Allerdings hatten wir in Vorstand und Verwaltungsrat nicht mit derartigen Verfehlungen bei der Statistik der Arbeitsvermittlung gerechnet.

Dritter Akt: Als die Bombe über die Vermittlungsstatistik Mitte Februar platzte, war Bundeskanzler Schröder gerade nach Lateinamerika aufgebrochen. Mit einem großen Gefolge von Industriekapitänen wollte er in Brasilien und anderen Ländern der Region die bereits engen Wirtschaftsbeziehungen weiter festigen. Dann überschlugen sich die Ereignisse. Noch nie zuvor hatte es eine derartige Medienaufmerksamkeit für Vorstandssitzungen der BA gegeben.

Mein großes Glück war Christoph Kannengießer als Vorstandsvorsitzender vonseiten der Arbeitgeber. Wir waren uns schnell einig, dass es sich um eine inszenierte politische Aktion gegen die BA handelte. Und wir waren beide entschlossen, nicht klein beizugeben. So unterzogen wir uns den Sitzungen mit Prüfern des Bundesrechnungshofes sowie der Spitze des Bundesarbeitsministeriums. Ich kam mir teilweise vor wie eine Kriminelle. Dabei lag die Verantwortung für die Vermittlungsstatistik per Gesetz bei denjenigen, die in der Bundesregierung den medialen Großangriff auf die Bundesanstalt inszeniert hatten.

Die Motive waren klar: Gerhard Schröder hatte sich 1998 mit dem bereits erwähnten Versprechen zum Kanzler wählen lassen, die Arbeitslosenquote unter die Marke von 3,5 Millionen zu senken. Drei Jahre später sollte – während er weitab von Berlin auf einer Reise durch Lateinamerika wichtigen Staatsgeschäften nachging – die Schuld für den nicht erfolgten Rückgang den Verantwortlichen der Bundesanstalt für Arbeit angelastet werden.

In den Sitzungen mit Vertretern des Bundesrechnungshofes sowie des Bundesarbeitsministeriums zählten sachliche Argumente überhaupt nicht. Es ging lediglich darum, die Bundesanstalt, ihren Präsidenten und uns als Selbstverwaltung an den Pranger zu stellen und als wahren Schuldigen an der Misere zu markieren. Unsere gut vorbereiteten und mit konkreten Fakten unterlegten Gegenargumente, wonach sich das Vermittlungsgeschehen inzwischen drastisch geändert habe, wurden gar nicht zur Kenntnis genommen.

Vierter Akt: Präsident Jagoda war am 21. Februar zurückgetreten, und der Bundeskanzler erklärte die Neuregelung der Spitze und die Reform der Bundesanstalt zur Chefsache. Er machte sich eigenhändig auf die Suche nach einem geeigneten Nachfolger. An die Stelle von Präsident und Vizepräsident sollte ein hauptamtlicher professioneller, dreiköpfiger Vorstand treten. Die Selbstverwaltung wurde entmachtet. Der ehrenamtliche Vorstand der BA wurde aufgelöst und der ehrenamtliche Verwaltungsrat in verkleinerter Besetzung auf die Funktion eines Aufsichtsgremiums beschränkt. In einer eilig einberufenen Pressekonferenz präsentierte Gerhard Schröder den neuen Vorsitzenden des Vorstandes der Bundesanstalt, Florian Gerster, bis dato Minister in Rheinland-Pfalz, der dann am 27. März 2002 die Führung der Bundesanstalt übernahm.

Da der ehrenamtliche Vorstand aufgelöst wurde, waren Kannengießer und ich in der Selbstverwaltung der Bundesanstalt zunächst ohne Mandat. Dies war ein besonders herber Schlag. Als stellvertretende Vorsitzende im DGB und Verantwortliche für die Sozial- und Arbeitsmarktpolitik hing meine interne und externe Anerkennung – und besonders meine Handlungsfähigkeit in der Arbeitsmarktpolitik – eng mit meinem Mandat bei der BA zusammen.

Gerhard Schröder gab des Weiteren seine Entscheidung bekannt, eine hochrangige Kommission zur Reform der Arbeitsmarktpolitik einzusetzen. Sie begann am 22. Februar 2002 mit ihrer Arbeit. Die Leitung hatte Schröder dem Vorstandsmitglied der Volkswagen AG, Peter Hartz, übertragen. Auch die Mitglieder der Kommission waren handverlesen: Führende Unternehmensberater von McKinsey und Roland Berger waren mit von der Partie. Kannengießer und ich als ehemalige Vorsitzende des Vorstandes der Bundesanstalt wurden nicht beteiligt. Vonseiten der Gewerkschaften wurden zwei Mitglieder ausgewählt, die bisher kaum als Arbeitsmarktpolitiker in Erscheinung getreten waren.

Die Wahl von Peter Hartz war ein kluger Schachzug. Er genoss höchstes Ansehen in der Wirtschaft und bei den Gewerkschaften.

Er hatte bei seiner Arbeit Kreativität und Durchsetzungsvermögen bewiesen. Als Vorsitzender der Hartz-Kommission hat er Gerhard Schröder einen unschätzbaren Dienst erwiesen und einen wichtigen Beitrag zu seiner äußerst knappen Wiederwahl zum Bundeskanzler bei den Bundestagswahlen am 22. September 2002 geleistet.

Ich habe die grandiose Inszenierung der Übergabe seines Kommissionsberichtes am 16. August 2002 im Berliner Dom noch vor Augen. Natürlich kannte ich den Inhalt bereits von den Abstimmungsgesprächen in den Gewerkschaften und mit Peter Hartz. Am originellsten waren die Bezeichnungen der vorgeschlagenen arbeitsmarktpolitischen Instrumente: »Personal Service Agentur«, »Job Floater« oder »Ich-AG«, um nur die bekanntesten zu nennen.

Im Mittelpunkt stand dabei die Neubelebung der Leiharbeit. Wie zu hören war, lehnte Peter Hartz Angebote zur Mitwirkung an der politischen und praktischen Umsetzung seiner Vorschläge strikt ab. Im Übrigen war in den Management-Etagen innerhalb und außerhalb von Volkswagen inzwischen leises Grummeln wegen seiner zeitraubenden politischen Aktivitäten zu vernehmen. Es ist daher verständlich, dass Hartz sich sehr bald nach der erfolgreichen Wahlhilfe für Gerhard Schröder wieder seiner Managementaufgabe bei VW widmete. Wie bekannt, dauerte seine politische Ruhepause allerdings nicht allzu lange, da er sich im Strudel seiner Affären verfing.

Die gesetzliche Konkretisierung von »Hartz I bis IV« geht weit über seine Vorschläge hinaus. Dies gilt vor allem für die Belastung der Arbeitnehmer und Arbeitslosen. Es ist sicher richtig, wenn vermerkt wird: »Nicht überall, wo Hartz draufsteht, ist auch Hartz drin.« Für Peter Hartz selbst ist dies keine ausreichende politische Rehabilitation, und für Millionen betroffene Menschen ist es alles andere als ein Trost.

Dem Ministerpräsidenten von Nordrhein-Westfalen Wolfgang Clement brachte die Umsetzung der Hartz-Gesetze den politischen Aufstieg zum »Superminister« für Wirtschaft und Arbeit. Ich kann mich noch gut erinnern, wie Clement mir als alternierende Vorsitzende des Verwaltungsrates der BA anlässlich eines Treffens sagte: »Ich erwarte von dir und euch eine schnellstmögliche Reduzierung der Zahl der Arbeitslosen.« Mein Argument, dass dies entscheidend von der allgemeinen Konjunktur- und Beschäftigungsentwicklung abhänge, wollte er nicht gelten lassen.

Wie Schröderianer mich entmachten wollten

Am 8. März 2002, dem Internationalen Frauentag, tagte der Bundesausschuss des DGB. Natürlich musste ich – ebenso wie am Tag zuvor bei der Sitzung des Bundesvorstandes – Rechenschaft über die Auseinandersetzungen aufgrund der Vermittlungsstatistik und der Neuregelungen an der Spitze der BA ablegen. In der Sache der Statistik hatte ich mir nichts vorzuwerfen, die Neuordnung an der Spitze von Verwaltung und Selbstverwaltung schien mir vertretbar. Die Verantwortung lag nun bei mir, die notwendigen Veränderungen auf unserer Gewerkschaftsseite zu organisieren. Meine Darstellung blieb ohne weitere Diskussionen.

Am Abend flog ich nach Genf. Als Mitglied im Verwaltungsrat der IAO hatte ich einen wichtigen Sitzungstermin. Auf dem Weg zum Flughafen erhielt ich einen Anruf von einem Journalisten einer überregionalen Zeitung. Ich war überrascht, als mir der Journalist eröffnete, er müsse mir eine unangenehme Mitteilung machen, aber er könne es nicht mit seiner Auffassung von Anstand vereinbaren, mich nicht zu informieren. Im Berliner Medienzirkel gebe es den Auftrag, mich als »Mrs. Njet« – sozusagen als ewige Neinsagerin gegenüber jeglichen sozialen Reformen –

im Zusammenhang mit dem Vermittlungsskandal der Bundesanstalt öffentlich zu diskreditieren. Dies komme aus nicht genannten Kreisen der Gewerkschaften.

Natürlich wurde ich am nächsten Morgen in Genf von meinem Büro sofort über die verschiedenen Artikel mit gehässigen Überschriften und Angriffen informiert. So brachte die *Süddeutsche Zeitung* auf der ersten Seite den Aufmacher des Berliner Korrespondenten Alexander Hagelüken: »Coup gegen Mrs. Njet – Gewerkschaftsbosse wollen stellvertretende DGB-Chefin entmachten«. Und die *Frankfurter Allgemeine* erschien am selben Tag mit dem Bericht: »Gewerkschaftsführer wollen Engelen-Kefer entmachten – Schulte soll Sozialpolitik zur Chefsache machen/Richtungsstreit über künftigen Kurs in Arbeitsmarktpolitik«. Nach den Recherchen der *Süddeutschen Zeitung* sollten »mehrere Bosse großer und kleiner Gewerkschaften« den hochstilisierten Skandal um die Statistik der Arbeitsvermittlung dazu nutzen, mich zu entmachten. Es wurde darauf hingewiesen, dass »mächtige« Gewerkschaftschefs einen »sozialpolitischen Kurswechsel« für notwendig erachteten.

Leider fehlte jeglicher Hinweis darauf, um welche Gewerkschaftschefs und um welchen Kurswechsel es sich dabei handeln sollte. Besonders aufschlussreich war der Schlusssatz in dem Artikel: Wenn wir nicht schnell machen, ängstigte sich einer der Verschwörer, »bleibt uns die Ursula in ihrer jetzigen Rolle noch sehr lange erhalten«.

Eigentlich hätte ich in Genf mit meinen Kollegen auf der Arbeitnehmerbank im Verwaltungsrat der IAO die Fälle der Gewerkschaftsverletzungen vorbereiten müssen. Daran war zu diesem Zeitpunkt nicht zu denken.

Ich rief sofort die wichtigen Vorstände in den Mitgliedsgewerkschaften an und fragte, ob die Angriffe gegen mich von dort kämen. Sie distanzierten sich von der medialen Hetze. Am nächsten Tag gab es in den Medien ein sehr gemischtes Bild, und in verschiedenen Kommentaren erfolgte eine Art Wiedergutmachung. In den nächsten Tagen legte sich der mediale Sturm wieder. Dies waren bis dahin die härtesten politischen Schläge, die ich einstecken musste. Natürlich hatte ich Sorge, dass sich dies auch negativ auf meine Wiederwahl beim anstehenden DGB-Bundeskongress in wenigen Monaten auswirken könnte. Erleichtert konnte ich zur Kenntnis nehmen, dass ich bei der Wiederwahl zur stellvertretenden Vorsitzenden des DGB mit einem achtbaren Ergebnis von 85 Prozent abschnitt.

Kommissions-Aktionismus als Ersatz für Politik

Die neue Legislaturperiode von Rot-Grün begann mit einem weiteren PR-Gag. Zur Reform der gesetzlichen Kranken- und Rentenversicherung wurde die Rürup-Kommission einberufen. Sowohl die Materie wie auch die Person Hans-Adalbert (»Bert«) Rürup lösten nicht mehr ganz so viel Rauschen im Blätterwald aus wie die Hartz-Komission. Aber auch hier machte der Bundeskanzler über die handverlesene Auswahl von Personen Politik. Eggert Voscherau, Mitglied im Vorstand von BASF, gehörte ebenso dazu wie Roland Berger, der bereits Mitglied der Hartz-Kommission zur Reform des Arbeitsmarktes gewesen ist. Mir war bis dato nicht bekannt gewesen, dass es sich bei diesen beiden Spitzenvertretern der Wirtschaft um Sozialexperten handelte. Prominente Mitglieder aus der Wissenschaft waren die Professoren Bernd Raffelhüschen von der Universität Freiburg und Axel Börsch-Supan von der Universität Mannheim.

Beide Professoren sprachen sich gegen die solidarische gesetzliche Krankenversicherung und für Kopfpauschalen in der gesetzlichen Krankenversicherung aus. Selbstredend favorisierten sie auch die Heraufsetzung des gesetzlichen Rentenalters auf 67 Jahre. Unsere gewerkschaftlichen Vorstellungen einer Ausweitung der Solidarität der Beitragszahler in der gesetzlichen Sozialversicherung waren für sie naturgemäß ein Graus. Unterstützung bei der Ablehnung der Kopfpauschalen und bei unseren alternativen Vorschlägen einer Bürgerversicherung erhielten wir von dem bundesweit bekannten und renommierten Gesundheitsexperten Professor Karl Lauterbach.

Um meine Benennung in die Rürup-Kommission gab es einigen Wirbel. So konnte ich aus der Presse entnehmen, dass ursprünglich Michael Sommer als Vertreter des DGB diese Aufgabe übernehmen sollte. Doch dieses Gerücht hielt sich nicht lange. Vielmehr wurden mit Zustimmung des Bundesvorstandes Klaus Wiesehügel, Vorsitzender der IG Bauen, Agrar, Umwelt (BAU), und ich benannt.

Welche Drahtzieher im Hintergrund am Werke waren, um die soziale Sicherung in Deutschland zu zerschlagen – so muss man das Vorhaben der Regierung mit der Rürup-Kommission wohl nennen –, zeigt eindrucksvoll ein Kommentar in der *Frankfurter Allgemeinen Sonntagszeitung* vom 24. November 2002. Geradezu ehrabschneidend ist die Äußerung des Kommentators Rainer Hank zu der Ernennung von Klaus Wiesehügel und mir unter der Überschrift »Spezialisten für Blockade«: »Dass sie überhaupt noch da sind, ist ein Phänomen, das zu denken gibt.«

Die vielen Sitzungen der Rürup-Kommission waren dadurch geprägt, dass die Mehrheit der anwesenden Wissenschaftler und Vertreter der Wirtschaft unsere Reformvorschläge kategorisch ablehnten. Auch die kritischen Vorträge von Gewerkschaftsvertretern aus der Schweiz über die Probleme der Kopfpauschalen in der gesetzlichen Krankenversicherung vermochten keinen

Sinneswandel herbeizuführen. So blieb für uns als Gewerkschaften lediglich ein zuweilen recht heftiger Schlagabtausch über den geeigneten Weg. Dabei stand die Mehrheitsmeinung für Kopfpauschalen in der gesetzlichen Krankenversicherung und die Rente mit 67 bereits von vornherein fest. Wenn ich heute die gesetzliche und politische Realität betrachte, hat sich Bert Rürup teilweise bereits durchgesetzt. Dazu haben sicherlich auch die gleichlautenden Ergebnisse der Herzog-Kommission beigetragen. Diese tagte unter der Leitung des ehemaligen Bundespräsidenten und Präsidenten des Bundesverfassungsgerichtes, Roman Herzog, im Auftrag der CDU/CSU mit einer ähnlichen Aufgabenstellung.

Eine der ersten Amtshandlungen der Großen Koalition seit 2005 war die Einführung der Rente mit 67 (ab 2012 bis 2029). Verbunden ist dies mit dem Namen des vormaligen Vizekanzlers und Bundesarbeitsministers der SPD, Franz Müntefering. Nach wie vor lehnt eine überwältigende Mehrheit der Arbeitnehmer einschließlich der Gewerkschaftsmitglieder die pauschale Heraufsetzung des Rentenalters ab. Trotz verbesserter Beschäftigungssituation älterer Arbeitnehmer wird dies nach bisherigen Erkenntnissen und Entwicklungen für viele ältere Menschen zu weiteren Abschlägen bei ihren schon erheblich abgesenkten Rentenleistungen führen.

Wenig überzeugend ist der Kompromiss der Großen Koalition zur Einführung des Gesundheitsfonds ab 2009 mit der begleitenden Erhöhung der Beiträge zur gesetzlichen Krankenversicherung auf 15,5 Prozent. Die Beiträge sollen allerdings im Rahmen des Konjunkturpakets II ab Sommer 2009 auf 14,9 Prozent gesenkt werden. Der Ausgleich soll zunächst über Steuern erfolgen. Fragwürdig ist, inwieweit dies durchgehalten wird. Absehbar sind bereits erneute Steigerungen der Beiträge zur gesetzlichen

Krankenversicherung. Inzwischen sind einige gesetzliche Verbesserungen beim Ausgleich zwischen gesetzlichen und privaten Krankenkassen erreicht worden. Eine nachhaltige Lösung des Strukturproblems der Zweiklassenmedizin ist jedoch noch in weiter Ferne.

Agenda 2010 – Eiszeit zwischen SPD und Gewerkschaften

Am 14. März 2003 begann eine neue Eiszeit zwischen SPD und DGB. Bundeskanzler Gerhard Schröder verkündete mit lautem medialen Gewitter die Agenda 2010. Ich erinnere mich noch gut daran. Sie war bereits mehrere Tage vorher groß angekündigt worden. Wir versuchten über alle verfügbaren Kanäle, Informationen darüber zu erhalten, was uns erwartete.

Die dann von Gerhard Schröder präsentierte Agenda 2010 übertraf unsere Befürchtungen bei Weitem. Nicht nur fehlten die notwendigen wirtschafts- und finanzpolitischen Konzepte für mehr Wachstum, Beschäftigung und Ökologie. Vage blieben auch die Aussagen zur gesetzlichen Umlagefinanzierung der betrieblichen Berufsausbildung. Es fehlten klare Linien für die angekündigte gerechte Reform von Steuern und Sozialversicherungsbeiträgen. Die Aussagen zur Vermögens- und Erbschaftssteuer waren mehr als dürftig. Besonders empört reagierten die Gewerkschaftsvorsitzenden auf die versteckte Drohung, die Tarifautonomie infrage zu stellen, wenn die Gewerkschaften nicht zu mehr Flexibilität bereit seien. Große Verärgerung riefen die Vorschläge zur Absenkung der Dauer des Arbeitslosengeldbezuges für ältere Arbeitslose hervor. Als Vertrauensbruch wurde vor allem Schröders Ankündigung gewertet, die Arbeitslosenhilfe auf das Niveau der Sozialhilfe herabzusenken. Monatelang hatten wir in verschiedenen Gesprächsrunden darum gerungen, dass die Arbeitslosenhilfe nicht abgesenkt wird, ich hatte mich im Parteivorstand deutlich dazu geäußert. Die von Schröder in der Agenda 2010 angekündigte Anpassung von Arbeitslosen- und Sozialhilfe sowie die drastische Verkürzung der Dauer des Arbeitslosengeldbezuges für Ältere würden den Abstieg in die Armut erheblich beschleunigen.

Vergeblich hatten wir versucht, Wolfgang Clement davon abzubringen, die gesetzlichen Schleusen bei der geringfügigen Beschäftigung und der Leiharbeit zu öffnen. Arbeitnehmer brauchen bei den 400-Euro-Jobs keine Sozialversicherungsbeiträge zu zahlen. Dies ist für sie kurzfristig lukrativer als ein regulärer Arbeitsplatz mit Sozialversicherung.

Die Folgewirkungen der Agenda 2010 sind jedoch für viele Arbeitnehmer verheerend. Sie wurden von einem Tag auf den anderen durch die verschärften Bedürftigkeitsprüfungen wie Menschen zweiter Klasse behandelt. Es wurde keinerlei Unterschied mehr gemacht, ob sie vorher gearbeitet hatten oder nicht. Für viele Betroffene stürzten damit Welten ein. Insgesamt gab es zum Zeitpunkt der Zusammenlegung mehr Arbeitslosenhilfe- als Sozialhilfeempfänger. Die Mehrheit der betroffenen Langzeitarbeitslosen wurde somit schlechter gestellt. Dies wurde auch keinesfalls dadurch ausgeglichen, dass für ehemalige Arbeitslosenhilfeempfänger Zuschläge gezahlt wurden. Das unterste Niveau der Sozialhilfe rückte immer näher – auch für Menschen aus der ehemaligen Mitte der Gesellschaft. Seither ist die Zahl der geringfügig Beschäftigten in Deutschland explosionsartig von vier auf sieben Millionen angestiegen. Die Zahl der Langzeitarbeitslosen macht mit derzeit knapp zwei Millionen mehr als die Hälfte aller Arbeitslosen aus. Insgesamt gibt es über vier Millionen Bedarfsgemeinschaften, die von Hartz IV leben, mit annähernd sieben Millionen Menschen. Das ist fast ein Zehntel der Bevölkerung in einem der reichsten Länder dieser Welt.

Schließlich ist mit den Ein-Euro-Jobs ein neues Instrument geschaffen worden. Dieses dient mehr der Disziplinierung und Sanktionierung Arbeitsloser, als dass es ihre berufliche Eingliederung fördert. Durch Ein-Euro-Jobs kommt niemand aus der Bedürftigkeit heraus. Hunderttausende Langzeitarbeitslose wurden in derartige Ein-Euro-Jobs gezwungen. In Verbindung mit der gesetzlichen Ausweitung von Leiharbeit und geringfügiger Beschäftigung hat dies dazu beigetragen, dass der Niedriglohnsektor inzwischen auf einen Anteil von beinahe einem Viertel aller Beschäftigten explodiert ist. Dies hat insgesamt zu einem Abfall des Lohnniveaus mit gefährlichem sozialem und politischem Sprengstoff geführt.

Innerhalb der Kommission der Gemeindefinanzreform, bei der es neben der Zukunft der Gewerbesteuer um die finanziellen Folgen einer »effizienten Gestaltung der unterschiedlichen sozialen Transfersysteme Arbeitslosenhilfe und Sozialhilfe« für die Kommunen ging, gab es einen Eklat mit dem Vorstandsvorsitzenden der BA, Florian Gerster. Auch er war Mitglied der Kommission, ließ sich jedoch meistens vertreten. Mit drastischen Worten wehrte sich Gerster gegen die Ausweitung des Personenkreises der Langzeitarbeitslosen. Seine Wortwahl zur Charakterisierung dieser Menschen überschritt die Grenzen des Erträglichen. Er äußerte sich diffamierend über sie und erntete bei der Mehrheit der Kommissionsteilnehmer scharfe Ablehnung.

Florian Gerster erweckte bei mir den Eindruck, dass er stets die Fehler nur bei anderen suchte. Der Umgang mit ihm war nicht einfach. Er wünschte keinerlei Kritik durch den Verwaltungsrat und wollte möglichst viel in den Medien auftreten. Seinen Arbeitsbereich stattete er pompös aus, gleichzeitig vermied er es, mit einfachen Mitarbeitern zusammenzutreffen. Zuletzt wollte er der Selbstverwaltung ihre Räume wegnehmen, da sie auf derselben Etage lagen wie seine Büros.

Mit der Agenda 2010 und Hartz IV wurde das Fass der öffentlichen Empörung zum Überlaufen gebracht. Auch der von der SPD durchgeführte Sonderparteitag am 21. März 2004 in Berlin und die zuvor durchgeführten Regionalkonferenzen zur Rechtfertigung des Sozialabbaus hatten keine nachhaltige Wirkung. Im Osten Deutschlands wurden die Montagsdemonstrationen wieder aufgenommen. Dies wiederum gab der PDS und der WASG erheblichen Auftrieb. Zudem wurden auch rechtsradikale Splittergruppen gestärkt.

Die rot-grüne Bundesregierung erhielt die bittere Quittung für diese Politik. Bei den Landtagswahlen in Nordrhein-Westfalen am 22. Mai 2005 erlitt sie herbe Verluste und musste die Regierung des größten Bundeslandes an die CDU und FDP unter dem selbst ernannten »Arbeiterführer« Jürgen Rüttgers (CDU) abgeben. Geschockt entschieden Gerhard Schröder und Franz Müntefering, der inzwischen den Vorsitz der SPD übernommen hatte, die Bundestagswahlen um ein Jahr auf den 22. September 2005 vorzuziehen. Das Ergebnis ist bekannt: Rot-Grün ist knapp unterlegen, Gerhard Schröder und Wolfgang Clement sind aus der Regierung ausgeschieden, und SPD und CDU/CSU entschieden sich für eine Große Koalition. An der Spitze der SPD steht nach einem ersten Rückzug und den Nachfolgern Matthias Platzeck und Kurt Beck seit 18. Oktober 2008 wieder Franz Müntefering; zum Kanzlerkandidaten wurde Frank-Walter Steinmeier gekürt, der seit 1999 in der rot-grünen Bundesregierung unter Gerhard Schröder hinter den Kulissen die politischen Fäden zog. Die Umfragewerte der SPD sind im Keller. Die neue Partei Die Linke von Oskar Lafontaine ist inzwischen auch im Westen auf dem Vormarsch.

Von Gerster zu Weise – Intrigen haben kurze Beine

Nach der Entlassung von Florian Gerster als Vorstandsvorsitzender der Bundesanstalt im Januar 2004 aufgrund eines nicht abgesprochenen PR-Auftrags sowie der folgenden Falschinformationen und manipulierten Aktenvermerke musste die Nachfolge geklärt werden. Peter Clever, der seit Oktober 2003 als BDA-Geschäftsführer das alternierende Vorstandsmandat im BA-Verwaltungsrat übernommen hatte, kam mit einer Empfehlung auf mich zu.

Er schlug den Bürgermeister von Bremen, Henning Scherf, vor. Ich konnte diesem Vorschlag sehr viel Sympathie abgewinnen. Mit Henning Scherf verband mich seit seiner Zeit als Senator von Bremen eine enge Zusammenarbeit in der Sozialpolitik. Henning Scherf war für mich immer ein Politiker gewesen, der Solidarität nicht nur predigt, sondern auch selbst lebt. Zudem war er auf allen Seiten wegen seiner ausgleichenden Art äußerst beliebt. Henning Scherf stimmte zu, und Frank-Jürgen Weise erklärte seine Bereitschaft zur Zusammenarbeit. Clever und ich gingen daraufhin mit dem Vorschlag zu Wolfgang Clement. Dieser erbat sich einige Tage Bedenkzeit, auch um den Vorschlag mit Bundeskanzler Schröder zu erörtern. Bis zur Sitzung des Verwaltungsrates am 6. Februar 2004 musste Klarheit bestehen.

Was weder Clever noch ich wussten, war der von höchster Ebene eingefädelte Versuch, uns als Vorsitzende des Verwaltungsrates loszuwerden. Im *Spiegel* vom 9. Februar 2004 ist zu lesen, dass ein Topmanager, etwa Eggert Voscherau, an die Spitze des Vorstandes der BA rücken sollte. Dieser Vorschlag fiel weder bei den Gewerkschaften noch bei den Arbeitgeberverbänden auf fruchtbaren Boden. Er verschwand somit rasch wieder in der Schublade. Henning Scherf fand ebenfalls nicht den Segen von Wolfgang Clement, was er mir am Tag vor der Verwaltungsratssitzung am 6. Februar mitteilte. Wir kamen somit überein, Frank-Jürgen Weise zu bitten, das Amt des Vorstandsvorsitzenden zu übernehmen. Mit der Wahl Raimund Beckers in den Vorstand der Bundesagentur für Arbeit war dieser wieder komplett.

Die vom *Spiegel* als »zweitbeste Lösung« bezeichnete Besetzung des Vorstandes der BA mit Frank-Jürgen Weise hat sich als Glücksfall herausgestellt. Mit der ihm eigenen Kompetenz, Ausdauer und persönlichen Bescheidenheit hat er die komplexen Reformen zügig und geräuschlos durchgesetzt. Dabei ist ihm das Kunststück gelungen, die Umorganisation nicht gegen, sondern mit den Beschäftigten zu bewältigen. Ich habe immer wieder erlebt, welch großen Wert er darauf legte, die Personalvertretung und ihren Vorsitzenden Eberhard Einsiedler zurate und ins Boot zu ziehen. Natürlich ist falsche Sozialromantik auch hier fehl am Platz. Die gewaltige Umorganisation ist mit erheblichen Härten und Anpassungsschwierigkeiten für viele Beschäftigte verbunden. Die Leistungsanforderungen und Kontrollen sind ständig gestiegen. Aber die BA konnte die Herausforderungen der gravierenden Reformen als öffentliche Einrichtung bestehen. Die Arbeitsvermittlung wurde erheblich verbessert, die Arbeitslosigkeit verringert, und die Beiträge wurden um inzwischen über die Hälfte gesenkt. Es ist eine gute Grundlage vorhanden, die zunächst vernachlässigten sozialen Ziele wieder mehr in den Vordergrund zu stellen.

Die weltweite Finanz- und Wirtschaftskrise hat seit Ende 2008 auch die Bundesagentur für Arbeit erfasst. Die Gefahr ist groß, dass die erheblichen Erfolge bei der Verringerung der Arbeitslosigkeit zunichtegemacht werden. Aber gerade durch die organisatorischen Reformen in den Arbeitsagenturen ist die BA heute belastbarer als zuvor.

Der BA ist es gelungen, in Zeiten der guten Konjunktur 2007 und 2008 erhebliche finanzielle Reserven zu bilden. Dies weckte allerdings Begehrlichkeiten in der Politik. So wurden nicht nur weitere Maßnahmen auf die BA übertragen, die eigentlich Kommunen, Länder und Bund hätten tragen müssen, etwa die Qualifizierung und berufliche Eingliederung benachteiligter Jugendlicher, das Nachholen des Hauptschulabschlusses und nicht zuletzt die hälftige Finanzierung der Arbeitsmarktpolitik für die Langzeitarbeitslosen. Die erhebliche Ausweitung und Verbesserung der Kurzarbeit zur Verhinderung von Arbeitslosigkeit in der weltweiten Finanz- und Wirtschaftskrise als Teil der Konjunkturpakete der Bundesregierung muss ebenfalls aus den Mitteln der Beitragszahler der BA geleistet werden. Diese Ausgaben hätten zum großen Teil aus allgemeinen Steuern bezahlt werden müssen, da sie gesamtgesellschaftlichen Aufgaben dienen und keine Leistungen der Arbeitslosenversicherung darstellen. Gleichzeitig wurden die Beiträge zur BA von 6,5 auf 2,8 Prozent drastisch gesenkt.

Bereits jetzt ist absehbar, dass die BA ab 2010 ihre Reserven aufgebraucht haben und wieder in den defizitären Bereich abrutschen wird. Da es zudem den früheren gesetzlichen Defizitausgleich des Bundes nicht mehr gibt, muss die BA ihre Defizite durch Darlehen des Bundes decken, die zurückzuzahlen sind. Erneute politische Initiativen zu Sparmaßnahmen bei den bereits weitgehend reduzierten Arbeitslosenversicherungsleistungen sowie der Arbeitsmarktpolitik sind bereits jetzt absehbar.

Dies ist der falsche Weg, die Beschäftigungskrise wird dadurch verschärft.

8

Warum ich als DGB-Vize die Sozialpolitik weiter vertreten wollte

Wunderwaffe gegen Mitgliederschwund – »Turnaround«

Die »neue strategische Ausrichtung des DGB zur Bekämpfung des Mitgliederschwunds« war für mich eine Neujahrsüberraschung. Es war ungewöhnlich, dass Michael Sommer unseren geschäftsführenden Bundesvorstand für den 18. Januar 2005 zu einer Klausurtagung eingeladen hatte. Wir tagten nicht wie üblich in unserem DGB-Haus am Hackeschen Markt. Die IG BAU hatte uns ihre Berliner Vertretung gegenüber dem Bahnhof Friedrichstraße zur Verfügung gestellt.

Ich hatte erwartet, dass wir im Jahr 2005 unsere Gestaltungsoptionen für die Zukunft des Sozialstaates in den Mittelpunkt unserer Arbeit rücken würden. Denn gerade aufgrund des steilen sozialen Abstiegs durch Hartz IV rumorte es an der gewerkschaftlichen Basis. Darauf hatte ich mich mit meinen Mitarbeitern seit Längerem vorbereitet. Wie hatten konkrete Vorschläge ausgearbeitet. Doch ich musste erfahren, dass die sozial- und arbeitsmarktpolitischen Probleme und Lösungen nur eine untergeordnete Rolle spielen sollten.

Stattdessen wurde ich mit einem Konzept meines für Organisation zuständigen Vorstandskollegen Dietmar Hexel konfrontiert. Dieses sollte unter dem vielversprechenden Titel »Turnaround« (Trendwende) die Gewerkschaftsbindung der Mitglieder verstärken und neue Arbeitnehmer und Arbeitnehmerinnen unter das Gewerkschaftsdach führen. Im Strategiepapier wurde festgehalten: »Die Krise der Mitgliederentwicklung bei den Gewerkschaften und damit der Beitragseinnahmen ist schärfer als bereits allgemein bekannt. Ein reines Sparkonzept ist keine Lösung, sondern führt zu weiteren Mitgliederverlusten. Eine Trendumkehr bei der Mitgliederentwicklung ist machbar. Das derzeitige geschichtliche Fenster erscheint günstig.«

Es ging darum, den bedrohlich nach unten gehenden Trend der Mitgliederentwicklung umzudrehen. Im Jahr 2004 waren die Mitgliederverluste, die in früheren Jahren zwischen 2,5 und etwas über drei Prozent lagen, auf knapp fünf Prozent hochgeschnellt. Einige Insider führten die hohen Verluste auch auf die öffentliche Auseinandersetzung zwischen Berthold Huber und Jürgen Peters um den Vorsitz in der IG Metall und die Nachfolge von Klaus Zwickel zurück. Nach der Einigung auf eine Doppelspitze gelang der IG Metall selbst so etwas wie eine »Trendwende«.

In einigen Regionen konnte die IG Metall nicht nur den Mitgliederrückgang stoppen, sondern einen Zuwachs an Mitgliedern erzielen. In meinen Augen muss dieser »Turnaround« in erster Linie als Erfolg der eigenen Anstrengungen dieser Gewerkschaft gewertet werden. Ihre Spitze, die haupt- und ehrenamtlichen Funktionäre, erst recht die Mitglieder selbst haben erfolgreich daran mitgewirkt.

Für mich bestand die Kernaufgabe des DGB immer darin, hierbei die notwendige flankierende Unterstützung in den übergeordneten politischen Interessenfeldern zu leisten. Im Konzept einer solchen Arbeitsteilung maß ich der von mir zu verantwortenden Sozial-, Arbeitsmarkt- und Frauenpolitik des DGB eine zentrale Bedeutung bei. Darin bin ich auch während der sechzehn Jahre meiner Tätigkeit als stellvertretende Vorsitzende des DGB auf vielfältige Weise immer wieder bestätigt worden. In den turnusgemäßen Befragungen unserer Gewerkschaftsfunktionäre durch externe Gutachter hat mein Vorstandsbereich regelmäßig ein besonders hohes Maß an Zufriedenheit und Wertschätzung erhalten.

Wollte man jetzt durch eine »Trendwende« die Sozialpolitik aushebeln? Bei mir verdichtete sich die Vermutung, dass die Neuausrichtung des DGB weg von unserer Sozial- und Arbeitsmarktpolitik auch ein Affront gegen meine Arbeit und meine in der Öffentlichkeit stark wahrgenommene Stimme der Gewerkschaften war. Mit dem Argument meines Alters setzten einige in den Gewerkschaften den Hebel an, mich als unbequeme sozialpolitische Mahnerin des Dachverbandes von der politischen Bühne zu drängen. Ihr Ziel war: Sie wollten einen größeren Handlungsspielraum für sich selbst, um dadurch verstärkte Aufmerksamkeit zu gewinnen.

Meine ketzerischen Gedanken, dass eine derartige Kampagne zur Mitgliederwerbung doch in erster Linie Aufgabe der Einzelgewerkschaften sei, behielt ich für mich. Denn deren Vorsitzende hatten uns bei jeder passenden und unpassenden Gelegenheit deutlich gemacht, dass die Werbung und Betreuung von Mitgliedern Aufgabe der Einzelgewerkschaften sei und bleibe. Wir im DGB seien das Dach der Gewerkschaften und hätten uns auf die übergeordneten gemeinsamen Aufgaben zu konzentrieren. Ich war deshalb schon sehr überrascht, dass wir als DGB jetzt wieder eine unmittelbare Verantwortung für die Mitgliederentwicklung der Einzelgewerkschaften übernehmen sollten.

Ich konnte mir gut ausmalen, wohin die strategische Reise des DGB nun gehen sollte. Die Sozialpolitiker und ihre Sozialpolitik, so schien die neue Weichenstellung zu sein, sollten weiter marginalisiert werden. Abschließend erklärte uns Michael Sommer, dass auch er der Auffassung sei, wir müssten den »Turnaround« in den Mittelpunkt der kommenden Bundesvorstandsklausur stellen. Ich stimmte zu, machte aber geltend, dass hierbei auch die Rolle der Sozial- und Arbeitsmarktpolitik berücksichtigt werden müsse. Dazu hätte ich bereits Vorarbeiten geleistet, die ich gern einbringen würde. Dem wurde nicht widersprochen.

Mit der Abstimmung über die Neuausrichtung des DGB gingen wir in die Klausurtagung des Jahres 2005 mit den Vorsitzenden der Mitgliedsgewerkschaften. Sie fand diesmal in Potsdam statt. Unser Tagungshotel war der Bayerische Hof, idyllisch gelegen inmitten eines ausgedehnten Wildparks mit Wildschweingehege. Da ich mir nach den Weichenstellungen den Ablauf der Bundesvorstandsklausur vorstellen konnte, nahm ich die Möglichkeit, in Potsdam zu übernachten, nicht wahr. Ich dachte, es wäre gut, nach der Bundesvorstandssitzung nach Hause zu fahren, um den nötigen Abstand zu gewinnen. In der Klausurtagung stand der »Turnaround« im Mittelpunkt. Er wurde sogar zur »Chefsache der Gewerkschaftsvorsitzenden« gemacht und mit konkreten Strategieplanungen versehen. Ich kam mit meinen Gestaltungsvorstellungen für die Sozialpolitik nur unter »ferner liefen« zum Zuge, erhielt allerdings den Auftrag, weiter daran zu arbeiten.

Ich sprach darüber mit meinen Mitarbeitern und teilte ihnen meine Befürchtung mit, dass es weniger um Inhalte als um das Prestige des öffentlichen Erscheinens gehe und man versuche, mich zu demontieren. Wir müssten nun wohl Verbündete innerhalb und außerhalb der Gewerkschaften suchen.

Eine wenig erfreuliche Begebenheit ereignete sich etwas später am Rande des Neujahrsempfangs der SPD am 24. Januar 2005 im

Reichstag. Franz-Josef Möllenberg, Vorsitzender der Gewerkschaft Nahrung, Genuss, Gaststätten (IG NGG), bedeutete mir, dass ja auch bei mir »die biologische Zeituhr zu ticken begänne«. Mitte 2005 wurde ich 62 Jahre alt, war aber gesund und arbeitsfähig wie immer. Ich ging auf diese diffamierende und dumme Bemerkung nicht ein und machte Möllenberg deutlich, dass ich nicht die Absicht hätte, aufzuhören. Ich registrierte natürlich, dass in den Gewerkschaftsspitzen bereits mehrfach mein Alter angesprochen worden war. Verschiedentlich musste ich mich sogar gegenüber Kollegen rechtfertigen, warum ich mich nicht nach meinem 60. Geburtstag am 20. Juni 2003 vom stellvertretenden Vorsitz des DGB zurückgezogen hätte. Ich bin wütend über so viel Heuchelei vonseiten derer, für die ich mich nachweislich erfolgreich über Jahrzehnte eingesetzt hatte.

Gewerkschaftliche Kapitulationserklärung

Noch überraschter war ich, einen Monat später, am 13. Februar 2005, im Deutschlandfunk zu hören, der Vorsitzende des DGB, Michael Sommer, habe einen Kurswechsel in der Sozialpolitik des DGB angekündigt. Mir wurde siedend heiß. Schließlich war die Sozialpolitik im DGB seit eineinhalb Jahrzehnten mein Zuständigkeitsbereich. Niemand konnte mir vorwerfen, ich ergriffe nicht genügend eigene Initiativen bei der strategischen Ausrichtung unserer sozialpolitischen Vorstellungen. Und ich hatte immer nach konkreten und realisierbaren Lösungen gesucht.

Alarmiert und aufgeregt lief ich sofort zum nächsten Zeitungsladen an der S-Bahn-Haltestelle Frohnau und besorgte mir den *Spiegel* der kommenden Woche. Dort konnte ich es schwarz auf weiß lesen, versehen mit einer zündenden Überschrift: »Da schlägt Geiz in Gier um. *Spiegel*-Gespräch mit Michael Sommer«. Ich traute meinen Augen nicht. Noch bis vor Kurzem hatte Michael Sommer die Agenda 2010 und Hartz IV lautstark gegeißelt. Ich las weiter mit Erstaunen, dass Sommer feststellte, die Agenda 2010 sei nun einmal da. Jetzt müsse man mit ihr leben. Ebenso müsse hingenommen werden, dass die sozialen Sicherungssysteme immer mehr zu einer Grundsicherung herabgesenkt würden. Sie seien durch kapitalgedeckte Zusatzsysteme und private Eigenbeteiligung zu ergänzen. In dem Interview war die Unterstützung für die großen Anstrengungen der Gewerkschaften, die gesetzlichen sozialen Sicherungssysteme auch zukünftig funktionsfähig zu erhalten, nicht erkennbar. Ich sah darin eine Abwertung meiner jahrzehntelangen sozialpolitischen Arbeit an der Spitze des DGB. Michael Sommer führte in dem *Spiegel*-Interview weiterhin aus, das Projekt »Trendwende« stehe jetzt im Mittelpunkt der Gewerkschaftspolitik. Auch der Sozialstaat und die Sozialpolitik müssten sich der Realität einer globalisierten Welt stellen und sich anpassen. Ich fragte mich natürlich, was dies im Einzelnen zu bedeuten hatte. Ich hatte unsere gewerkschaftspolitische Programmatik und Arbeit immer so verstanden, dass wir die Globalisierung nicht nur hinzunehmen, sondern sozial zu gestalten haben.

Seitens der Gewerkschaftsvorsitzenden gab es keine öffentlichen Kommentare zu Sommers Interview. So schrieb der *Spiegel* kurze Zeit später: »Der DGB-Boss Sommer verkündet einen Kurswechsel und erntet Schweigen.« Auf meine konkreten Fragen zur Zukunft der Sozialpolitik in der regulären Montagssitzung der Vorstandsmitglieder erhielt ich beschwichtigende, ausweichende Antworten. An unseren bisherigen sozial- und arbeitsmarktpolitischen Vorstellungen solle sich nichts ändern. Wir gingen nach mehr oder weniger belanglosen Erläuterungen zur Tagesordnung über.

Immer häufiger fanden »Turnaround«-Sitzungen unter der Regie von Michael Sommer und Dietmar Hexel statt. Mehrmals im Jahr gab es Spitzentreffen der Gewerkschaftsvorsitzenden, um den Fortschritt des »Turnaround« zu begutachten. Obwohl ich stellvertretende Vorsitzende des DGB und für die mitgliederwirksamen Bereiche zuständig war, wurde ich konsequent ausgeschlossen.

Es wurden beachtliche finanzielle und personelle Ressourcen für das Projekt zur Verfügung gestellt. Mithilfe externer Berater erfolgte eine Vielzahl von Workshops und sonstigen Treffen im DGB und mit Vertretern der Mitgliedsgewerkschaften. Die Wertschätzung meiner Mitarbeiter, die an den Workshops teilnehmen mussten, hielt sich, was deren inhaltliche Substanz betrifft, in Grenzen. Vor allem hatten sie Sorge, dass ihnen die Zeit fehlen könnte, ihre sozial- und arbeitsmarktpolitische Arbeit für die Gewerkschaften und die Arbeitnehmer voranzubringen. Dabei hatten wir auch im Jahr 2005 aufgrund der Einführung von Hartz IV und einem weiteren dramatischen Anstieg der Arbeitslosigkeit ausreichend in der sozial- und arbeitsmarktpolitischen Tagesarbeit zu tun.

Mobbing aus den eigenen Reihen

Seit Mitte 2005 konnte ich häufiger nachlesen, ich solle nicht mehr zur Wiederwahl beim Bundeskongress Ende Mai 2006 vorgeschlagen werden. Mit meinen dann beinahe 63 Jahren sei ich zu alt für eine erneute vierjährige Wahlperiode. Die Gewerkschaften könnten nicht die Rente mit 67 bekämpfen und mich noch einmal aufstellen. Es gab auch bösartige Kommentierungen. Als Traditionalistin passe ich nicht mehr in den beabsichtigten Kurswechsel der Gewerkschaften. Zudem nehme meine Medienpräsenz anderen führenden Gewerkschaftern die gewünschte Aufmerksamkeit weg. Teilweise musste ich mir sogar vorwerfen lassen, unsere sozialpolitischen Vorstellungen seien in der Öffentlichkeit zu sichtbar. Mein politisches Durchsetzungsvermögen sei zu stark ausgeprägt. All dies ermutigte mich, meinen Auftrag als gewählte stellvertretende Vorsitzende des DGB noch konsequenter zu erfüllen.

Nach einem weiteren Gespräch mit Franz-Josef Möllenberg anlässlich einer Tagung des DGB-Bundesvorstandes in Brüssel am 8. November 2005, bei dem er mir eröffnete, dass aufgrund meines Alters kein Gewerkschaftsvorsitzender einschließlich seiner Person meine Wiederwahl unterstützen würde, erbat ich mir Bedenkzeit für die Entscheidung, ob ich trotzdem kandidieren würde.

Ich bemühte mich in der Folgezeit um persönliche Gespräche mit Michael Sommer, Jürgen Peters und Frank Bsirske. Michael Sommer bestätigte mir bei einem Abendessen am 21. November 2005, dass die Vorsitzenden mich nicht mehr für den stellvertretenden Vorsitz vorschlagen wollten. Er bot mir an, dass ich meinen Platz im Verwaltungsrat der Genfer IAO behalten könne. Am 30. November 2005 erhielt ich einen Termin mit Jürgen Peters in seinem Büro in Frankfurt. Mit freiem Blick auf die Türme von »Mainhattan« sprachen wir lange über die wirtschafts- und sozialpolitische Großwetterlage innerhalb und außerhalb der Gewerkschaften. Jürgen Peters unterbrach unser Gespräch für ein Telefonat mit Frank Bsirske. Danach eröffnete er mir, dass sich beide einig seien – ich würde nicht mehr zur Wiederwahl vorgeschlagen. Er habe auch von seiner Idee Abstand genommen, mich noch einmal für zwei Jahre vorzuschlagen. Als Begründung nannte er meine mangelnde Bereitschaft, einen personellen Vorschlag der IG Metall für die

Besetzung der Funktion der DGB-Frauensekretärin zu berücksichtigen.

Dies traf mich nach dem jahrelangen Einsatz auch für die IG Metall besonders. In der Vergangenheit hatte ich mich bei den Machtkämpfen im DGB immer wieder auf die Unterstützung von Jürgen Peters und seinen Vorgängern verlassen können. Jetzt sagte er mir, ich könne doch sonstige Aufgaben für die Gewerkschaften erledigen, wie es bei anderen ausgeschiedenen Vorstandsmitgliedern in der Vergangenheit auch der Fall war.

Frank Bsirske bestätigte mir in einem persönlichen Gespräch Anfang Dezember die Vereinbarung mit Jürgen Peters. Wenige Tage nach meinem Gespräch mit Peters erfuhr ich zudem aus dem Internet, dass die Abteilungsleiterin der IG BAU, die frühere Bundestagsabgeordnete der Grünen Annelie Buntenbach, meine Nachfolgerin in der Sozialpolitik sein solle. Diese Zermürbungstaktik verfehlte ihre Wirkung nicht. Mutlos teilte ich mehreren Vorsitzenden persönlich mit, dass ich unter diesen Umständen keine weiteren Chancen für mich sähe. Die Gewerkschaftsvorsitzenden waren zufrieden, und wir gingen zur Tagesordnung über.

Der *Spiegel* leuchtete in seinem Beitrag »Gewerkschaften – Angriff auf die SPD« vom 25. Februar 2006 einen Grund aus, warum ich als Mitglied des SPD-Bundesvorstandes aus Sicht von IG-Metall- und Verdi-Spitze nicht mehr in die politische Landschaft passte. Dort heißt es: »Gleichzeitig versuchen Bsirske und Peters, deren Gewerkschaften zusammen etwa 70 Prozent der DGB-Mitglieder ausmachen, den Gewerkschaftsverband auf Linkskurs zu bringen. So setzten die beiden mächtigen Bosse vor Kurzem bei der Besetzung des künftigen DGB-Bundesvorstandes ohne Rücksicht ihre Linie durch.« In dieser politischen Linie war ich nicht mehr nützlich und vielmehr ein Störfaktor.

Je mehr die Personalvorschläge für den neuen DGB-Vorstand in der Öffentlichkeit bekannt wurden, desto größer war die Empörung an der Basis der Gewerkschaften. Von allen Seiten erhielt ich so große Unterstützung wie selten zuvor.

Dann kam die entscheidende Runde in der Bundesvorstandsklausur Ende Januar 2006. Wir tagten dieses Mal in dem komfortablen Sparkassenareal in Neuhardenberg, eine Stunde von Berlin entfernt nahe der polnischen Grenze. Es waren zwei herrliche Wintertage mit klirrender Kälte, Schnee und blauem Himmel. Die Abstimmungsrunden der Gewerkschaftsvorsitzenden zogen sich endlos hin. Ich hatte im Vorfeld gegenüber den Vorsitzenden erneut meine Bereitschaft zur Weiterarbeit deutlich gemacht. Dies hatte im Kreis der Vorsitzenden zu erheblichen Irritationen geführt, wie mir mitgeteilt wurde.

Ich hatte in Hardenberg freie Zeit, die ich zu einem ausgedehnten Winterspaziergang im herrlichen Park des früheren Schlosses nutzte. Dabei versuchte ich, mich mental auf meine neue Situation ohne Verantwortung für den DGB einzustellen. Ich war noch nicht einmal deprimiert und vollzog alle möglichen Planspiele mit meiner neu gewonnenen Freiheit. Endlich stieg weißer Rauch aus dem Konklave der Gewerkschaftsvorsitzenden. Das Ergebnis war nicht nur für mich mehr als überraschend. Meine Kollegin Ingrid Sehrbrock (CDU), verantwortlich für Bildung, Beamte und Jugend, sollte als stellvertretende Vorsitzende des DGB vorgeschlagen werden. Die Sozialpolitik sollte vom stellvertretenden Vorsitz getrennt und an Annelie Buntenbach gehen. Als Nachfolger von Heinz Putzhammer war Claus Matecki, Büroleiter von Jürgen Peters, vorgesehen. Als Generationenwechsel konnte diese neue Vorstandsbesetzung wahrlich nicht angesehen werden. Sowohl Ingrid Sehrbrock wie auch Klaus Matecki waren nicht allzu weit von ihrem 60. Geburtstag entfernt. Mir wurde zudem mitgeteilt, Ingrid Sehrbrock habe den Auftrag erhalten, sich von mir für ihre neue Funktion beraten zu lassen.

Rumoren an der Gewerkschaftsbasis

Als dieses neue Personaltableau bekannt wurde, gab es mehr als das übliche Rumoren inner- und außerhalb der Gewerkschaften. Es gab viele ermutigende Hinweise aus der Gewerkschaftsbasis, ich solle trotzdem kandidieren. Der Tenor der Kommentare in den Medien über meine Person und meine Arbeit schlug plötzlich um. Ich war nicht mehr die mächtige Frau am deutschen Betonmischer, die entfernt werden musste. Vielmehr konnte ich viel über meine sozialpolitische Kompetenz und Gradlinigkeit lesen. Es gab jedoch auch gehässige Kommentare.

In dieser Zeit habe ich mich natürlich immer wieder gefragt: Kann ich es überhaupt verantworten, eine Kandidatur beim DGB-Bundeskongress in Erwägung zu ziehen? Wie komme ich dazu, gegen das Votum der Vorsitzenden von acht Einzelgewerkschaften antreten zu wollen, die den DGB alimentieren? Bei meiner jahrzehntelangen Arbeit habe ich mir immer wieder geschworen: In jeder Situation muss ich Augenmaß bewahren und kann nicht mit dem Kopf durch die Wand gehen. Ich darf nie einen Vorstoß wagen, wenn ich nicht sicher bin, dass ich ausreichend Rückhalt habe. Zudem hatte ich mir vielfältige andere Interessen und Kontakte bewahrt und wusste, dass mir mein Leben außerhalb der Gewerkschaften ganz neue Freiheiten geben würde. Ich fragte mich auch: Muss ich das Leben meiner Familie weiter belasten? Die öffentliche Aufmerksamkeit im Positiven wie im Negativen hatte natürlich entsprechende Auswirkungen auf sie.

Ich war hin und her gerissen. Sollte ich den ermutigenden Appellen der Gewerkschaftsbasis aus vielen unterschiedlichen Regionen folgen und noch einmal antreten? Sollte ich mich von den Gewerkschaftsvorsitzenden mit ihren Macht- und Öffentlichkeitsapparaten an die Wand drücken lassen? Sollte ich untätig zusehen, wie die Sozial- und Arbeitsmarktpolitik, für die mein Vorgänger Gerd Muhr und ich seit Jahrzehnten gekämpft hatten, als Herzstück des DGB schrittweise abgebaut wurden? Hatte ich hier nicht auch eine eigene Verantwortung, unabhängig von dem Votum der Vorsitzenden der Einzelgewerkschaften? War es ein »krimineller Akt«, von meinem in den Statuten festgelegten und demokratischen Recht zu einer Kandidatur auch ohne die Nominierung durch die Vorsitzenden Gebrauch zu machen?

Ich versuchte, mit mir selbst ins Reine zu kommen. Ich nahm mir vor, meine Gewerkschaftsarbeit bis zum DGB-Bundeskongress weiterhin so gut zu machen wie möglich. Ob ich dann noch einmal für das Amt der stellvertretenden Vorsitzenden kandidieren würde, ließ ich für mich selbst offen. Ich sah in einem möglichen Ausscheiden alles andere als ein »privates Drama«, wie mir seitens der *Süddeutschen Zeitung* unterstellt wurde.

In diesen Monaten musste ich mich auch um meine über 90-jährige Mutter kümmern. Sie hatte sich im April 2006 einer Operation ihrer Herzklappe in der Charité in Berlin unterzogen. Noch im Krankenhaus verfolgte sie die Medienlandschaft um meine mögliche Kandidatur zum DGB-Bundeskongress. Ihr Kommentar: »So wie die dich im DGB abservieren wollen, das machen die nur mit einer Frau, das hätten die nie gewagt, wenn du ein Mann wärst.« Meine Mutter war sicherlich keine Feministin, aber ich glaube, sie hatte recht.

»Wer hat Angst vor Ursula E.?«

Eine besonders nachhaltige Kostprobe des Drucks von oben bekam ich kurz vor dem DGB-Bundeskongress zu spüren. Seit 1990 war ich Mitglied im Aufsichtsrat der Saarstahl AG. Den knapp 5000 Beschäftigten, ihren Betriebsräten, Vertrauensleuten und Gewerkschaftsfunktionären hatte ich auch während der siebenjährigen Phase des Konkurses nach 1993 die Treue gehalten. Im Mai 2006 stand die Neubesetzung des Aufsichtsrates an. Im Vorfeld war mir zugesichert worden, ich könne noch einmal benannt werden und bis zum 65. Lebensjahr im Aufsichtsrat verbleiben. Mitte Mai wurde mir unmissverständlich klargemacht, ich dürfe mein Aufsichtsratsmandat bei Saarstahl nur behalten, wenn ich eine erneute Kandidatur zum DGB-Bundeskongress ausschlösse. Meine Antwort war klar: Unabhängig davon, ob ich noch einmal für den stellvertretenden Vorsitz des DGB kandidiere oder nicht, lasse ich mich nicht derart unter Druck setzen. Was würden andere von mir denken, wenn ich mir mein demokratisches Recht auf eine Kandidatur durch einen Aufsichtsratssitz abkaufen ließe? Mir sei es wichtiger, morgens in den Spiegel sehen zu können, als das Aufsichtsratsmandat zu behalten. Der DGB hat daraufhin kurzfristig meine designierte Nachfolgerin Ingrid Sehrbrock für den Aufsichtsratssitz vorgeschlagen.

Als amtierendes Aufsichtsratsmitglied folgte ich der Einladung zur Betriebsrätekonferenz in Völklingen am 17. Mai 2006. Ich ging davon aus, dass ich auf dieser Sitzung aufgrund meines 16-jährigen engagierten Einsatzes für die Belange der Beschäftigten von Saarstahl angemessen verabschiedet werden würde. Doch am Morgen vor der Sitzung beschwor mich der zuständige Sekretär der IG Metall, nicht bei der Sitzung zu erscheinen. Er sagte, er befürchte ansonsten einen Aufruhr der Betriebsräte. Um keinen Eklat zu verursachen, blieb ich »draußen vor der Tür«. Nach mehr als eineinhalb Jahrzehnten im Saarstahl-Aufsichtsrat hatte ich mir den Abschied von den Betriebsräten etwas anders vorgestellt. Einige Tage nach meiner Rückkehr konnte ich lesen, dass Vertreter der Kapitalseite den Spitzen der Gewerkschaften vorwerfen, den Aufsichtsratssitz für ihre Zwecke instrumentalisiert zu haben, und dass sie sich von den Entscheidungen der Arbeitnehmerseite überfahren fühlten. Mit der von den Gewerkschaftsvorsitzenden und den Medien aufgebauten Drohkulisse (die *Welt am Sonntag* titelte zum Auftakt des Kongresses »Wer hat Angst vor Ursula E.?«) ging ich in den DGB-Bundeskongress. Dessen Motto »Die Würde des Menschen ist unser Maßstab« hatte für mich einen schalen Beigeschmack. Der Kongress fand vom 21. bis 27. Mai 2006 im Berliner Hotelkomplex Estrel statt, über 400 Delegierte sowie zahlreiche Gäste waren dort untergebracht. Während der Sitzung spielte die Vorgeschichte zu meiner Kandidatur um den stellvertretenden Vorsitz kaum mehr eine Rolle. Das war auch nicht nötig. Was zu sagen war, hatte der Vorsitzende der Findungskommission, Franz-Josef Möllenberg, bereits der *Welt am Sonntag* mitgeteilt: »Ich möchte Ursula Engelen-Kefer davor warnen, sich der trügerischen Hoffnung hinzugeben, sie könne den ganzen Kongress aufmischen ... Damit würde sie unterstellen, alle Vorsitzenden der Einzelgewerkschaften hätten sich in ihrer Einschätzung getäuscht.«

Wegen der aufgeheizten Stimmung um meine Person wollte ich am ersten Tag noch Abstand halten und deshalb zu Hause übernachten. Mit mir selbst war ich so weit im Reinen: Eine nach den Statuten mögliche Kampfkandidatur würde nur infrage kommen, wenn ich aus den Reihen der Delegierten vorgeschlagen würde. Zudem wollte ich die Stimmung des Kongresses nach unseren Tätigkeitsberichten abwarten.

Da ich mir eher zu viel als zu wenig Selbstkritik zu eigen mache, vor allem im Vergleich mit vielen meiner stets selbstbewussten und nie an sich zweifelnden männlichen Spitzenkollegen, hat der immer wieder angebrachte Vorwurf der ständigen Negation von Reformen meinen Widerspruchsgeist mobilisiert. So habe ich in meinem mündlichen Vortrag zum Rechenschaftsbericht in aller Deutlichkeit auf die Erfolge bei der Gestaltung und Durchsetzung unserer sozialpolitischen Forderungen hingewiesen.

Am Abend gab es einen Empfang für die Delegierten des Gewerkschaftskongresses in der »Arena« an der Spree, einem früheren Fabrikgelände im Berliner Stadtteil Treptow. Rückblickend war es vielleicht ein Fehler, zu diesem Empfang zu gehen. Ich wurde dort von vielen Delegierten für meinen Vortrag gelobt und zur Kandidatur ermutigt. Gleichzeitig wurde mir unmissverständlich klargemacht, dass die hauptamtlichen Funktionäre – also die bei den Gewerkschaften angestellten Mitarbeiter – unter Kuratel ihrer Gewerkschaftsspitzen standen und auf die Delegierten einwirken sollten, mich bei einer möglichen Kandidatur unter allen Umständen durchfallen zu lassen. Verunsichert ging ich spät nachts in mein Hotelzimmer. Nach Mitternacht schrieb ich noch zwei Redeversionen. In der einen kündigte ich meine erneute Kandidatur an, in der anderen teilte ich meinen Rückzug mit. Dann begann ich, die Stimmen der möglichen Unterstützer und Gegner zu zählen. Dabei kam ich zu dem Ergebnis, dass die Zahl meiner Gegner durch den auf die Delegierten ausgeübten Druck erheblich größer sein würde.

In dieser Nacht habe ich kaum geschlafen. Am nächsten Morgen erklärte ich in der Vorbesprechung zum Kongresstag, dass ich nicht vorhätte, zu kandidieren. Es gab ein allgemeines Aufatmen bei den Spitzen der Gewerkschaften. Wenige Minuten vor dem Nominierungsverfahren für die Abstimmung im Plenum teilte ich meinen Entschluss auch den Mitgliedern von IG Metall und Verdi mit, die mich zu einer erneuten Kandidatur aufgefordert hatten.

Auf einmal war ich im Kongressraum von einer Traube von Kollegen und Kolleginnen umringt. »Ursula, das kannst du uns nicht antun«, war ihr Schlachtruf. Sie beschworen mich, jetzt nicht von der Fahne zu gehen.

Der unvergessliche Auftritt des Franz-Josef Möllenberg

Aus Kreisen der Delegierten von Bayern wurde mir mitgeteilt, dass ein Vorschlag zu meiner Nominierung aus dem Kreis der Delegierten kommen würde. Dann trat Franz-Josef Möllenberg als Vorsitzender der Findungskommission ans Mikrofon und erläuterte seinen Personalvorschlag. Als er zum Vorschlag für den stellvertretenden Vorsitz kam, sagte er: »Kolleginnen und Kollegen! Wir haben dann natürlich auch über Ursula Engelen-Kefer gesprochen. Da sind wir in einer etwas schwierigen Situation; ich will das hier nicht verheimlichen. Ursula – man sieht es ihr nicht an, aber es ist kein Geheimnis, wenn ich das hier verrate, denn es ist auch aus den Unterlagen zu ersehen – ist zurzeit 62 Jahre jung, wird im nächsten Monat 63. Wir haben gestern hier miteinander Positionen beklatscht und bejubelt, als Michael Sommer und auch Ursula Engelen-Kefer gesagt haben: Wir wollen diese Rentenkürzung nicht mitmachen! Wir sind gegen die Rente mit 67! Wenn wir dagegen sind, dann können wir nicht, letztendlich im vorauseilenden Gehorsam, bei uns das möglich machen. [An dieser Stelle gab es Buhrufe und vereinzelte Pfiffe.] Ich habe im November letzten Jahres mit Ursula Engelen-Kefer ein Gespräch geführt und ihr gesagt, die acht

Vorsitzenden seien der Überzeugung, insbesondere vor diesem Hintergrund – Rente mit 67 –, dass sie nicht mehr kandidieren sollte. Ursula hat verständlicherweise um Bedenkzeit gebeten. Sie hat mir dann – ich weiß es deshalb so genau, weil an dem Tag nicht nur DGB-Bundesvorstandssitzung war, sondern auch Nikolaus – erklärt, sie habe es sich überlegt und werde nicht mehr kandidieren. Kolleginnen und Kollegen! Das ist Fakt, und das ist der chronologische Ablauf.«

Der Gewerkschaftskenner Günther M. Wiedemann beschreibt im *Kölner Stadt-Anzeiger* vom 24. Mai 2006 Möllenbergs Auftritt mit den Worten: »Wie er dabei begründet, warum die bekannteste Gewerkschafterin wegen ihres Alters (sie wird im Juni 63 Jahre) nicht mehr vorgeschlagen wird, bringt viele Delegierte auf die Palme. Denn sie wissen, es ist ein vorgeschobener Grund. In Wahrheit ist sie den Chefs zu unbequem geworden. Die Stimmung im Saal kocht hoch. Das beeindruckt Engelen-Kefer. Sie lässt sich nun doch vorschlagen.«

Die Einführung seines Personalvorschlags brachte Möllenberg die zweifelhafte Ehrung, von Alice Schwarzer in der *Emma* als »Pascha des Monats« markiert zu werden. Hier heißt es zudem: »Zu dumm nur, dass in der Vergangenheit fünf von zehn DGB-Chefs über das biblische Rentenalter von 65 hinaus regierten. Der ehrwürdige Hans Böckler zum Beispiel war bei Amtsantritt gar 72. Ob Möllenberg den auch aus dem Amt gejagt hätte? Vorschlag zur Güte für den ausgerechnet noch für Genderpolitik zuständigen Gewerkschaftsboss: Ab in den vorgezogenen Ruhestand! Denn Alter, Franz-Josef, ist nicht immer eine Frage biologischer Jahre.«

Dann kam der Augenblick, den die einen gefürchtet und auf den die anderen gewartet hatten. Ein ehrenamtlicher Delegierter der IG Metall aus Straubing, Reinhard Böckl, schritt zum Rednerpult und sagte: »Liebe Kolleginnen und Kollegen! Es ist jetzt nicht einfach für mich, hier nach vorn zu gehen. Das könnt ihr euch sicher vorstellen. Wir sind eine solidarische Vereinigung, und Solidarität zählt für mich sehr viel. Aber nichtsdestotrotz glaube ich, dass es ein Stück Glaubwürdigkeit und Ehrlichkeit ist, wenn wir jetzt Ursula Engelen-Kefer zur Wahl zur stellvertretenden Vorsitzenden vorschlagen. Danke.« Das Protokoll verzeichnet: »Lebhafte Zustimmung – starker Beifall.«

Nach dem offiziellen Vorschlag durch Reinhard Böckl, der kräftigen Beifall einbrachte, wandte ich mich an die Delegierten, um mit folgenden Worten den Vorschlag zur Wahl anzunehmen: »Liebe Kolleginnen, liebe Kollegen! Es ist einer der schwersten Momente in meinem Leben, das – so muss ich Franz-Josef Möllenberg sagen – sicherlich inzwischen 62 Jahre lang ist. Aber ich fühle mich noch gut und fit, engagiert und zu der Arbeit durchaus fähig. Deshalb sage ich Ja; ich werde mich der Wahl stellen. Viele werden denken: Was will sie denn nun eigentlich? Ich habe das ja auch häufig in den Zeitungen gelesen. Ich habe immer das eine gewollt: Ich wollte weitermachen für die Arbeitsmarkt- und Sozialpolitik und für die Gewerkschaften und für die Vertretung von Arbeitnehmerinteressen. Daran habe ich nie einen Zweifel gelassen. Ich habe aber gedacht, nachdem ich von der Findungskommission die Haltung mitgeteilt bekommen habe, man wolle mich nicht mehr – ich sei zu alt und zu orthodox –, dann habe es wohl keinen Sinn mehr. Das habe ich auch so gesagt; das ist richtig. Aber ich habe dann draußen eine Unterstützung gehabt, die unglaublich war. Das habe ich auch deutlich gemacht – jedem, der es hören wollte und der es nicht hören wollte. Deshalb, glaube ich, bin ich den Arbeitnehmerinnen und Arbeitnehmern sowie euch, liebe Delegierte an der sogenannten Basis, verpflichtet. Daher stelle ich mich der Wahl.«

Nachträglich fragten mich diejenigen, die meine Kandidatur unterstützt hatten, warum ich nicht auf die Repressionen der Gewerkschaftsspitzen gegen meine Person und meine Kandidatur eingegangen wäre: die fehlende Bereitschaft meiner Weiterarbeit für zwei Jahre, die mediale Kampagne gegen meine Kandidatur sowie die Umstände, unter denen mir mein Aufsichtsratsmandat entzogen worden war. Es gab einen wichtigen Grund dafür: Mein Mut zum Kampf für meine Funktion als stellvertretende Vorsitzende des DGB endete dort, wo ich die Spaltung des DGB-Kongresses befürchten musste. Dass ich die Kandidatur gegen das Votum der Vorsitzenden gewagt habe, ist mein demokratisches Recht. Ich sah dies als eine Verpflichtung gegenüber den vielen Mitgliedern und Delegierten an, die mich bis zuletzt ermutigt und unterstützt hatten. Meinen Mut, in der Sache für gewerkschaftliche Anliegen einzutreten, hatte ich über Jahrzehnte auch ohne Rücksicht auf meine Person und Familie bewiesen. Doch wenn es nur um meine persönlichen Interessen geht, hatte und habe ich eine Beißhemmung.

Kongress-Regie – Wahlkabinen ohne Wahlzettel

Nach der Rede von Ingrid Sehrbrock beantragten die Delegierten, die mich unterstützen wollten, die Aufstellung von Wahlkabinen. Zu meiner Überraschung wurde dieser Antrag sofort mit Mehrheit verabschiedet. Die bereits vorbereiteten Wahlkabinen wurden aufgestellt. Dann kam jedoch ein weiterer taktischer Fehlschlag für meine Wahl.

Die Aufstellung der Wahlkabinen war vor allem ein Alibi-Zugeständnis. Die Wahlzettel wurden weiterhin am Platz verteilt. Wer dann wollte, konnte mit seinem Wahlzettel in die Kabine gehen. Es war klar, dass unter solchen Bedingungen nur wenige Mutige in die Kabinen gehen würden. Wer wollte sich schon offen dem Vorwurf aussetzen, dem Personalvorschlag der Vorsitzenden nicht zu folgen. Die Sitzordnung im Plenum der Konferenz war zudem dicht gedrängt. Durch die Reihen wanderten »hilfreiche« Kollegen mit »wachsamen« Augen. Das war ein eklatantes demokratisches Manko im Wahlverfahren des 18. DGB-Bundeskongresses.

Es ist müßig, darüber zu spekulieren, ob das Ergebnis anders ausgefallen wäre, hätte es für alle Delegierte die Wahl in den Wahlkabinen gegeben. Das Ergebnis war für mich angesichts der Ereignisse im Vorfeld und der taktischen Fehler immer noch beachtlich. Für Ingrid Sehrbrock stimmten 56,8 Prozent, für mich votierten 43 Prozent. Mein Mandat als stellvertretende Vorsitzende des DGB war nach 16 Jahren mit einem achtbaren Ergebnis beendet.

Finale – Großgewerkschaften haben über den DGB gesiegt

Trotz der Personalquerelen um meine Person erhielt ich von Michael Sommer und dem übrigen Bundesvorstand eine würdige Verabschiedung vor dem Plenum. Ich glaube, dass ich dem DGB-Bundeskongress meine Motive für die »ungehorsame« Kandidatur und meinen Zwiespalt aus der Sorge um das künftige sozialpolitische Gewicht des DGB deutlich machen konnte und dass meine letztlich gescheiterte Kampfkandidatur kein exaltierter Egotrip – wie eine Zeitung schrieb – war, sondern ein mutiger Einsatz, aus meiner Sicht »zu retten, was zu retten war«. Anerkennung und Respekt bekam ich vonseiten der Medien sowie der Bürger in Form von Zuschriften aus allen Teilen der Bundesrepublik. Ich bin überzeugt, dass ich mit meiner Kandidatur richtig gehandelt habe. Ich konnte mit aufrechtem Gang den 18. ordentlichen Bundeskongress des DGB verlassen.

Am Tag nach der gescheiterten Kampfabstimmung las ich die Niederschrift eines Interviews, das der von mir hoch geschätzte Gewerkschaftsforscher Josef Esser von der Universität Frankfurt am Main dem Deutschlandfunk gab. In der Sendung *Das war der Tag* stellte der Moderator Detlev Karg die Frage: »Aber Frau Engelen-Kefer hat ja dann, sag ich mal, gestört, indem sie als eher linke Vertreterin bekannt geworden ist. Kann man das nicht so ausdrücken?«

Darauf gab Professor Esser eine Antwort, in der er das, was sich auf dem 18. DGB-Bundeskongress abspielte, in einen größeren Zusammenhang einordnet: »Man kann zwei Komponenten auseinanderhalten. Die eine ist die, die Sie nennen, dass sie eine traditionelle Linie in der Arbeitsmarktpolitik und in der Sozialpolitik favorisiert. Und das natürlich auch sehr erfolgreich tut. Also von ihrem Auftreten, von ihrem Charisma her. Sie dürfen da nicht die normale Öffentlichkeit nehmen, sondern müssen die Gewerkschaftsmitglieder nehmen. Da hat Frau Engelen-Kefer eine starke Power. Und vielen von den jeweils in den Gewerkschaften Führenden ist diese kompromisslose Linie, die Frau Engelen-Kefer in diesen Bereichen gefahren hat, nicht mehr recht. Deswegen haben sie gegen sie opponiert. Aber es gibt auch noch einen zweiten Punkt. Frau Engelen-Kefer ist, was ihr Auftreten im DGB betrifft, die Unabhängigste gegenüber den Einzelgewerkschaften. Das passt allen Gewerkschaftern nicht. Ich sagte ja eben, dass die acht Einzelgewerkschaften einen schwachen DGB wollen. Oder keinen Wert auf einen starken DGB legen, etwas diplomatischer formuliert. Und da war Frau Engelen-Kefer eigentlich das größte Hindernis, überspitzt gesagt.«

Einige Zeit nach meiner gescheiterten Kampfkandidatur erhielt ich Post von Stefan Remeke, der über die Sozialpolitiker im DGB, Gerd Muhr und Maria Weber, als Historiker und Gewerkschaftsforscher des Instituts für soziale Bewegungen der Ruhr-Universität gearbeitet hatte. Darin hieß es: »Die Beseitigung von Frau Dr. Ursula Engelen-Kefer ist womöglich ein letzter Akt in einer langen Reihe von historischen Ereignissen gewesen, durch die der DGB auf Kosten der Macht und des Einflusses der (großen) Einzelgewerkschaften geschwächt wurde. Frau Dr. Engelen-Kefer verkörperte durch ihre Bekanntheit, ihre mediale Präsenz und ihre sozialpolitische Fachkompetenz geradezu einen Gegenentwurf zu der in der Bundesrepublik entwickelten Arbeitsteilung zwischen Gewerkschaften und ihrem Bund (DGB): Statt mächtiger Einzelgewerkschaften und einem Vorrang der Tarif- vor der Sozialpolitik mit einem geschwächten Bund – der bildlich gesprochen am Tropf der Einzelverbände hängt – ein starker DGB, der seinen wichtigen Aufgaben bei der Mitgestaltung von Soziapolitik, der Beeinflussung von Sozialgesetzen national und über die europäischen Gremien erfolgreich nachgehen kann. Hierfür braucht es gewerkschaftliche Einheit, fachliche Kompetenz und politische Durchschlagskraft. Diese konnte Frau Dr. Engelen-Kefer überzeugend anbieten, für die gewerkschaftliche Einheit war sie nicht verantwortlich. Hier kommen einerseits die Versäumnisse einer jahrzehntelang aufgeschobenen Gewerkschaftsreform zum Tragen (Stärkung des Bundes gegenüber den Einzelinteressen der Gewerkschaften), andererseits die politischen, wirtschaftlichen oder strategischen Präferenzen der Einzelverbände, die persönlichen Animositäten in ihrem Spitzenpersonal etc. Davon kann jemand besonders glaubwürdig berichten, der sich als Außenseiter (Akademikerin, promoviert zudem, Frau, ohne gewerkschaftlichen Stallgeruch, ohne Karriere über die Ochsentour) von Anfang an gegen all diese Widerstände zur Wehr setzen musste. Insofern war der Widerstand gegen die Absetzung vom Posten der stellvertretenden Vorsitzenden auch ein Eintreten für eine andere Gewerkschaftsbewegung, die sich – in Tradition eines Gerd Muhr – mit einem gestärkten Gewerkschaftsbund in den Dienst der von ihr vertretenen Arbeitnehmerinnen und Arbeitnehmer stellt und eigene Interessen gegenüber dem vorrangigen gemeinschaftlichen Interesse an einem intakten sozialen Ordnungssystem zurückstellt. Gerd Muhr, der Lehrmeister von Frau Dr. Engelen-Kefer, hat diese Aufgabe der Gewerkschaften einmal prägnant beschrieben mit den Worten, dass für die Gewerkschaften vorrangig sein müsse, ›den Topf am Kochen zu halten und die Flammen zu schüren, damit die soziale Entwicklung nicht im Schneckentempo‹ (frei zitiert) verlaufe. Das wirft die Frage auf, inwiefern die Absetzung von Frau Dr. Engelen-Kefer noch mit einer solchen gewerkschaftlichen Zielsetzung in Einklang gebracht werden kann.«

Für mich waren diese Feststellungen eines Gewerkschaftshistorikers insofern trostreich, als er meine 16 Jahre an der Spitze des Dachverbandes der Gewerkschaften in die Reihe jener Männer und Frauen einordnet, die seit den Anfängen der Bundesrepublik mithalfen, im Interesse der arbeitenden Menschen und ihrer Familien den Sozialstaat aufzubauen. Sie waren auch deshalb so wichtig, weil sie mir seit meinem Ausscheiden aus der DGB-Spitze Ansporn waren, meine »Inneneinsichten« aus fast vier Jahrzehnten des gewerkschaftlichen Wirkens für mehr soziale Gerechtigkeit aufzuschreiben.

Remeke spannt in seiner Einordnung meiner Rolle als Sozialpolitikern im DGB einen weiten Bogen, wenn er daran erinnert: »Zu Beginn der 50er-Jahre ist die Machtfrage Einzelgewerkschaften/Gewerkschaftsbund – wenn man so will – vorab entschieden worden. Der DGB geriet seinerzeit in die Krise, nachdem er mit seinen Sozialisierungsvorstellungen und einer Ausweitung der

Mitbestimmung gescheitert war. Christian Fette verlor in einem nahezu einmaligen Vorgang eines Misstrauensvotums auf dem DGB-Kongress sein Amt an Walter Freitag. Als der DGB dann auch noch offen die SPD bei den Wahlen zum Deutschen Bundestag 1953 unterstützte, verursachte man zudem einen internen Konflikt mit den Christlich-Sozialen – der DGB war angeschlagen. In dieser Phase, in der die anspringende Konjunktur (Korea-Boom) und das ›galoppierende‹ Wachstum den Gewerkschaften tarifpolitische Handlungsspielräume schuf, erkannten die Einzelgewerkschaften – allen voran die IG Metall und Otto Brenner – ihre Chance. Sie gaben fortan nicht mehr nur qua Satzung (Abführungen an den DGB), sondern auch strategisch den Ton an (Tarifpolitik entscheidend), der DGB war als ›politisches Sprachrohr‹ abgemeldet – nicht zuletzt auch wegen des Desinteresses der Regierung Adenauer. In den Siebzigerjahren änderte sich das noch einmal: Mit der SPD-Regierung Brandt erhielten die Gewerkschaften wieder politisches Gewicht (Konzertierte Aktion, Beteiligung an Gesetzen etc.), mithin wurde für die Gewerkschaften ein Organ, das ihre Stimmen zu bündeln vermochte, wieder bedeutsamer. Es stellte sich wieder die Frage: Sollte der DGB gegenüber den Einzelgewerkschaften nicht gestärkt werden? Wo liegen die Präferenzen, bei einer über einen starken Bund gegenüber dem Gesetzgeber vorgetragenen Sozialpolitik oder bei tarifpolitisch starken Einzelgewerkschaften? Die Reformdiskussion, die auf dem Satzungskongress des DGB 1972 endete, beließ es schließlich bei leichten Korrekturen an der Satzung. Eine Umorientierung fand bekanntlich nicht statt. Für die Sozialpolitik bedeutete es auch zu dieser Zeit ein doppeltes Dilemma: Einerseits fehlte dem DGB die Kraft, tatsächlich eine Führungsrolle bei sozialpolitischen Projekten in den Gewerkschaften einzunehmen, da man ja immer alle Gewerkschaften mit ihren Einzelinteressen befriedigen musste (vor allem: kein Mehrheitsentscheid!). Andererseits konfrontierte die Regierung Schmidt die Gewerkschaften ab 1974 mit einer Politik, die aktive soziale Gestaltung immer schwieriger machte (beginnende Phase der Arbeitslosigkeit). Interessant ist für mich, dass Ursula Engelen-Kefer im Jahr 1974 – als sie in den DGB kam – und 1990 – als sie in den DGB zurückkehrte – sehr ähnliche Situationen vorfand: Der DGB befand sich in Reformdiskussionen, die Sozialpolitik sah sich strukturellen Krisen und den Angriffen der ›Deregulierer‹ ausgesetzt, die Einzelgewerkschaften setzten auf die Tarifpolitik und gewannen schließlich gegenüber dem DGB an Macht. Die seit den frühen 1970er-Jahren – davon 16 Jahre an der Spitze – wirkende Gewerkschafterin kann bisher noch nicht zugängliche Innenansichten geben, warum denn in beiden Phasen die Utopie des erstarkenden DGB völlig unrealistisch war. Gut, nach 1990 waren die Würfel längst gefallen, aber 1974 bestand doch nach den positiven Erfahrungen mit der Sozialpolitik und angesichts der wichtigen Rolle des DGB eigentlich die Chance, ihn tatsächlich zu stärken.«

Diese Einordnung ist für mich eine Bestätigung dafür, dass meine Arbeit nicht umsonst gewesen ist.

Auch der Bonner Politikwissenschaftler Gerd Langguth, der zuletzt spannend die drei »Machtmenschen« Kohl, Schröder und Merkel in einem Buch beleuchtete, ist um eine politische Einordnung meiner Rolle in den Gewerkschaften und auf der politischen Bühne der Bundesrepublik bemüht: »Frau Engelen-Kefer war immer mutig, in der Sache konsequent. Selbst wer ihre politische Überzeugung inhaltlich nicht teilte, musste mit Respekt ihr inhaltlich fundiertes Engagement sehen. Das Profil der deutschen Gewerkschaften wurde durch sie maßgeblich bestimmt. Ich habe es für einen Akt der politischen Hygiene angesehen, dass sie sich nicht kampflos aus dem Amt hat verdrängen lassen. Damit leistete sie einen notwendigen Beitrag zur Demokratisierung des DGB. Eine Niederlage einzustecken ist mutiger und ehrlicher, als sich mit faulen Versprechungen abfinden zu lassen.«

Bei aller Niedergeschlagenheit über die Abwahl und die abweisende Haltung vieler Führungskräfte der Gewerkschaften, für die ich jahrzehntelang meinen Kopf hingehalten habe, hat es mich aufgebaut, ermutigt und gefreut, von sachkundigen Beobachtern öffentlich geäußertes Verständnis und Anerkennung zu erhalten.

Epilog

Ein Buch zur richtigen Zeit

Mein Buch über beinahe vier Jahrzehnte Einsatz für die Gewerkschaften und ihre Sozialpolitik hätte zu keinem geeigneteren Zeitpunkt in Ihren Händen liegen können. Die weltweite Finanz- und Wirtschaftskrise führt uns mit aller Deutlichkeit vor Augen: Es handelt sich schon längst nicht mehr um einen Betriebsunfall des kapitalistischen Wirtschaftssystems, der durch einfache Reparaturen wieder behoben werden könnte. Es geht vielmehr darum, ob die Kräfte der Selbstzerstörung aufgehalten werden können und die grundsätzliche Umsteuerung zu seiner sozialstaatlichen Gestaltung gelingen kann. Nur auf sozialen Fundamenten kann die Demokratie ihren maßgeblichen Wertmaßstab – die Achtung vor der Würde des Menschen – verwirklichen.

Noch nie hat sich eine Finanzelite so maßlos bereichert und mit ihren auf kurzfristiges Profitstreben beruhenden hochspekulativen Geschäften ein ganzes Weltfinanzsystem ins Wanken gebracht. Es hat im Verlauf der Geschichte viele Finanzkrisen gegeben. Doch noch nie zuvor wurde durch die weltweite Vermarktung »toxischer« Wertpapiere ein derart großer Schaden angerichtet. Noch nie mussten Staaten als Retter in der Not für ihre Finanzsektoren unvorstellbar hohe Kreditgarantien übernehmen und

Kapitalhilfen leisten. Millionen Menschen in allen Teilen der Welt werden über Jahre hinweg am eigenen Leibe erfahren, wie die sich heute im globalen Maßstab vollziehende »Privatisierung von Gewinnen und Sozialisierung von Verlusten« ihre Lebensverhältnisse verschlechtert.

Politiker und Regierungen auf nationaler wie internationaler Ebene sind mehr als je zuvor gefordert, einen Absturz der Weltwirtschaft und einen Rückfall in Protektionismus und Nationalismus zu bekämpfen. Dazu müssen sie nicht nur Rettungsschirme für marode Banken und Not leidende Wirtschaftskonzerne bereitstellen. Sie müssen vielmehr den Schutzschirm für auskömmliche Arbeit und soziale Sicherheit ausreichend weit aufspannen. Sie müssen die Finanzwirtschaft unter wirksame Regeln und Kontrollen stellen, um in Zukunft derartige verantwortungslose Spekulationen zu verhindern. Und vor allem: Sie müssen die Wirtschaft wieder zur Basis für echte Wertschöpfung und gute Arbeit machen.

Wenn ich das letzte Jahrzehnt Revue passieren lasse, erinnere ich mich an das jährliche Weltwirtschaftsforum in Davos, auf dem wir als Vertreter der Arbeitnehmerschaft in konkreter und prophetischer Weise zu den heraufziehenden Gefahren Stellung bezogen. Bereits vor zehn Jahren hatten wir eines begriffen: Dass die Arbeitsplätze und die sozialen Verhältnisse von Millionen Arbeitnehmern durch Schocks und Fehlentwicklungen auf unregulierten, hoch spekulativen Finanzmärkten gefährdet sind. Doch wenn sich die politisch Verantwortlichen von den Mächtigen der Wirtschaft treiben lassen, können sich die Kräfte der Selbstzerstörung im kapitalistischen System ungehindert entfalten. Die Folgen sind bekannt.

Was ist nach dem Zusammenbruch der Bankensysteme und dem schwersten weltweiten Konjunktureinbruch seit der Weltwirtschaftskrise der 1930er-Jahre für die »Marktreformer« von gestern auf einmal alles möglich? Jetzt werden sogar die politischen Weichen für die gesetzliche Begrenzung von Managergehältern gestellt. Es gibt grünes Licht für Eingriffe des Staates in geschäftspolitische Entscheidungen bei gestürzten Banken und Unternehmen – und sogar für den Eigentumserwerb bei privaten Banken, wie dies im Fall der Commerzbank vorexerziert wurde. Selbst Verstaatlichungen werden nicht mehr ausgeschlossen.

Und plötzlich werden auch die so lange diffamierten und in die Schmuddelecke gestellten sozialen Sicherungssysteme wieder gepriesen. Ihre Existenz als wesentlicher Beitrag zur Krisenbewältigung und sozialen Stabilisierung auf nationaler wie internationaler Ebene wird gelobt. Schon gehen einige so weit, daraus neue Chancen für eine »Renaissance des Sozialstaates« abzuleiten.

Doch die Rettungsmaßnahmen haben für breite Schichten der Bevölkerung einen hohen Preis: Diejenigen, die für die schwere Gefährdung oder den Zusammenbruch von Banken und Unternehmen verantwortlich sind, dürften am allerwenigsten die Rettungslasten und Folgeschäden tragen. Der Löwenanteil, so ist zu befürchten, wird letztlich wieder einmal Arbeitnehmern und Sozialleistungsbeziehern aufgebürdet werden.

Welch schwacher Trost ist es da, wenn den Gewerkschaften gerade jetzt attestiert wird, sie kämen »wieder in die Offensive«. Wird es dieses Mal tatsächlich gelingen, ausreichend öffentliche Mittel für die Sicherung und Schaffung von Arbeitsplätzen durch Förderung von Infrastruktur, Bildung und Ökologie zu mobilisieren? Die bisherigen ordnungspolitischen Auseinandersetzungen und die populistischen Versprechungen einiger Parteien für massive Steuersenkungen lassen nichts Gutes erwarten.

Wird es gelingen, die mächtigen Lobbyisten der privaten Finanzdienstleister in Schach zu halten? Sie sitzen nach dem weltweiten

Kollaps der Aktienmärkte und den damit verbundenen gigantischen Verlusten bei den Anlagen zur Alterssicherung bereits wieder in den Startlöchern. Ihre Vorstöße gegen das bescheidene Bemühen der Regierungskoalition, ein mögliches Absinken der gesetzlichen Renten infolge der Beschäftigungskrise und der Kurzarbeit zu verhindern, geben einen bitteren Vorgeschmack auf die kommenden Machtkämpfe.

Wenn als Folge der Lehren aus der Krise die Gewerkschaften und die Arbeitnehmer in ihrem Einsatz für Arbeitsplätze und die soziale Sicherung von Politik und Öffentlichkeit mehr Unterstützung fänden, wäre dies das richtige Signal. Es darf kein »Weiter so« im Beschneiden des Sozialstaates geben. Dies würde die demokratischen Abwehrkräfte in diesem Land gegen Rattenfänger von rechts und links schwächen. Deutschland steht in der globalisierten Welt in der Tat vor einer »Zeitenwende«.

Es ist mithin die rechte Zeit, auf die vergangenen fast vierzig Jahre eines hohen Einsatzes für die gewerkschaftliche Sozialpolitik zurückzublicken. Dies soll nicht anklagend oder beckmesserisch geschehen. Dafür ist die Lage zu ernst. Es geht mir um eine ungeschminkte Darstellung meiner Erfahrungen auf dem Weg an die Spitze der Gewerkschaften. Dabei ist es mir trotz ständiger Widrigkeiten meist gelungen, meinen Idealismus, also den Glauben an Werte wie soziale Verantwortung, Menschlichkeit und Solidarität, zu bewahren. Von meinen Illusionen habe ich allerdings – gerade was die Gleichberechtigung der Frauen betrifft – nach und nach Abschied nehmen müssen. Das hat nicht geschadet. Ich konnte dieses Buch aus einer Position des Realismus, einer gewissen Abgeklärtheit, ja einer gewissen Distanz zu mir selbst schreiben. Verleugnen kann und will ich aber nie meine Leidenschaft und mein Engagement für Gerechtigkeit bis zum heutigen Tag.

Und noch ein Wort zur Vereinbarkeit von Familie und Beruf. Allerorten wurde sie als erstrebenswertes Ziel im Munde geführt. Doch die Realität sah ganz anders aus. Mein Mann und ich waren im modernen Familienmanagement Pioniere in unbekanntem Terrain. Wir wagten das Abenteuer, eine transatlantische Ehe zu führen mit zwei Kindern und zwei zeitintensiven und nervenaufreibenden Berufen. Wir konnten dies nur bewältigen mit professioneller Hilfe von außen und mit tatkräftiger Unterstützung der Familie, vor allem meiner Mutter und Großmutter. Und natürlich mit der Bereitschaft meines Mannes, flexibel und unkonventionell dann einzuspringen, wenn es etwa keine alternative Betreuung gab, obwohl ihm seine Tätigkeit ebenfalls wenig Spielraum ließ.

Personenregister

Abs, Hermann Josef 58
Adamy, Wilhelm 249
Adenauer, Konrad 162 f.
Amerongen, Otto Wolff von 138

Baden, Manfred 142
Blair, Tony 235
Barschel, Uwe 155
Beck, Kurt 279
Becker, Raimund 281
Berger, Roland 269, 273
Bergmann, Christine 240
Berke, Franz 28
Bixler, Erwin 266
Blättel, Irmgard 134
Blüm, Norbert 169–171, 205, 231
Böckl, Reinhard 299 f.
Böckler, Hans 162, 299
Bodenbender, Wolfgang 142
Bofinger, Peter 223
Börsch-Supan, Axel 273
Brandt, Willy 75 f., 94, 107, 111, 152
Brauchitsch, Eberhard von 136
Braunschweig, Karl E. 40
Breit, Ernst 94
Brenner, Otto 93 f., 306
Brickel, Renate 194

Bsirske, Frank 261, 290 f.
Buntenbach, Annelie 291 f.
Bury, Hans Martin 267
Buttler, Friedrich 70

Carr, Shirley 96
Carter, Jimmy 128
Clement, Wolfgang 90, 242, 270, 277, 279 f.
Clever, Peter 280
Clinton, Bill 235
Curtius, Klaus 55

Dattel, Daniel 136
Deckstein, Dagmar 230
Dehler, Thomas 44
Deibicht, Karl 93
Döring, Wolfgang 44
Dornbusch, Rüdiger 233
Duda, Edmund 141 f., 149

Eichel, Hans 244, 259 f.
Eichler, Josef 18
Eichler, Maria 18, 20, 23
Elsas, Fritz 162 f.
Engelen, Bernward 37, 40, 43
Engelen, Christian 79, 120, 123 f., 127, 138, 176, 194 f.

Engelen, Klaus 37–44, 46–48, 52–60, 67, 73, 118–120, 124, 128, 172, 175, 195, 256
Engelen, Oliver 79, 120–125, 172, 176, 194 f, 233, 249
Engelland, Reinhard 72
Engholm, Björn 155 f., 158 f.
Esser, Josef 303

Faltlhauser, Kurt 185
Faßl, Peter 193
Fette, Christian 306
Figgen, Werner 65, 69, 72
Fink, Ulf 205, 222
Flassbeck, Heiner 258
Flick, Friedrich Karl 136
Fluck, Bernhard 35 f.
Forberg, Gabriele 33
Forberg, Kurt 33
Forster, Hermann 167
Franke, Heinrich 168–171, 174 f., 177 f., 180–184, 190 f., 196–198, 200, 204 f., 219
Freitag, Walter 306
Friedrichs, Hanns Joachim 200
Fuchs, Anke 130, 143

Gefeller, Wilhelm 94
Geißler, Heiner 171
Gerling, Hans 134, 136–140
Gerster, Florian 269, 278, 280
Gutenberg, Erich 40
Guttmann, Berthold 22

Hagelüken, Alexander 272
Hank, Rainer 274
Hartz, Peter 269 f.
Haupt-Koopmann, Margit 151
Hensche, Detlef 78, 221
Herrick, Robert F. 50
Herzog, Roman 275
Hexel, Dietmar 283, 289
Himmelreich, Fritz-Heinz 143, 145 f., 210, 214
Horzetzky, Günther 220
Huber, Berthold 284

Ibler, Ursula 130

Jagoda, Bernhard 219, 266 f., 268
Jansen, Günther 159
Jens, Walter 86
Jepsen, Maria 229

Kanaiev, Georgi 109 f.
Kannengießer, Christoph 252, 267, 269
Karg, Detlev 303
Kasack, Hermann 254
Kefer, Alfred 16
Kefer, Egon 13–21, 25 f., 28–30, 32, 34, 38 f., 43, 47, 210
Kefer, Gerlinde 18–32, 34, 39, 43, 66, 73, 93, 121, 128, 194 f., 233, 247, 252, 255, 257, 294, 313
Kefer, Ingrid 26, 31
Kefer, Karl Friedrich 15
Kefer, Paula 15
Kiesinger, Kurt Georg 152
Kluncker, Heinz 94
Kohl, Helmut 148, 170, 196, 198, 207, 215, 220, 223, 226 f., 229 f., 240, 307
Kühl, Jürgen 74
Kühn, Heinz 72

Lafontaine, Oskar 215, 217, 228, 241–243, 258, 279
Lahnstein, Manfred 44, 147
Lambsdorff, Otto Graf 148, 171, 216
Langguth, Gerd 307
Lauterbach, Karl 274
Leminsky, Gerhard 65, 69
Leve, Manfred 175
Lindner, Wolf Dieter 112
Loerke, Oskar 253 f.

Loetz, Doris 248
Lojewski, Willi 82 f.
Lojewski, Wolf von 118 f.

Markmann, Heinz 69
Maschmeyer, Carsten 243
Matecki, Claus 292
Meany, George 106
Merkel, Angela 307
Mertens, Dieter 73 f., 118, 175
Meyer, Heinz-Werner 208, 219–221,
Milivojevic, Jutta 123 f., 175 f.
Minta, Helmut 169, 178, 179, 185
Möllenberg, Franz-Josef 287, 290, 296, 298–300
Mönig-Raane, Margret 221
Morenz, Arno 47 f., 54 f., 57 f.
Möller, Kerstin 200
Müller, Rudolf 135, 139 f.
Müller, Werner 241, 263
Müntefering, Franz 275, 279
Muhr, Gerd 80, 82, 91–96, 103, 105 f., 108, 116, 121, 125 f., 134, 142, 145, 149, 155, 203–205, 216, 224, 244 f., 294, 303, 305
Mundorf, Hans 259

Nielebock, Helga 249
Nielsky, Monika 156
Nixon, Richard 88
Noé, Claus 258

Pabst, Elisabeth 17
Paechter, Hedwig 52
Paechter, Henry M. 52
Palik, Horst 249
Peter, Brunhilde 159
Peters, Jürgen 284, 290–292
Platzeck, Matthias 279
Putzhammer, Heinz 292

Raffelhüschen, Bernd 273
Rappe, Hermann 204, 219, 221
Rave, Klaus 159
Rehn, Gösta 92
Reichert, Friedel 21, 26
Relleke, Gretel 68
Remeke, Stefan 93 f., 132 f., 303, 305
Riedemann, Sonja 229
Riester, Walter 232, 240–242, 262–264
Ringleb, Günter 60
Rittershausen, Heinrich 40, 42
Röder, Franz-Josef 130
Ronneburger, Uwe 156
Rückriegel, Helmut 58 f.
Rürup, Hans-Adalbert 273–275
Rüttgers, Jürgen 279

Sabel, Anton 161
Sandegreen, Kare 108
Sarazin, Carola 63
Schäuble, Wolfgang 198, 227
Scheel, Walter 44
Scherf, Henning 280
Scheuble, Julius 161
Schiller, Karl 90
Schmalenbach, Eugen 15
Schmidt, Alfred 203, 248
Schmidt, Helmut 116, 145–148, 155, 160, 204
Schmölders, Günter 40
Schmoldt, Hubertus 204
Schröder, Gerhard 90, 150, 232, 240–244, 259, 264 f., 267–270, 276, 279 f., 307
Schuhl, Rüdiger 257
Schulte, Dieter 221, 228, 245 f., 266, 272
Schwab, Klaus 236
Schwarzer, Alice 299
Segerdahl (Familie) 25–27
Sehrbrock, Ingrid 292 f., 295, 301 f.
Semmler, Otto 245
Shultz, George P. 88
Siegers, Josef 143, 167 f., 232

Sommer, Michael 266, 274 f., 283, 286–290, 298, 302
Spidla, Vladimir 265
Standfest, Erich 248
Stapf-Finé, Heinz 249
Steinkühler, Franz 203, 218
Steinmeier, Frank-Walter 242, 279
Stenger, Carl 94
Stingl, Josef 160 f., 163, 166–169, 174
Stollmann, Jost 241
Strobel, Eva 151
Suchy, Oliver 249
Süchting, Joachim 42
Sweeney, John J. 107, 234

Tegtmeier, Werner 199
Theye, Joachim 136
Timmermann, Manfred 85
Tschernomyrdin, Viktor 237

Vercellino, Enrico 98
Vetter, Heinz Oskar 78, 93f., 130
Vogel, Friedrich 57
Vogt, Wolfgang 185, 198
Voscherau, Eggert 273, 280

Waigel, Theo 207
Walter, Gerd 155, 158
Weber, Maria 76, 94, 130, 133 f., 303
Weise, Frank-Jürgen 11, 280 f.
Weisser, Gerhard 45 f., 62
Wessels, Theodor 40
Wettig-Danielmeier, Inge 159
Weyer, Willy 44
Wiedemann, Günther M. 299
Wiesehügel, Klaus 274
Wiessner, Hans-Jürgen 59
Wilkens, Bill 49–51
Wilkens, Ruth 49–51
Witzig, Ingeborg 179

Zempelin, Hans Günther 89
Zwickel, Klaus 218, 225, 261, 284

Ein weiterer Titel von Fackelträger

Fackelträger